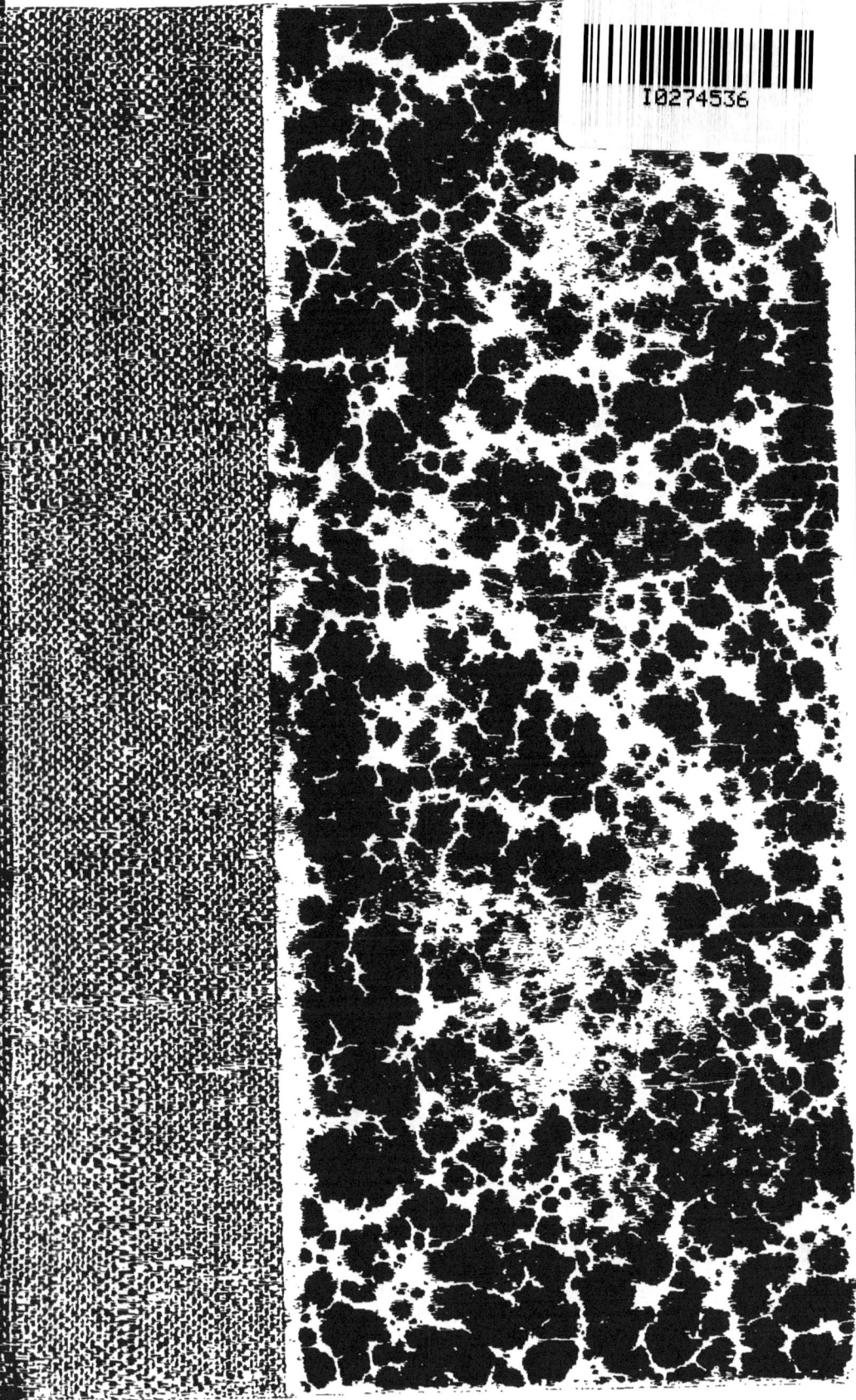

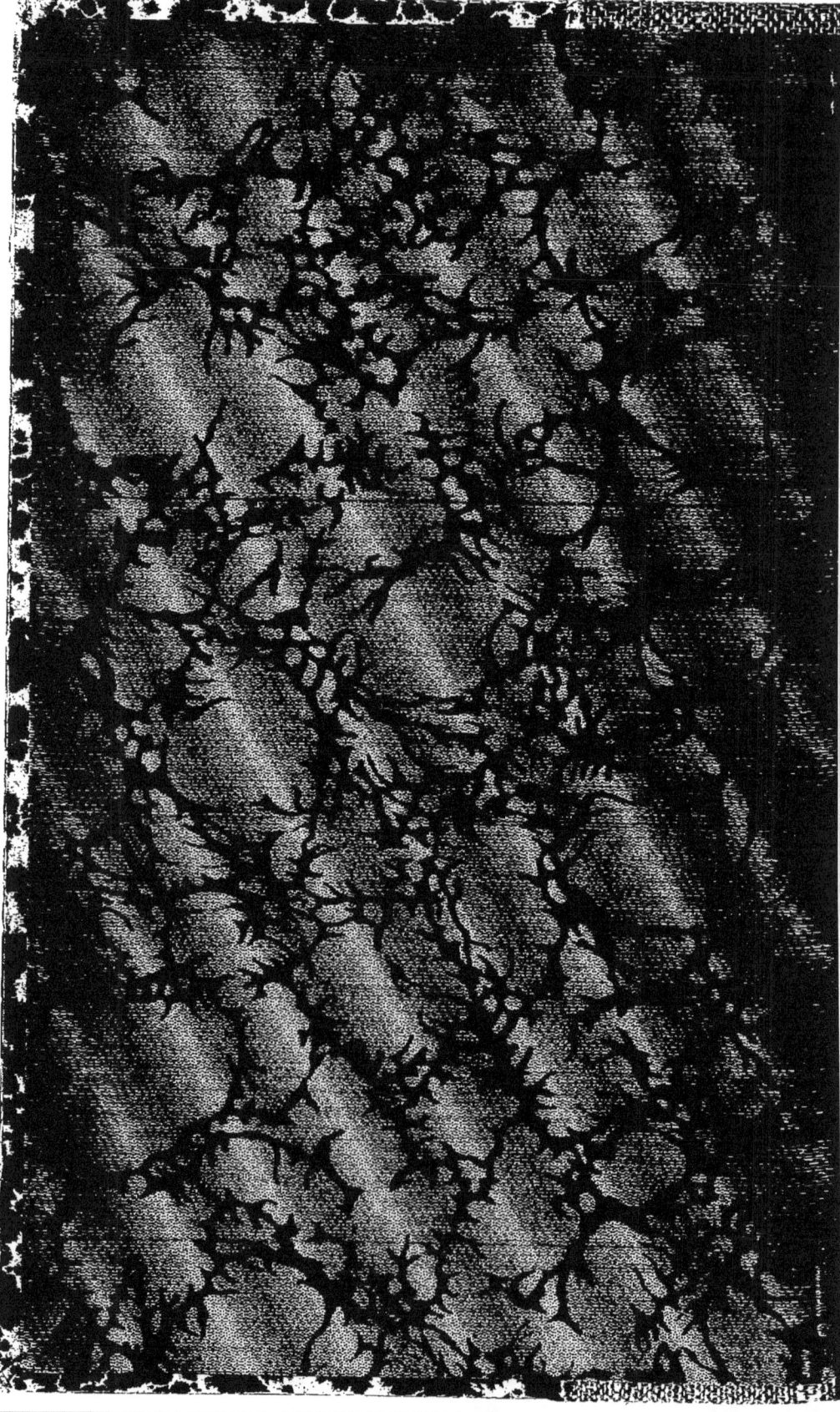

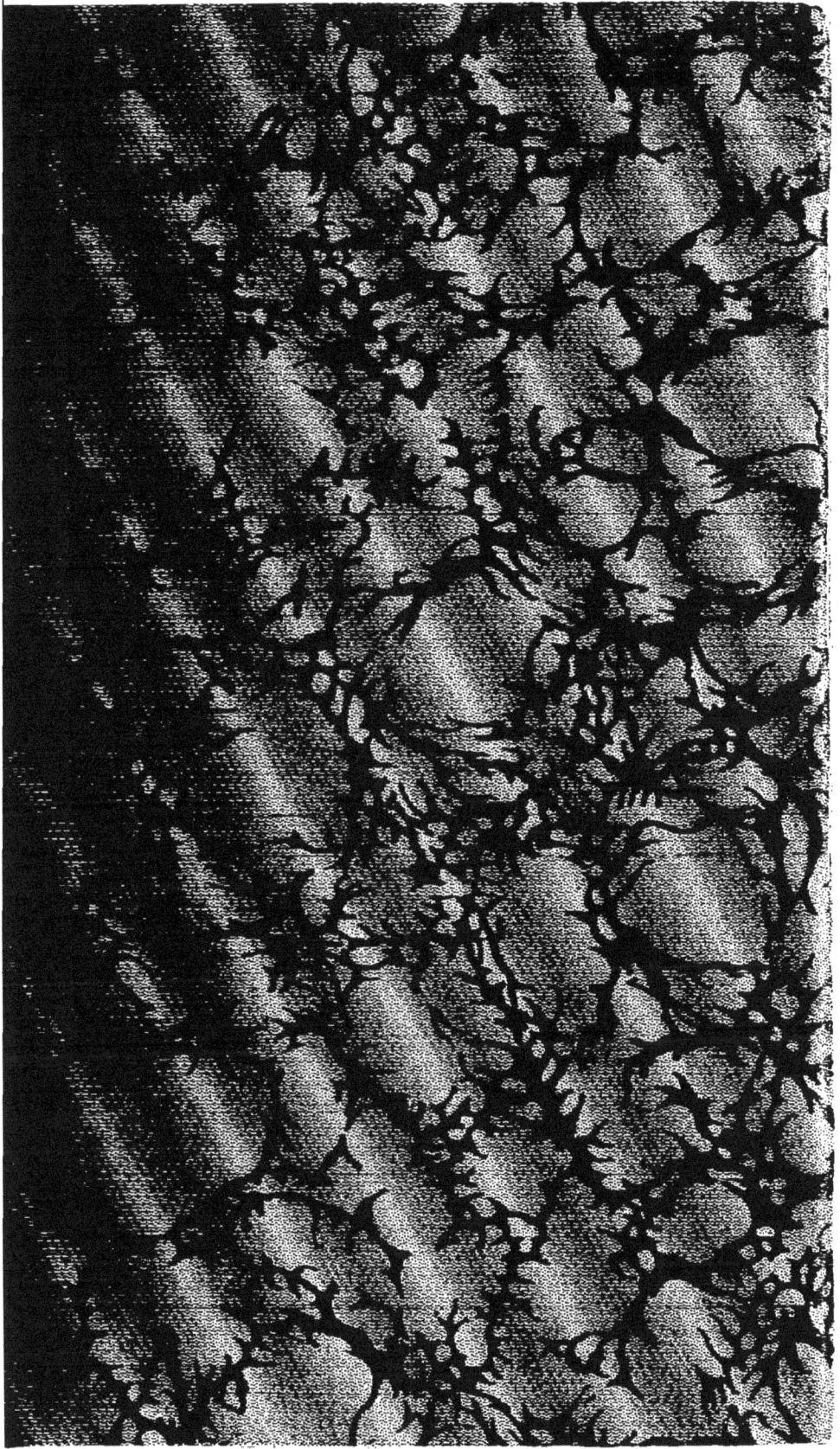

5 ANS A LA LÉGION ÉTRANGÈRE
10 ANS DANS L'INFANTERIE DE MARINE

Souvenirs de Campagne

PAR

Le Soldat SILBERMANN

DÉCORÉ DE LA MÉDAILLE MILITAIRE
MÉDAILLÉ DU DAHOMEY, DE MADAGASCAR, DU TONKIN ET DE LA CHINE

Avec une Lettre-préface de M. le Général GALLIENI
MEMBRE DU CONSEIL SUPÉRIEUR DE LA GUERRE
ANCIEN GOUVERNEUR GÉNÉRAL DE MADAGASCAR

ALGÉRIE — DAHOMEY
MADAGASCAR — TONKIN
QUANG-TCHÉOU-WAN
CHINE
SIAM — COCHINCHINE

Deuxième édition

LIBRAIRIE PLON

SOUVENIRS DE CAMPAGNE

Il a été tiré de cet ouvrage 6 exemplaires sur Hollande, numérotés de 1 à 6.

5 ANS A LA LÉGION ÉTRANGÈRE
10 ANS DANS L'INFANTERIE DE MARINE

SOUVENIRS DE CAMPAGNE

PAR

Le Soldat SILBERMANN

DÉCORÉ DE LA MÉDAILLE MILITAIRE
MÉDAILLÉ DU DAHOMEY, DE MADAGASCAR, DU TONKIN ET DE LA CHINE

ALGÉRIE — DAHOMEY
MADAGASCAR — TONKIN — QUANG-TCHÉOU-WAN
CHINE — SIAM — COCHINCHINE

Avec une Lettre-préface de M. le Général GALLIENI

Membre du Conseil supérieur de la Guerre
Ancien Gouverneur général de Madagascar

Deuxième édition

PARIS
LIBRAIRIE PLON
PLON-NOURRIT et Cie, IMPRIMEURS-ÉDITEURS
8, RUE GARANCIÈRE — 6^e

Tous droits réservés

Droits de reproduction et de traduction
réservés pour tous pays.

Copyright 1910, by Plon-Nourrit et Cie.

A MONSIEUR LE GÉNÉRAL GALLIENI

Mon Général,

Un soldat qui, durant sa carrière, fut assez heureux pour beaucoup voir et quelque peu retenir, vous demande la permission de vous dédier ce livre.

D'autres ont raconté votre œuvre et dit avec quel succès et quelle gloire vous avez mené à bien vos grandes entreprises coloniales.

A ces témoignages je voudrais ajouter celui des légionnaires et des marsouins, dont je fus tour à tour.

Le hasard m'a privé de l'honneur de participer à vos expéditions. Mais, dans celles de nos colonies où vous avez commandé et où j'ai servi ensuite, mes camarades m'ont dit combien vous aviez à cœur de les associer à vos luttes et à vos travaux, de grandir vos plus modestes subordonnés et, comme vous vous plaisiez à le dire, d'en faire des « collaborateurs ».

Dans le Haut Tonkin et sur le chemin de fer de Lang-Son j'ai retrouvé vivante, longtemps après votre départ, votre conception de la conquête et de l'organisation d'une colonie.

Vos instructions, toujours en vigueur, ne traçaient

pas seulement des devoirs aux chefs militaires et aux autorités territoriales. Distribuées à tous et à la portée de tous, elles s'adressaient, sous forme de conseils pratiques, aux sous-officiers, caporaux, et aux simples soldats eux-mêmes. Elles étaient pour tous « l'école du bon sens » et, dans nos campagnes coloniales, le bon sens procure souvent, mieux qu'un feu de salve ou une rafale de batterie, le résultat qu'on cherche à obtenir.

On se souvenait aussi de vos tournées d'inspection où, partageant la table et le modeste menu du chef de poste, vous apportiez toujours la bonne parole, celle qui faisait cesser les conflits et tranchait toutes les difficultés pendantes.

Dans des entretiens familiers et simples, vous expliquiez le traitement à appliquer aux indigènes : frapper fort sur les irréductibles, tendre la main aux timides et aux timorés, traiter avec bienveillance les ralliés sincères et ne rien négliger pour affermir leurs bonnes dispositions et leur fidélité. Et, dans ces régions lointaines où l'imprévu règne en maître, vous arriviez à créer chez tous cette conviction que le soldat doit toujours avoir l'œil ouvert, ne s'étonner de rien et être prêt à tout.

Puis, en demandant à chacun ses idées, vous forciez les plus novices à en avoir. On se le disait et on se mettait en mesure de répondre à toutes vos questions sur le pays et ses ressources, sur les rapports avec les indigènes et, enfin, sur les moyens de faire tout concourir au succès.

C'est ainsi qu'initiés au but à atteindre et entraînés au « débrouillage », vos subordonnés étaient fiers d'arborer ce titre de « collaborateurs » que vous aviez bien voulu leur décerner.

C'est ainsi encore que, sous vos ordres, marsouins, légionnaires et canonniers coloniaux ont donné ces coups de collier désormais fameux, qui réalisaient en quelques mois l'œuvre d'un quart de siècle.

Combien aussi de ceux que j'ai connus se sont décidés, sur vos conseils, à faire souche dans nos nouvelles colonies et sont devenus, grâce à la pratique acquise au service, les artisans de leur mise en valeur?

Et aujourd'hui, pour tous ceux qui ont déposé les armes et sentent déjà les années venir, c'est un réconfortant souvenir que celui de ces époques de luttes et de travaux qui ont trempé leur caractère et ont fait « quelqu'un » du jeune troupier inexpérimenté qu'ils étaient autrefois.

Enfin, ce n'est pas un mince honneur que d'avoir, en s'inspirant d'un chef tel que vous, vécu cette épopée coloniale qui ne fut pas seulement une succession de brillantes campagnes, mais aussi une œuvre de progrès, d'humanité et de civilisation.

Permettez-moi aussi de m'acquitter d'une dette de reconnaissance envers deux de mes anciens chefs, le commandant Odry *de l'armée d'Afrique, sous lequel j'ai débuté à la Légion étrangère, et le commandant* Mouret *qui fut mon premier capitaine dans l'infanterie coloniale.*

Au commandant Odry, l'étranger que j'étais doit sa première initiation française. Le soldat lui doit aussi beaucoup. Avant de servir sous ses ordres, j'avais déjà le goût du métier et surtout de la vie libre en campagne, inconnue dans les garnisons européennes. De ce qui n'était qu'une tendance d'adolescent, les exemples et les leçons du commandant Odry firent une passion et un besoin. Le caractère du chef y fut aussi pour beaucoup. Entreprenant, actif et dur pour lui-même, il exigeait le maximum de tout son monde; aux heures de loisir, chacun était son maître, mais, dans le service, il lui fallait une discipline stricte et une rigoureuse exécution des ordres. Sa bravoure au feu, son allure crâne et, avec cela, un grand fonds de bienveillance, l'avaient rendu populaire parmi les soldats, venus des quatre coins de l'Europe, qu'il commandait.

Le commandant Mouret acheva pour moi ce que le commandant Odry avait commencé. Je trouvai auprès de lui les mêmes satisfactions de vie aventureuse, les mêmes occasions de voir du pays et, simple troupier que j'étais encore, d'avoir à me débrouiller souvent par moi-même.

Non content de nous expliquer ce qu'est l'initiative, notre capitaine nous la laissait exercer, aussi bien dans les engagements où chacun payait de sa personne, que dans la vie plus monotone et plus sédentaire de nos postes.

A vous, mon général, et à ces deux chefs, j'offre l'hommage d'un soldat, devenu Français de fait, de cœur et de persuasion.

SILBERMANN.

Mon cher Silbermann,

Vous avez été très heureusement inspiré en rassemblant et en publiant vos souvenirs.

Vos lecteurs, et ils seront nombreux j'en suis certain, trouveront dans votre ouvrage non pas seulement une documentation intéressante sur la vie de nos soldats aux colonies, mais aussi un enseignement qui, chez les jeunes surtout, sera d'un excellent effet pour développer l'initiative, le sentiment du devoir et contribuer à l'éducation militaire.

Nos officiers — je n'éprouve aucun embarras à le dire — pourront aussi tirer profit de nombre d'observations que votre expérience vous a suggérées.

Je vous remercie de vos appréciations, mais je les trouve trop flatteuses. Je n'oublie pas en effet que si ma carrière coloniale a quelquefois retenu l'attention, je le dois à l'active et intelligente collaboration — j'insiste, vous le voyez, sur ce mot — que des hommes de cœur comme vous m'ont toujours largement fournie.

Au Soudan, au Tonkin, à Madagascar, les soldats que j'ai commandés ont donné d'admirables exemples de solidarité militaire, aussi bien entre eux que vis-à-vis de leurs chefs.

Je n'ai pas oublié les opérations du Haut Tonkin

dont vous évoquez le souvenir; et je me rappelle les citadelles pirates, vers lesquelles nos colonnes, partant de points très éloignés les uns des autres, convergeaient à travers un pays hérissé de difficultés et d'obstacles, arrivant à l'heure dite, au moment précis, pour surprendre l'ennemi, le cerner de toutes parts et lui donner l'assaut décisif.

Puis, ce fut l'organisation défensive de la frontière de Chine et la création d'un réseau serré de blockhaus, qui permit d'en finir rapidement avec la piraterie et de rendre la sécurité aux nombreuses populations que les bandes dévalisaient et pillaient sans merci depuis nombre d'années. Or, il ne suffisait pas au commandement de concevoir cette organisation; il fallait des hommes résolus pour défendre les ouvrages et y tenir avec quelques fusils contre des centaines d'agresseurs; il fallait aussi pourvoir au ravitaillement dans les conditions les plus difficiles; il fallait enfin faire fonctionner avec régularité et précision tout un système de communications télégraphiques et optiques qui, en cas d'attaque ou d'incursion sérieuses, permettait de rassembler toutes les forces disponibles sur le point menacé et, par une action immédiate et énergique, d'enlever aux pirates toute envie de recommencer.

Enfin, la tranquillité rétablie, les combattants de la veille reportaient leur intelligence, leur activité et leur esprit d'entreprise sur la mise en valeur et le développement économique du pays. Grâce à eux, Lang-Son, Bac-Lé, Song-Hoa, Than-Moï, etc., qui n'étaient auparavant que de pauvres agglomérations indigènes, sont devenues des villes où les Européens ont pu bientôt commencer leurs entreprises et leurs transactions.

C'est ainsi qu'au Tonkin, comme précédemment au Soudan et en dernier lieu à Madagascar, nos soldats ont fait œuvre patriotique et éminemment féconde, en ce sens qu'ils ne se sont pas contentés de conquérir, mais qu'ils ont ouvert à notre pays des débouchés commerciaux dont le besoin se faisait impérieusement sentir.

Par des récits pris sur le vif, votre ouvrage va révéler au public le rôle de nos soldats dans la période de conquête; il montrera ainsi comment l'action militaire, conforme aux traditions de justice et d'humanité de notre pays, prépare l'installation nécessaire et le fonctionnement normal de l'administration civile.

Enfin il sera d'un grand attrait pour vos anciens camarades, qui se rappelleront, avec une juste fierté, la part qu'ils ont prise aux actions d'éclat que vous racontez.

C'est donc une œuvre intéressante, utile, et vraiment nouvelle que vous avez bien voulu me dédier. Je vous en félicite et je vous en remercie.

GALLIENI.

Février 1910.

SOUVENIRS
DE CAMPAGNE

ALGÉRIE

Dans cet ouvrage je m'efforcerai, en rassemblant mes souvenirs, de parcourir le même chemin que j'ai pu suivre pendant quinze ans de mon service militaire. Je n'ai pas toujours trouvé des roses sur ce long itinéraire qui commence dans le Sud-Oranais et, passant par le Dahomey, Madagascar, le Tonkin, la Chine, Quang-Tchéou-Wan, le Siam, vient se terminer en Cochinchine. Ce chemin assez tortueux fut plutôt semé d'épines, autrement dit de dangers et de souffrances qui sont complètement inconnus dans les pays civilisés.

Pendant la plus grande partie de ma vie militaire, passée en campagne, j'ai eu affaire à des hommes qui, à défaut de civilisation, sont des maîtres en fait de ruse, qualité que nous autres Européens, malgré la science et le progrès, ne possédons pas. C'est le seul hommage que je puisse leur rendre; pour le reste, je les ai toujours plutôt plaints que blâmés.

Tout ne m'a pas souri dans cette existence. Trop souvent, hélas! mon déjeuner fut le soleil et mon dîner la poussière. Homme impressionnable que j'étais avant (je me rappelle avoir pleuré à bord du *Thibet* en entendant chanter les matelots sur un ton plaintif au crépuscule d'été), j'ai subi des transformations. Je suis devenu presque insensible, hélas! aux cris de douleur des blessés et des malades. C'est la conséquence de ce que mes yeux ont trop souvent vu, mes oreilles trop souvent entendu. Plusieurs fois j'ai senti mes forces physiques m'abandonner sans jamais me laisser aller au découragement.

J'ai vu au cours de mes différentes campagnes mourir plusieurs milliers d'hommes. Oui, au début, il me semblait être entouré d'une universelle tristesse qui m'enserrait le cœur. J'ai eu à lutter contre ma sensibilité, contre mes nerfs. C'est ainsi que j'ai constaté qu'on n'est jamais soi-même. Je me suis enfin habitué à voir et à entendre toutes les douleurs, même celles de mes frères d'armes qui ayant vécu de la même vie que moi disaient adieu à l'existence. Je ne puis dire que je suis resté froid. J'ai souffert... mais le lendemain j'ai pensé à autre chose, et c'est ainsi que je suis arrivé à terminer la laborieuse carrière que j'avais choisie librement.

Chers lecteurs, laissez-moi vous conduire tout d'abord dans le Sud-Oranais, où se trouvent les deux régiments de la Légion étrangère. Ces régiments ne sont pas complètement inconnus en France. On sait que la Légion étrangère réside en Algérie, qu'elle envoie ses soldats dans les colonies pour y combattre, et que ses deux régiments sont recrutés parmi les hommes les plus déclassés du monde entier. Voilà l'opinion en France sur ces légionnaires qui ont rendu et qui rendent toujours des services inappréciables. Eh bien, si vous voulez me suivre, je vous introduirai au milieu de leurs régiments, à la caserne, dans les chambrées. Vous y vivrez de leur vie comme j'y ai vécu moi-même. Vous les verrez dans leur intimité. C'est l'unique moyen de porter sur les légionnaires un jugement qui ait pour base la vérité. J'espère que vous aurez ainsi une opinion plus favorable de ces hommes qui, à peu d'exceptions près, sont pleins de dévouement et de gratitude pour leurs chefs, et ceux-ci, vous le savez, sont des officiers français, choisis généralement parmi les meilleurs de l'armée.

Quand j'ai débarqué à Saïda, par le train de cinq heures du soir, pour être incorporé au deuxième régiment étranger comme engagé volontaire, je fus conduit en détachement à la caserne, musique en tête. Ce détachement se composait d'une quarantaine d'hommes venus de différents pays. Il y avait des Alsaciens, des Allemands, des Belges, des Italiens, un Américain, et... un Turc. Ce Turc parlait assez bien le français et, à ce titre, il prétendait être jusqu'à Saïda chef de détachement. En route on le laissa faire; mais à la gare de Saïda où on nous forma par deux pour nous conduire à la caserne, le Turc se démenait, parlait aux gradés sur un ton arrogant, etc. D'un coup de poing, l'Américain, qui était un véritable hercule, mais flegmatique et doux, le calma et le remit dans le rang. Pendant la marche, tout alla bien. La musique jouait des morceaux qui m'étaient inconnus. Je m'abandonnais à mes pensées que la mélodie excitait, mais que je ne pouvais préciser. Il me manquait un confident. Eh bien! ne riez pas, j'ai souffert. Oui, c'est une souffrance que d'avoir des pensées à soi, des idées qu'on voudrait, sans le pouvoir, communiquer à d'autres.

Cependant la nature me tira de mes rêves. Je levais les yeux et je voyais un ciel rouge, rose, gris et doré dont les couleurs se combinaient avec une extraordinaire harmonie, un ciel algérien. Je ne pouvais m'empêcher de dire à un camarade qui marchait à côté de moi : « Regarde ce ciel, ne dirait-on pas qu'il nous souhaite la bienvenue? » Et je restais en extase.

Nous arrivâmes enfin à la caserne et nous fîmes halte dans la cour, un vaste carré entouré de maisons blanches, d'un aspect très agréable. Le clairon sonna aux sous-officiers de semaine pour nous conduire dans nos compagnies respectives. On nous indiqua nos lits, faits de grands draps blancs que des camarades avaient eu soin de préparer; puis on nous conduisit à la cantine où un repas vraiment réconfortant nous attendait. Et, comme je faisais la mine d'un homme étonné, un caporal m'expliqua que le régiment offrait à tous les détachements venus soit de France, soit des colonies, un dîner à la cantine à titre de bienvenue. Tout à coup, au milieu du repas, je fouille dans mes poches et je constate l'absence de mon porte-monnaie qui contenait soixante et quelques francs. Je me lève précipitamment pour courir à la chambre, croyant l'y avoir oublié. Le caporal, devant ce geste, m'en demande le motif. Je le lui dis. D'une voix de tonnerre, il s'écrie en se plaçant devant la porte : — Personne ne sortira d'ici sans être fouillé par moi. — Tout le monde s'approche du caporal et se prête à l'opération. Mais mon porte-monnaie n'est pas retrouvé. Alors le caporal, qui me voyait pleurer, passa son bras sous le mien et tâcha de me consoler en me parlant sur un ton paternel. Il me ramena jusqu'à la porte de la chambrée. Arrivé devant mon lit, je m'y précipite et je retrouve sous le traversin ma bourse intacte. Je l'ouvre, pas un sou n'y manquait.

Neuf heures venaient de sonner. Plusieurs hommes étaient déjà couchés. L'adjudant entre pour l'appel du soir et s'adresse au caporal de chambrée : — Vous laisserez les jeunes soldats arrivés aujourd'hui se reposer toute la journée demain. — Je me couche à mon tour et la conversation suivante s'engage avec mon camarade de lit : — Dis-donc, quel est ton nom? — Appelle-moi Léon, si tu veux, c'est mon prénom. — Eh bien, Léon, permets-moi de te dire que tu es un peu négligent. Tu déposes un porte-monnaie sur ton lit, exposé aux regards de tout le monde. Il est vrai que depuis six mois que je suis dans cette chambrée, je n'ai jamais vu de vol, mais enfin, cache ton argent. Voyant ce porte-monnaie sur ton lit, je l'ai ouvert et j'ai compté l'argent par curiosité, il faut m'excuser. Il contenait 63 francs et je l'ai glissé sous ton traversin.

Puis il se mit à me donner quelques leçons de savoir-vivre, nécessaires dans un monde aussi cosmopolite. Je l'écoutai comme un jeune élève écoute un vieux maître, et là-dessus je m'endormis.

Le lendemain matin au réveil tous les lits étaient faits en un clin d'œil et la chambre mise en état de propreté. Les anciens légionnaires allaient à leurs travaux, les uns casser des cailloux sur la route, les autres maçonner ou jardiner, tous habillés en bourgeron de toile et en pantalon de treillis d'une propreté irréprochable. A dix heures la soupe sonnait; on mangeait dans les chambrées, chacun dans sa gamelle. J'ai trouvé cette soupe excellente, bien cuite à point et servie avec une propreté extrême.

Les hommes mangeaient comme je l'ai dit, chacun dans sa gamelle, mais par groupes sympathiques, ce qui leur permettait d'acheter à deux ou à trois un litre de vin et de la salade. Mon camarade de lit m'engagea à en faire autant avec lui. Nous avions entamé une conversation pendant le déjeuner; il avait une figure qui m'inspirait confiance; d'ailleurs l'histoire du porte-monnaie était à son honneur. — Comment t'appelles-tu? lui demandai-je. — Marco, me répondit-il. Mais on m'appelle ici Crista. — Pourquoi? — Mes camarades prétendent que je prononce souvent les mots « Crista, Madona ». Que veux-tu, je suis d'Italie. C'est un mot qui revient chez nous à chaque instant, je ne peux pas m'en déshabituer. — Et, en effet, il le répétait cinquante fois par jour, si bien que j'ai fini moi-même par l'appeler Crista. C'était un homme d'une grande intelligence, et j'éprouvais toujours du plaisir à l'entendre parler. Il me disait qu'il était ancien officier italien, qu'il avait quitté l'armée italienne pour des injustices qu'il avait subies dans l'avancement. — Tu trouveras ici des hommes, me disait-il, qu'on taxe en France de mercenaires et de bien d'autres noms encore. Certains de ces hommes sont coupables d'un écart de conduite; le passé de certains autres est enveloppé de mystère; mais tous ici, à peu d'exceptions près, sont dévoués à leurs chefs. Du reste, tu ne tarderas pas à t'en rendre compte. Naturellement, continua-t-il, il ne faut pas leur parler patriotisme, ils ne comprendraient pas. Mais je t'assure que le Drapeau de la Légion, qui est celui de la France, est en bonnes mains, et celui qui essaierait de le souiller serait mis en morceaux. Tu trouveras ici des chefs sévères, mais d'une sévérité pleine de bienveillance qui force le respect des hommes; et de là vient le grand dévouement de ceux-ci pour leurs officiers. Le livre d'or qui est déposé à la salle d'honneur en dit long sur les innombrables actes de courage et de dévouement des légionnaires aux colonies. Pour moi, continua Crista, qui ai fait la campagne du Tonkin sous les ordres du général de Négrier, j'ai vu les camarades à l'œuvre, je les ai vus défendre leurs chefs au moment du danger, au risque de se faire hacher en morceaux. Pour ces hommes, que des gens de parti pris appellent si dédaigneusement mercenaires et déclassés, c'était cependant admirable. D'ailleurs, le général de Négrier n'a jamais cessé de faire l'éloge des légionnaires; il les a souvent appelés « ses chers enfants », et maintenant encore quand un légionnaire passe à Besançon où le général de Négrier est en garnison et y rencontre son ancien chef, celui-ci lui serre la main et lui donne une pièce de cinq ou de dix francs, ce qui prouve l'excellent souvenir qu'il a gardé de ces... mercenaires. Quant à moi, dit-il, je suis fier de servir dans ce régiment de braves.

Je lui demandai ensuite quelques renseignements sur les hommes de notre chambrée. — Vois-tu celui qui est assis à côté du caporal, me dit Crista, et celui qui est à gauche de ton lit? Ces deux hommes sont brouillés à mort. Ils sont de la même force aux armes; deux fois, déjà, ils ont vidé leur querelle sur le terrain, le fleuret à la main; mais ils restent toujours comme chien et chat; ce sont deux beaux-frères, des Alsaciens. Leur haine mutuelle doit dater de longtemps; c'est une affaire de famille. Ils en viennent souvent aux mains, mais dès que le caporal intervient, ils rentrent dans l'ordre.

Ensuite je prêtai l'oreille aux colloques que les groupes d'hommes engageaient, chacun dans sa langue maternelle, et j'en saisis aisément quelques phrases. — Vois-tu, me dit Crista, qui me suivait des yeux et qui parlait plusieurs langues, les conversations de ces hommes ont principalement trait à leurs chefs. Pas un n'en dit du mal, tous leur sont reconnaissants du souci constant qu'ils apportent à les nourrir, des égards qu'ils ont pour eux en toute circonstance.

J'écoute surtout le groupe des Allemands, dont un, me dit Crista, vient de terminer une punition de prison. La conversation roule sur cette punition. Son camarade lui dit qu'il l'a bien méritée, ajoutant qu'en Allemagne, il aurait été traduit devant un conseil de discipline.

Après le déjeuner j'invite Crista à venir à la cantine pour prendre quelque chose. — Un quart de marc, commande-t-il, sans me consulter. — Je ne puis vous donner à chacun que six centilitres, c'est l'ordre du colonel, répondit la cantinière. Lisez l'affiche sur les murs!

En effet, l'affiche le disait. Elle disait également, et en vertu du même ordre, qu'un verre d'absinthe serait vendu 0 fr. 40 et un verre de Pernod 0 fr. 15 seulement. Mon étonnement est sans bornes lorsque je vois auprès du comptoir un commandant choquer son verre contre celui d'un légionnaire et lui parler sur un ton amical. — C'est le commandant Henri, me dit Crista. — Et, remarquant ma surprise, il ajoute : — Le fait n'est pas rare à la Légion, où les chefs vivent côte à côte avec leurs hommes pendant de longues années, exposés aux mêmes dangers, aux mêmes misères, vivant de leur vie et les voyant héroïquement se dévouer pour eux. Pour un vrai légionnaire, vois-tu, son chef, c'est son Dieu. Ne dis pas à un curé du mal de Dieu ni à un légionnaire du mal de son chef, Et maintenant, suis-moi, je veux te montrer notre salle d'honneur.

Il m'introduit alors dans une vaste pièce, située au rez-de-chaussée, dans laquelle se trouvent des statues vraiment artistiques. J'admire l'une d'elles représentant un Annamite de grandeur naturelle; j'admire également le plafond, qui est magnifiquement décoré et quelques jolies statuettes en pierre finement ciselée.
— Tout ce que tu vois ici, me dit Crista, est l'œuvre exclusive des légionnaires, car dans la Légion tu trouveras de grands artistes, des poètes, des fils de généraux, des diplomates, des érudits, et toutes sortes de gens. On y a même vu un évêque espagnol; et tout ce monde-là, en quittant la Légion, en emporte généralement le meilleur souvenir.

Dans un certain pays qui fournit un grand nombre d'hommes à la Légion, on a essayé d'induire l'opinion en complète erreur sur notre compte. On a eu recours à des publications. L'auteur, qui était un ancien officier de ce pays étranger et qui a servi chez nous, semblait avoir été envoyé en Algérie avec la mission d'écrire ce livre, afin d'empêcher les enrôlements de ses compatriotes dans la Légion étrangère. A cet effet, il a imaginé des scènes de barbarie qu'il n'a jamais vues; mais il faut croire que son pétard a fait long feu, car les hommes de son pays affluent maintenant et plus que jamais dans nos rangs.

Je regarde ensuite les photographies suspendues au mur. Tous les colonels ayant commandé le régiment depuis sa création y figurent : les maréchaux Bugeaud, Mac-Mahon, Canrobert; le général de Négrier, etc. La journée se passe ensuite en visites à la caserne, au jardin du régiment, à la cuisine qui est d'une blancheur et d'une propreté exemplaires. A cinq heures du soir, une sonnerie de clairon nous rappelle que le dîner ne demande qu'à être mangé. Nous regagnons notre chambrée où la gamelle m'attend à côté de mon lit. Elle contient un ragoût de mouton d'une odeur appétissante, et une salade sur le couvercle. J'exprime à mon ami du premier jour ma satisfaction de trouver ma gamelle à côté de mon lit. Il me répond que le caporal de chambrée a toujours soin de la nourriture des hommes absents, qu'il connaît toutes les gamelles, qu'il donne à chacun sa part et qu'il existe d'ailleurs entre tous une parfaite harmonie, malgré la différence de nationalité et de langage. — Sois un soldat discipliné, fais ton service avec assiduité et tu seras bien vu de tout le monde, me dit-il. Puis, nous nous entretenons de choses et d'autres. Je lui parle de l'Italie et de sa famille. J'aurais voulu connaître un chapitre de sa vie. Mais il me répond : — Nous en recauserons. — Là-dessus, à huit heures du soir, le sommeil me prend.

Je dormais depuis je ne sais combien de temps quand je me sens réveillé par un violent coup de poing en pleine figure. Je pousse un cri, je cherche à distinguer autour de moi, mais la chambrée est plongée dans l'obscurité. Mon ami Crista, le premier, est debout. Il allume la lampe et je vois un homme devant mon lit s'administrant des coups de poing sur la tête, pareils à des coups de marteau sur l'enclume. En même temps, il s'écriait : — Brute que je suis, animal ! — Je le somme de s'expliquer. — Mon pauvre ami, ce n'est pas toi que je voulais frapper, mais ma canaille de beau-frère qui couche à côté de toi. — Il saisissait en même temps mes mains, les baisait, les inondait de larmes, en disant : — Pardonne-moi, je t'en prie. — Evidemment, j'avais devant moi un homme excité par la boisson. Tous les camarades de la chambrée furent bientôt réveillés. Le caporal, assis sur son lit, un bras allongé dans la direction du... tapageur, lui parlait sur un ton amical mais énergique, en l'appelant par son prénom. — Jules, lui dit-il, tu as encore fait des tiennes. Veux-tu que je te conduise à l'hôtel du Pieu en bois (salle de police)? Non, n'est-ce pas? Alors, fais le plongeon sous tes couvertures, et que je n'aperçoive plus la pointe de ta tête chauve. — Pendant cette semonce du caporal, Crista prit l'ivrogne à bras le corps, l'emporta sur son lit et voulut lui infliger une légère correction. — Non, lui dis-je, ne le touche pas. Il n'a pas eu conscience de son action. — Puis on éteignit la lampe, et tout retomba dans le calme, excepté moi, que cette fâcheuse distribution de taloches empêcha de dormir.

Le lendemain, ma vie de légionnaire devait commencer. Crista m'initia dans l'art de faire un lit, et ce n'est pas peu de chose à la Légion où les hommes luttent entre eux pour la propreté et la coquetterie. Après m'avoir fait armer, équiper et matriculer, il me donna une leçon de paquetage. Le paquetage! C'est ce qui donne de la physionomie à la chambrée et, à ce propos, je vais vous présenter la nôtre. Du matin au soir, elle est d'une propreté irréprochable. Tous les paquetages sont carrés. Un effet ne dépasse pas l'autre, même d'un millimètre. L'équipement est suspendu au crochet *ad hoc*, d'une façon uniforme. Les cuirs brillent comme des miroirs. Rien ne traîne. Les fenêtres, le parquet sont frottés à l'huile de bras; les lits, carrés comme les paquetages, sont tous sur la même ligne; les murs, le plafond sont très blancs; le tout, arrangé avec beaucoup de goût, présentait un aspect très agréable pour un nouveau venu comme moi.

L'après-midi, nous commençons des exercices d'assouplissement sous la surveillance d'un officier qui parle plusieurs langues. — L'assouplissement, mes amis, nous dit le lieutenant comme exorde, est pour les Anglais et les Hollandais une nécessité, une occupation importante de la vie. Appliquez-vous bien à cet exercice qui vous sera souvent utile.

A trois heures et demie, on nous fait rompre pour nous permettre de nous habiller et d'aller en ville où la musique de notre régiment doit jouer de quatre à cinq. Chaque jour de concert cette faveur est accordée à tous les légionnaires restant à Saïda. Je monte à la chambrée pour me nettoyer et changer de tenue. — Mon pauvre ami, me dit Crista, quand il me voit prêt pour ma première sortie, tu es fagoté comme un polichinelle. — Alors, tournant autour de moi, me tirant, me serrant et me redressant : — Là, mon petit Larbi, me dit-il, maintenant tu es sortable. — Et nous voilà partis tous deux, non pas dans la direction de la musique, mais hors de la ville, chez un Arabe qui parle très bien le français et l'espagnol. — Cet Arabe, me dit mon ami, a fait des séjours assez longs en France, en Italie et en Espagne. Il possède une certaine instruction qu'il a acquise en Europe. On peut donc s'entretenir sérieusement avec lui et j'y vois un moyen de te faire connaître les mœurs et les coutumes arabes. Sa fréquentation te permettra d'être présenté dans d'autres maisons arabes où un roumi (chrétien) n'est pas toujours admis.

Plein de curiosité et impatient d'être renseigné par un indigène qui semble instruit, j'invite Crista à faire parler notre Arabe. Il entame aussitôt une conversation avec lui et la met au point voulu. J'ai retenu ceci de cet entretien qui, je l'avoue, m'a un peu étonné. — Nous sommes une race, dit l'Arabe en parlant de ses congénères, influencée par des siècles et des siècles de religion. Et d'ordinaire, c'est surtout dans le danger, dans la douleur, dans la joie profonde que cette tendance religieuse et mystique se manifeste. L'Arabe devient aussi vite triste que gai; mais il est plus facilement ennemi qu'ami, plus facilement méfiant qu'accueillant. Mes coreligionnaires, continua-t-il, sont d'une jalousie presque féroce à l'égard de leurs femmes; non pas par amour, mais parce que c'est leur chose exclusive, vivante et parlante. Au fond, ils aiment mieux leur cheval que leur femme. — Là-dessus l'Arabe se tut brusquement. J'en fus désappointé. Se méfiait-il, ou croyait-il avoir trop parlé? Mystère. Enfin, voyant son mutisme se prolonger, je dis à Crista : — Tâchons de l'emmener et allons visiter un café arabe.

Nous voilà partis tous les trois. Nous nous arrêtons devant une petite maison blanche n'ayant aucune apparence de café. Nous entrons et aussitôt un spectacle nouveau s'offre à mes yeux. Une trentaine d'Arabes sont assis par terre, avec leurs burnous à capuchons, d'une couleur qui fut jadis blanche, mais offrant aujourd'hui toutes les nuances du sale; les têtes sont entourées de turbans, plus crasseux les uns que les autres; chaque consommateur tient une tasse de café dans une main, une cigarette ou une chibouque dans l'autre. Au milieu, un vieillard à barbe blanche, avec burnous et turban de la même couleur, était assis les jambes croisées et repliées. Il parlait sur un ton onctueux à ce cercle d'auditeurs qui conservaient une attitude assez bruyante et manifestaient leur assentiment par des cris ressemblant à des aboiements de chiens. Personne, excepté le tenancier, ne faisait attention à nous. Nous nous assîmes sur trois chaises boiteuses.

— Achera kaoudjis, commanda Crista, et l'Arabe nous prépara trois tasses, en mettant simplement du café moulu dans un récipient qui contenait de l'eau bouillante; puis, après avoir laissé déposer un instant, il versa à chacun un breuvage que je trouvai excellent. Je dis à Crista d'engager l'Arabe à continuer sa conversation interrompue. Nos tasses furent remplies de nouveau et notre compagnon, après un moment de réflexion, reprit la parole.

— L'Arabe n'est pas barbare, comme je l'ai entendu dire en Europe. — Cependant, répliquai-je, j'ai lu dans des récits de voyages que, dans certaines contrées, les Arabes mettent leurs coreligionnaires à mort sans autre forme de procès. — L'opinion des hommes, me répondit-il, ne reflète pas toujours la vérité; et les auteurs ont toujours une tendance marquée à exagérer et parfois à dénaturer les choses, afin de rendre leurs récits plus attrayants. L'Arabe se laisse facilement guider et dominer par ses chefs de religion. En cas de danger au combat, il se bat courageusement et ne recule que par ordre de son chef. — Je hasarde une autre question : — Crois-tu, dis-je (le tutoiement est d'usage en parlant aux Arabes), que les Arabes d'Algérie et principalement leurs chefs aiment véritablement la France ? Combattraient-ils un autre peuple pour la cause des Français ? — Il eut un sourire énigmatique. — J'aurais longuement à m'étendre sur ce sujet, répliqua-t-il, mais en ce qui me concerne, je ne le crois pas. Il y a naturellement des exceptions, mais la grande majorité des Arabes se désintéresse complètement du sort de la France qui n'a ni notre religion, ni nos mœurs, ni nos coutumes. Les Arabes considèrent la France comme une nation conquérante et, la sachant plus forte qu'eux, ils sont obligés de tolérer sa souveraineté. Le Français, comme tous les Européens, s'abreuve aux sources de la pensée moderne ; il veut tout changer et s'imagine transformer l'univers à l'avantage de l'humanité. Oui, un grand changement s'est accompli en Europe pendant le dernier demi-siècle, mais au préjudice de tout le monde. Auparavant, dans un même pays, tout le monde vivait en parfaite harmonie ; la vie était supportable, la classe pauvre pouvait encore de temps à autre manger un plat à son goût ; à présent, depuis cette transformation, ce plaisir lui est interdit. J'ai voyagé dans plusieurs pays soi-disant civilisés, continua-t-il ; je me suis appliqué à étudier ces différents peuples dont on m'a tant vanté les progrès ; eh bien, je préfère de beaucoup le peuple arabe.

Ces phrases étaient dites sur un ton qui défiait la critique. Je regardais cet homme qui, drapé dans son burnous et coiffé de son turban, avait l'air de nous donner des leçons. Je ne savais si je devais l'admirer ou le plaindre. Toujours est-il qu'il me remua profondément et qu'il me mit dans l'esprit une perplexité que je n'avais pas connue jusqu'alors.

Tout en nous promettant de revoir notre Arabe, nous

sortîmes du café et nous nous engageâmes sur la route conduisant au Lazaret en passant par la ville. — Que penses-tu de l'individu et de son langage? demandai-je à Crista. — C'est un langage de raison, me dit-il; il sent la franchise et la sincérité. Les Arabes de ce calibre sont plutôt rares. Les Français d'Algérie ayant une responsabilité administrative feraient bien de les consulter de temps à autre; ils verraient quelle confiance il faut placer dans la fidélité de ce peuple.

La ville de Saïda doit avoir de trois à quatre mille habitants. C'est un mélange d'Arabes, d'Espagnols et de Juifs: la majeure partie des Européens est formée d'Espagnols, comme dans toute la province d'Oran. Les Français y sont en très petit nombre, mais il est à remarquer que presque tous les Espagnols parlent le français. Ce sont eux qui détiennent la culture; les Juifs monopolisent le commerce; quant aux Arabes, excepté quelques tenanciers de café, ils ont... les douceurs du farniente. La ville est propre. Une grande foire de chevaux, chameaux, ânes et moutons s'y tient assez souvent. Saïda et Sidi-Bel-Abbès sont les deux villes les plus importantes du Sud-Oranais. En sortant de Saïda sur la route de Géryville qui conduit dans le sud, et en dépassant Aïn-el-Hadjar qui se trouve à 13 kilomètre de Saïda, on peut dire adieu à la belle partie de l'Algérie. Tantôt le sable, tantôt les cailloux remplacent la culture. C'est là que commence l'apprentissage de la vie dure et pénible du légionnaire, il fait vite connaissance avec toutes les incommodités : coucher sur la dure, souffrir de la soif, marcher sous le soleil dardant et sur le sable brûlant, chercher du bois pour faire la cuisine et ne trouver que des cailloux, etc...

Dès le lendemain, notre instruction commença sous la direction d'un officier et de gradés expérimentés; on nous initia au maniement d'armes, au service en campagne, au montage des tentes-abri, au tir. Les résultats obtenus au bout de deux mois furent jugés excellents. A la Légion, d'ailleurs, l'instruction des jeunes soldats ne s'arrête pas aux futilités. On leur apprend tout de suite des choses pratiques et utiles. Le légionnaire est surtout dressé pour la vie du soldat en campagne, et le tir est très encouragé. Pour le reste : hygiène, travaux de propreté, paquetage, ce sont les vieux légionnaires qui instruisent les jeunes. Le service intérieur commandé par les gradés est réduit à sa plus simple expression, si tant est qu'il existe. Car chacun sait ce qu'il a à faire et le bon sens suffit à guider sa conduite dans les événements de la vie de chaque jour. Le gradé n'intervient que rarement, et tous ceux qui ont passé dans une caserne de légionnaires, ou qui ont vu ceux-ci sur les navires ou en campagne, savent leur initiative, leur esprit de débrouillage et leur adresse à se tirer de toutes les situations. A la caserne, les chambres habitées par les hommes sont d'une propreté absolue, le jour comme la nuit, et tous les travaux d'entretien dans les chambrées sont faits spontanément, avec la meilleure volonté du monde. Les hommes vivant dans la plus grande intimité avec leurs caporaux, les considèrent comme de véritables amis. En un mot, je suis convaincu que jamais l'antimilitarisme ou l'indiscipline ne pénétreront dans nos régiments de la Légion; les hommes sont trop attachés à leurs chefs pour mentir à leurs traditions.

Trois mois après mon incorporation, je fus désigné pour partir dans le sud, au bataillon de Géryville. Je fis alors avec Crista une dernière visite à notre Arabe. Elle était d'ailleurs intéressée; il s'agissait d'obtenir quelques conseils sur la conduite à suivre vis-à-vis des Arabes du sud.

— Ecoute, mon ami, me dit-il; je connais Crista depuis longtemps, et tu m'es sympathique comme lui-même. Je te conseille ceci : méfie-toi toujours des habitants du sud. Ne te promène jamais avec un Arabe dans un endroit désert. N'entame jamais avec lui de conversation au sujet de sa religion. N'entre jamais dans un gourbi sans en connaître l'habitant et sans être invité par lui. Ne regarde jamais en face une femme appartenant à un Arabe. Quand, sur une route peu fréquentée, un Arabe te demandera du tabac ou une allumette, ne lui en refuse pas, mais donne vite, tout en le surveillant bien. Ne crois pas toujours ce qu'il te dira; ne te mêle pas, surtout seul, à ses fêtes religieuses; n'entre jamais dans une mosquée sans autorisation; l'autorisation obtenue, quitte tes chaussures avant d'entrer. Tu trouveras à Géryville le célèbre Si-Hamza, renommé par les prouesses que son père a accomplies. Lui-même passe pour un homme très courageux. Il est très riche et vénéré par nous tous, il est simple et fréquente les officiers français.

Muni de ces conseils, je quitte l'Arabe en le remerciant. Mais Crista le prie de nous accompagner jusqu'à la mosquée et il y consent. La mosquée est située sur le marché; c'est une construction d'une apparence simple, où des plantes foisonnent autour des vieilles murailles; elle est surmontée d'une tour haute d'une quinzaine de mètres, qu'une sorte de balcon couronne à sa partie supérieure. Un prêtre se tenait sur ce balcon et psalmodiait d'une voix que l'écho renvoyait avec une douceur mélancolique. A la porte d'entrée se tenait un vieillard qui nous reçut avec bienveillance, tout en regardant nos pieds. Nous quittâmes nos chaussures et nous pénétrâmes dans l'intérieur. Là des Arabes étaient assis par terre et murmuraient des prières; d'autres se prosternaient jusqu'au sol et l'embrassaient; d'autres encore étaient à genoux, étendaient les bras, les ramenaient ensuite, les paumes des deux mains ouvertes, les doigts écartés tournés vers leur figure. La mosquée était sombre, et ce tableau vivant dans l'obscurité évoquait à mes yeux des spectres en mouvement. Notre visite terminée, je pris définitivement congé de notre Arabe, en le remerciant encore une fois. Le moment était venu de rentrer au quartier pour me préparer au départ qui devait avoir lieu le lendemain matin à cinq heures.

Dès trois heures, tout le détachement pour Géryville était debout. Crista m'aida à faire mon havresac, et il pesait lourd étant donné qu'il fallait emporter tout le grand et le petit équipement. Il roula le couvre-nuque sur mon képi, me donna des conseils sur la façon de me comporter en route, et m'accompagna en portant mon havresac jusqu'au sommet de la montagne surnommée Crève-Cœur. Là il fallut prendre congé. Brusquement je suis passé de la gaieté à la tristesse, car je m'étais habitué à lui comme si notre liaison devait indéfiniment durer. C'était un camarade sûr et expérimenté, un gaillard robuste avec un air d'enfant sage. Il cherchait à dissiper ma tristesse et m'exhortait par des paroles paternelles. — La vie du légionnaire est ainsi faite, conclut-il, disons-nous au revoir. — Et nous nous embrassâmes.

Je me chargeai de mon havresac et continuai ma route en passant par Aïn-el-Hadjar, où se trouve un poste de gendarmerie. C'est un petit coin charmant, habité par quelques Espagnols ; mais, à la sortie du village, nous entrâmes dans une contrée triste : des cailloux, du sable et çà et là, quelques pieds de thym. Les gradés exceptés, le détachement, composé presque entièrement de jeunes soldats, marchait péniblement. Quelques-uns ne pouvaient plus avancer. Les sous-officiers leur attachaient autour du corps la ceinture de laine que tout militaire porte en Algérie, et les tiraient ainsi pendant une partie de la route. En arrivant à l'étape, nous montâmes immédiatement nos tentes-abris et nous nous dispersâmes. Les uns allaient chercher du thym en remplacement de bois pour faire la cuisine, car le bois est inconnu dans ces parages (pour allumer le thym, il faut employer la bouse des chameaux ; on la ramasse tout le long de la route et on la conserve dans les musettes). Les autres allaient chercher de l'eau (qu'on tirait à des puits profonds, en se servant d'une longue corde au bout de laquelle on attachait un mulet). L'eau était jaunâtre et trouble, d'un goût désagréable, ce qui ne nous empêchait pas de nous précipiter pour en boire avidement. La cuisine — qui consista à préparer un plat de riz au lard — fut vite faite, grâce à la bonne volonté et à l'entente de tous. Nous mangeâmes de bon appétit, hommes e gradés réunis; puis, cédant à la fatigue, on s'endormit après avoir laissé pour garder le camp deux sentinelles qu'on fit relever la nuit à tour de rôle.

Le lendemain, nous continuâmes la route dans les mêmes conditions que la veille. Les sous-officiers portaient les sacs des hommes les plus fatigués; nous eûmes à marcher 44 kilomètres à travers du sable que nous sentions brûler sous nos semelles et dont nous avions peine à sortir.

Enfin, nous arrivâmes à l'étape sans éclopés, malades ou traînards. Dans le Sud-Oranais, le chef d'un détachement ne peut et ne doit laisser aucun homme en arrière; car, quoi qu'on dise, les Arabes nous considèrent et nous considéreront toujours comme des ennemis; le retardataire est en outre exposé aux accidents, aux insolations; et quoi qu'il advienne, il ne peut attendre aucun secours. Le chef de détachement est donc responsable et il doit employer tous les moyens dont il peut disposer pour conduire tous ses hommes à l'étape.

L'étape suivante ne fut marquée par aucun incident. Peu à peu familiarisés avec les fatigues de la vie du légionnaire, la marche et le sac nous semblaient déjà plus légers. Les sergents entamaient des chansons de route que nous répétions plus ou moins bien. Je regardais une montagne noire que l'on distinguait à une centaine de kilomètres de distance, et qui dominait la vaste plaine aride et dénudée que nous parcourions. Au loin une silhouette mobile se rapprochait de nous peu à peu. C'était un Espagnol venant de Géryville. Il était armé d'un revolver et d'un poignard à la ceinture. Il nous croisa sans rien dire. Ce fut l'unique passant que nous rencontrâmes pendant nos cinq jours de marche.

Le lendemain nous arrivâmes à Géryville en parfait état. On nous logea dans des baraquements construits en pierre. Le quartier militaire formait une allée le long de laquelle ces baraquements s'élevaient. Au nord, se trouvait la compagnie montée qui se compose de deux cents hommes et cent mulets; au sud, l'escadron des spahis avec leurs chevaux magnifiques, leurs burnous rouges et leurs turbans traditionnels. La ville ou plutôt le village de Géryville consiste en deux rangées de maisonnettes, plus misérables les unes que les autres; à gauche, un marché découvert, vaste mais mal entretenu. Toutefois, à l'entrée du village, un petit hôtel assez coquet, d'un seul étage, à l'enseigne *Hôtel du Sahara;* quatre ou cinq autres petites maisons, un peu moins sales que les autres, dans une ruelle; à gauche, la demeure du célèbre Si-Hamza, construction basse, d'un aspect plutôt maussade; enfin, un lavoir; voilà Géryville dans toute sa beauté. On y compte quelques centaines d'habitants, exclusivement Arabes et Espagnols! Les Français sont représentés par un maire, un hôtelier et deux fournisseurs.

C'est dans cette ville que je connus, pour la première fois, toute l'horreur de l'ennui. On y cuit l'été et on y gèle l'hiver. Aussi les légionnaires l'appelaient-ils *Geléville*. On y reçoit très souvent la visite du siroco; cet hôte désagréable, sous forme de vent très violent et d'une chaleur excessive, pénètre dans les habitations après avoir soulevé le sable à une hauteur assez grande, et lui avoir fait exécuter des danses folles. Après quoi, il frappe violemment aux fenêtres, et casse les vitres. Pénétrant par tous les interstices, le sable vient se poser sur les planches à pain, sur celles où se trouvent les effets, sur les armes, sur le lit, dans la jarre à eau, sur le parquet, partout. Et malheur à ceux qui dorment! Le siroco se charge de les rappeler au respect dû à son nom et à son passage, en les forçant à quitter leur lit prestement.

Je ne savais combien de temps je devais rester à

Géryville et je m'occupai de chercher un confident dans le genre de Crista. Avant le départ, celui-ci m'avait dit à Saïda : — Tu trouveras toujours un camarade qui deviendra ton ami à la Légion. — Mais je voulais quelqu'un connaissant bien l'Algérie, et je ne tardai pas à le trouver sous le nom de Vendel, un Alsacien. Il aimait à lamper de temps à autre un liquide verdâtre qu'un Espagnol fabriquait lui-même et qu'il débitait sous le nom d'absinthe, mais, au demeurant, Vendel était un charmant garçon et un honnête homme. Il aimait à rendre service et passait pour un excellent soldat. Je cherchai à me l'attacher, et, en peu de temps, nous fûmes une paire d'amis.

Dans la même chambrée que nous deux garnements, G. et S., l'un Bavarois, l'autre Saxon, cherchaient querelle à tout le monde. Ils faisaient leur service avec mauvaise volonté, se regimbaient contre tout ordre, se refusaient à monter la garde, et s'absentaient parfois plusieurs jours. Les goums (gendarmes auxiliaires arabes) étaient obligés de les ramener.

Crista avait raison de dire que la mauvaise graine pousse partout. A la Légion, comme partout, ce sont toujours les mêmes clients qu'on voit en prison. Mais une nuit, G. et S., étant de garde, quittèrent leur poste en emportant leurs armes et munitions. Ils restèrent une dizaine de jours absents et allèrent piller et tuer quelques indigènes dans leurs gourbis. Cette fois, ramenés ligottés par les Arabes, ils passèrent devant le conseil de guerre à Oran, pour pillage et assassinat, et furent condamnés à mort. Conduits après la condamnation à Géryville, ils y furent fusillés par douze légionnaires en présence du général de brigade et de tous les caïds de la contrée. J'assistai pour la première fois à une exécution. Leur attitude en allant à la mort fut très courageuse. Ils chantaient des chansons anarchistes et jetaient de la menue monnaie aux soldats chargés de l'exécution en criant : « Buvez à notre mort. » Ils refusèrent de se faire bander les yeux.

ALGÉRIE

Ma première visite avec Vendel fut pour l'escadron de spahis. Je cherchai à causer avec un vieux cavalier indigène qui comptait déjà treize ans de service et à connaître ainsi le sentiment de ces hommes envers leurs chefs et envers la France. Ce fut assez difficile au début. Il ne parlait guère. Mais après l'avoir invité à prendre un *caoudji* chez un Arabe, sa langue se délia. J'en profitai et lui adressai quelques questions. Il me dit qu'il était content de son sort, que les spahis aiment beaucoup leurs chefs; que, d'après lui, il n'existe pas de meilleurs soldats au monde; il ajouta qu'il connaissait à fond les habitants du Sud-Oranais, tous sages et doux comme des moutons, et aimant les Français par-dessus tout (à ce mot, Vendel esquissa un sourire significatif); enfin que le Sud-Oranais, son pays de naissance, était le plus beau qu'on puisse rêver (là-dessus, je souris à mon tour à Vendel). Je quittai mon spahi sans être bien convaincu, me rappelant l'Arabe de Saïda dont la parole m'avait semblé plus franche, plus sincère.

Vendel me conduisit ensuite chez un Espagnol qui habitait Géryville depuis deux ans, et que lui, Vendel, considérait comme très intelligent. Cet Espagnol, me dit mon camarade, était venu à Saïda après nombre de déboires dans son pays et en France. Il cultivait à Géryville un morceau de terre qui, après lui avoir donné beaucoup de mal au début, arrivait maintenant à le nourrir. Il avait une fille d'une vingtaine d'années, Espagnole pur sang, d'une véritable beauté, qui parlait très bien le français.

Après les salutations, je fis un gracieux compliment à la demoiselle, sans réussir à rompre la glace. La señora fit une petite moue semblant dire : je vous fais grâce; quant au père, il me toisa d'un air étrange. Mais Vendel, qui semblait au mieux avec lui, lui dit quelques mots à l'oreille. Alors, sur un signe, la jeune fille m'avança une chaise, et nous offrit un verre de marc. Le père devint communicatif. — Si j'étais de vingt ans plus jeune, dit-il, et si je n'avais pas d'enfant, je m'engagerais à la Légion. »

Ensuite il commença une tirade sur la société d'Europe qu'il maudissait, où le travailleur peine en pure perte pour relever sa condition. Il en avait assez d'une existence de serf, dérisoirement salarié, incapable de faire souche, de vivre de la vie humaine. Et c'est ainsi qu'il avait émigré avec sa fille dans le Sud-Oranais. — J'étais sans le sou, dit-il, mais pas sans courage, et maintenant nous vivons d'une vie tranquille et modeste, loin du bruit, du tracas et du servage. Je ne vois plus de ces figures hypocrites, de ces gens qui sourient et vous serrent les mains, et qui vous souhaitent tout le mal possible. — Cependant, lui fis-je remarquer, votre fille ne restera pas toujours auprès de vous; vous n'ignorez pas qu'elle est très belle! Quelqu'un la remarquera un jour et vous l'enlèvera. — Ma fille, répondit-il, déteste la société autant que moi. — Cependant, trois ans plus tard, étant retourné à Géryville, je la trouvai mariée à un Espagnol. Mais elle avait beaucoup perdu; sa démarche était moins gracieuse et son visage de madone s'était épaissi.

Mon séjour à Géryville était assez monotone. Pendant la semaine, nous faisions des exercices de service en campagne le matin; l'après-midi, tout le monde travaillait à la démolition des vieux baraquements qu'on devait remplacer par des constructions neuves. Le soir, je m'ennuyais mortellement. Le dimanche, j'allais avec Vendel dans les montagnes tirer des vautours, pour la destruction desquels le bureau arabe donnait de petites primes. D'autres camarades allaient chasser les chacals et obtenaient les mêmes avantages. Je note à ce propos un incident qui montrera ce que valent les Arabes du Sud-Oranais.

Un camarade, nommé Hainaff, allait toujours seul à la chasse. Un jour, il rencontre dans la montagne un Arabe qui lui demande une cigarette. Hainaff la lui refuse; alors, rapide comme l'éclair, l'Arabe sort un couteau, lui coupe net le pouce gauche et se sauve. Hainaff ne fit pas usage de son fusil. Ce fut un tort, à mon avis; à sa place je n'aurais pas hésité. Sur dix Arabes qu'un soldat rencontre sur une route dans le Sud, six lui demandent soit une allumette, soit du papier à cigarette, soit une cigarette. S'il refuse, ils l'insultent : *Kelb, roumi* (chien, chrétien), lui crient-ils... et j'en passe d'autres.

Je note également ici, à titre de souvenir, les silos de Géryville. Ce sont des trous creusés dans la terre à une profondeur d'environ 8 mètres, et de 2 mètres de diamètre; ils sont recouverts à la surface d'un couvercle en bois. Ces silos servent de prison pour les Arabes. Pendant le jour, le couvercle est ouvert, sauf en temps de pluie. On descend au fond par une échelle. La condamnation au silo est prononcée par le bureau arabe pour certains délits de droit commun. La nourriture est apportée aux patients par leurs familles. Cette punition peut sembler très dure. Qu'on se rassure pourtant. Les prisonniers jouent aux cartes toute la journée, fument, et assez souvent réclament eux-mêmes la fermeture du couvercle. Ont-ils un besoin quelconque, ils appellent un homme de garde qui descend l'échelle, les fait monter, les accompagne où ils veulent et les réintègre.

Le caïd (chef de village) mène les choses plus rondement en matière de punition. Quand il a reconnu un Arabe coupable d'un délit qu'il croit inutile de transmettre au bureau arabe, ou s'il juge sa sanction personnelle plus efficace, il fait administrer au délinquant un certain nombre de coups de bâton bien appliqués. L'Arabe, paraît-il, préfère le silo aux coups de bâton, car tel qui est condamné par exemple à vingt-cinq coups, est certain d'avance d'en recevoir une dizaine de plus. Le professionnel chargé d'appliquer la peine commence toujours à se faire la main par quelques coups vigoureux, et il en fait autant pour finir.

Quelque temps après, j'étais désigné pour aller en

détachement dans la direction d'Aflou. Nous devions creuser plusieurs puits dans une contrée inhabitée, en prévision d'une colonne qu'on songeait à envoyer dans ces parages. Notre détachement se composait d'une trentaine de légionnaires, d'une trentaine de soldats du bataillon d'Afrique et d'autant de zouaves. Nous montâmes nos tentes-abris dans un immense champ d'alfa, et après avoir réquisitionné des chameaux pour le convoi de ravitaillement qui devait nous apporter des vivres tous les cinq jours, nous commençâmes aussitôt, à la sueur de nos fronts, sous un soleil implacable, le corps nu jusqu'à la ceinture, à creuser des trous dans la terre. Trous profonds, où l'eau s'obstinait à ne pas se montrer. Légionnaires, zouaves et « joyeux » rivalisaient de travail et d'ardeur. On creusait à une profondeur telle que les voix des hommes travaillant au fond ne parvenaient plus à la surface. Enfin l'eau n'apparaissant toujours pas, on décida de combler les trous et d'aller chercher ailleurs. Dans l'espace de deux mois et demi, nous creusâmes ainsi trois puits. Après avoir muré les parois et recouvert l'orifice avec de la terre, nous rentrâmes dans nos postes respectifs.

A peine rentrés à Géryville, il fallut partir aux manœuvres dans le sud. Je n'ai pas l'intention de faire de ces manœuvres une description qui intéresserait peu le lecteur. Je mentionnerai simplement ici la marche en colonnes carrées (ne cherchez pas dans le règlement). Cette formation est, je crois, empruntée aux colonnes des Anglais en Égypte. En fait, elle est avantageuse dans un terrain aussi découvert que le Sud-Oranais, où les charges sont surtout à redouter. Le convoi marche au centre du carré. Rien, absolument rien, ne reste en arrière. Un escadron de spahis, déployé sur un seul rang, forme l'arrière-garde. On bivouaque également en colonne carrée. Les vivres, chameaux, chevaux et autre bétail sont groupés au centre du bivouac. L'eau, étant très rare, est transportée à dos de chameaux, à raison de deux litres environ par homme et par jour et quinze litres pour la cuisine d'une escouade. Des deux litres d'eau que l'homme touche, il doit un quart pour faire le café à la grande halte. Le bois manque complètement. La bouse des chameaux et le thym le remplacent. Aux manœuvres, comme pendant toutes les marches dans le Sud-Oranais, le couchage est sommaire; hiver comme été, il consiste, pour toute fourniture, dans le couvre-pieds qu'on étale sur un sol dur, caillouteux ou sablonneux. Aussi, dans nos marches d'hiver, m'est-il arrivé bien rarement de dormir pendant la nuit. C'est dans ces manœuvres que j'ai rencontré pour la première fois le lieutenant Odry dont j'ai gardé un inoubliable souvenir. Il s'est intéressé à moi, m'a formé le caractère et m'a appris à aimer le métier des armes par-dessus tout. Je l'ai suivi dans tous les postes du Sud-Oranais et j'ai fait ensuite avec lui la campagne du Dahomey. A diverses reprises, je me suis séparé de lui, mais chaque fois, c'était avec un serrement de cœur, car j'étais attaché à lui par l'affection. Un heureux hasard m'a encore mis sur son chemin à Paris quand il était à l'École supérieure de guerre, capitaine et marié. C'est avec une simplicité charmante et touchante qu'il m'a invité un jour à sa table de famille. Peu de temps après sa sortie de l'École de guerre, il était nommé commandant; véritable fils de ses œuvres, il continuait à s'imposer. Sorti de l'Ecole de Saint-Maixent, c'était, de mon temps, un jeune officier que ses chefs appréciaient hautement et que ses inférieurs aimaient; travailleur infatigable, accessible à toutes les idées larges, soldat avant tout. Souvent il a été chargé de fonctions délicates, telles que : officier de tir, officier-payeur et adjoint au colonel pendant les manœuvres. Commandant de la discipline à El-Oussek, il a montré dans cette dernière fonction, très délicate, qu'on peut, malgré le proverbe, contenter tout le monde. Je me rappelle qu'un jour à El-Oussek, j'avais une légère discussion avec un camarade que j'aimais cependant et qui est mort un an plus tard au Dahomey entre mes bras. Je lui avais lancé un mot... le même que Cambronne à Waterloo, lorsque entouré par une masse ennemie il était sommé de se rendre. Le lieutenant Odry survint et m'entendit. — Tu vas de ce pas te rendre à la salle de police, me dit-il (à la Légion beaucoup d'officiers tutoient leurs hommes, mais qu'on n'aille pas y voir de la morgue ou du dédain; loin de là, c'est le tutoiement amical comme celui du père de famille, qui conseille, guide, caresse et gronde selon les circonstances, mais toujours dans les meilleures intentions). J'ai obéi sans murmurer, ignorant même pourquoi j'étais puni. Une heure après, comme j'étais allongé sur le lit de camp, le lieutenant Odry entra seul et me parla sur un ton sévère : — Qui t'apprend ce vocabulaire? — Je ne répliquai pas. — Tu vas me promettre de ne jamais plus prononcer ni ce mot, ni d'autres du même genre, tu m'entends? — Oui, mon lieutenant, je vous le promets. — C'est bien, sors d'ici, et tâche surtout de ne jamais y revenir. — J'étais engagé, mais je songeais au proverbe latin : « *Omnis homo mendax* » (tout homme est menteur). Pourtant, j'ai tenu parole, et pendant toute la durée de mon service à la Légion, je n'ai jamais encouru de punition.

Au retour des manœuvres, mon bataillon changea de poste. Nous allâmes à Tiaret, treize étapes de Géryville. Le seul souvenir que j'aie conservé de cette marche est que nos havresacs étaient d'un poids excessif. La gamelle, attachée sur les ballots, dépassait de beaucoup la tête. Bien des fois, les officiers portèrent les sacs des hommes fatigués. Il pleuvait presque tous les jours; à défaut de route, on marchait souvent dans les champs d'alfa. Le pis, c'est qu'on se méprit plusieurs fois sur les étapes. Les pluies ayant détrempé les emplacements des cuisines, quelques gîtes étaient devenus méconnaissables. Plusieurs fois, l'orage nous empêcha de préparer les repas. Ces jours-là, on se contentait d'un morceau de pain biscuité très dur; tant pis pour les mâchoires délicates! Fait remarquable, personne ne murmurait, et on se couchait sous la tente, le couvre-pieds seul étendu sur le sol mouillé. Mais à peine reposait-on, qu'un vent de tous les diables mettait nos tentes sens dessus dessous. On s'accrochait alors aux supports en tâchant de retenir la toile, mais tout était inutile. Il fallait s'incliner, en jurant et pestant, mais rien à faire contre un tel vent! Et nous restions toute la nuit sous la pluie agrémentée d'une obscurité complète. La tempête claquait partout avec un bruit de toile secouée. Malgré ces déboires, on continuait le lendemain la marche en chantant, si bien que le treizième jour nous entrâmes à Tiaret sans avoir laissé personne en arrière. Un mulet seul fut victime de cette route; il fallut l'abattre et je n'ai pas besoin de dire que l'ordinaire en profita largement.

A Tiaret, nous nous reposâmes quelques jours. Après quoi on reprit la vie ordinaire : marches, tirs, travaux, etc… Tiaret est une petite ville de trois mille habitants environ, assez coquette, habitée principalement par des Espagnols, desservie par le chemin de fer Est-Perrégaux-Algérien qui va de Perrégaux à Méchéria. Ce chemin de fer se recommande aux amateurs de curiosités. Attelé à deux formidables locomotives, il file… 15 kilomètres à l'heure; puis, c'est le véritable train de luxe. Il n'y a que première et deuxième classes. La deuxième classe offre pour tout confort de misérables bancs en bois, d'une saleté inénarrable. Et comme la compagnie n'a d'autre concurrence que les chameaux, elle fait payer cette deuxième classe au prix de la première classe de France. Quant à la première classe, elle n'est abordable qu'aux capitalistes. Pensez donc! Des wagons aux sièges rembourrés, d'où une simple chiquenaude fait jaillir une nuée de poussière et que recouvre une toile, qui jadis fut peut-être blanche. Cela se paye.

Après un mois de séjour à Tiaret, je fus désigné

pour aller à Frendah, village admirablement situé à côté d'une forêt, surnommée la forêt de Génie, où nous faisions des chasses miraculeuses sans fusils. A quatre ou cinq, armés de matraques, nous y allions au coucher du soleil, et, déployés sur une centaine de mètres, muets comme des carpes, nous guettions les lapins qui y pullulent; chacune de ces chasses nous assurait un festin pour le soir.

Après un court séjour à Frendah, je fus envoyé à El-Oussek, pour garder des disciplinaires. La veille du départ, un Arabe, garçon de l'unique hôtel de Frendah, vint me prévenir qu'un monsieur et une dame désiraient me parler à huit heures du soir, à l'hôtel. Cette nouvelle m'intrigua. Un monsieur et une dame, logeant dans un hôtel, à Frendah, et connaissant mon nom!

A l'heure dite, j'étais au rendez-vous. Sans préambule, le monsieur m'invita à dîner. Je déclinai l'invitation, alléguant le lapin dont je venais de me régaler. Puis la dame prit la parole. — Monsieur, dit-elle, nous arrivons tout droit de Belgique; nous avons un fils unique qui, sans nous prévenir, s'est engagé dans la Légion étrangère. C'est un garçon honnête, mais qui se laisse facilement entraîner par ses camarades; il est d'un tempérament emporté, ce qui l'a probablement conduit où il se trouve maintenant, à la discipline d'El-Oussek.

Elle versait des larmes abondantes. Je fus pris de pitié, et m'efforçai de la consoler.

— *Savez-vous,* — j'ai déjà dit qu'elle était Belge, — continua-t-elle, en pleurant, je l'ai enfanté dans la douleur; je l'ai élevé, j'ai guidé ses premiers pas dans la vie, à travers des étapes souvent rudes; et fière de lui, je le vois soudain arraché de mes bras et condamné à une existence misérable.

— Madame, répondis-je, une bonne mère est toujours fière de son fils. Mais, en fait, que désirez-vous de moi? — Je sais, dit-elle, que vous partez demain pour El-Oussek comme garde de la discipline. Je voudrais que vous voyiez mon fils et que vous l'aidiez... à déserter ; je me charge du reste.

Du coup, je devins blême de colère. — Madame, dis-je, pour qui me prenez-vous? On vous a faussement renseignée sur mon compte. — Elle tenait quelques billets de banque à la main, et me les tendait. — Mon devoir est de vous faire arrêter, continuai-je, mais j'ai pitié de vous et je vous conseille de quitter immédiatement Frendah et de déguerpir d'Algérie. Si, dans une heure, vous êtes encore ici, je vous dénonce. Je vous avertis aussi de ne pas recommencer votre jeu avec un autre, car je me verrais obligé de prévenir qui de droit. Donc, écoutez-moi : rentrez chez vous, en Belgique, et envoyez de bons conseils à votre fils. Tâchez d'obtenir de lui la promesse de bien se conduire et ses chefs feront le reste ; car, à la Légion, on ne maltraite pas les hommes et on leur fournit le moyen de se faire apprécier. Depuis que j'y sers, je suis très satisfait de mon sort. Adieu.

En rentrant, je prévins immédiatement mon sergent de section de cette démarche inattendue. Le lendemain matin je demandai à l'hôtel si ces personnes étaient parties. Oui, me fut-il répondu, hier soir à dix heures. Je puis croire que mes conseils ont porté leur fruit car, quatre ans plus tard, à Madagascar, j'ai revu mon homme, l'ancien disciplinaire, et sa conduite ne laissait plus rien à désirer.

Me voilà donc parti pour El-Oussek où se trouve la discipline du 2ᵉ régiment étranger. La description de ce village sera vite faite. Une place sur laquelle se trouvent de grandes tentes, entourées d'un mur en briques, posées les unes sur les autres, sans mortier : c'est le campement des disciplinaires. Quelques baraquements en bois et en pierre où logent le commandant de la discipline et les hommes de garde ; un lavoir et deux ou trois gourbis arabes. Un peu plus loin se trouvait une maisonnette habitée par un nommé X... qui tenait une épicerie et une cantine dont j'ai gardé un exécrable souvenir. Ce personnage louche, dont nul ne connaissait l'origine, m'inspirait une méfiance instinctive. Il était doublé d'une femme à l'avenant, dont les charmes étaient bien caractérisés par le nom dont on l'avait baptisée : *le hibou*. Il fallait voir avec quel mépris ce cynique mercanti débitait, contre argent comptant, sa marchandise fraudée ou frelatée. Ce qui ne l'a pas empêché, on le comprend, d'amasser rapidement une jolie fortune.

Le lendemain de mon arrivée à El-Oussek, je faillis être tué par un Arabe dans une circonstance assez bizarre. Ayant un léger dérangement d'intestins, je cherchais à me procurer du lait de chèvre et m'étais rendu dans un gourbi arabe, une bouteille à la main. Un chien, de la race des chacals, qui se tenait à l'entrée me souhaita la bienvenue en sautant sur moi et en déchirant mon veston. Puis, des cris de femme s'étant élevés de l'intérieur, l'animal apaisé regagna sa place et se coucha. J'entrai alors et me trouvai face à face avec une Mauresque d'une beauté rare, avec un visage régulier et pur et des arcades sourcilières un peu relevées, où, dans la noirceur des orbites, des lueurs jaillissaient. Elle portait un costume sombre, très ample. Les pieds nus, elle marchait lentement, comme une déesse; *Incessu patuit dea*, aurait dit Virgile. Elle me demanda ce que je voulais. — Du lait, dis-je. — Alors me prenant la bouteille des mains avec un geste d'impatience, elle la remplit. — Hamsa soldi, cinq sous, dit-elle, en me regardant. Tout en la payant, je tâchais d'entamer tant bien que mal une conversation, celle qu'un soldat peut avoir, quand il n'est pas de bois, avec une femme belle et bien plantée. Je supposais que l'entretien était de son goût, car elle se mit à sourire. Soudain elle pousse un cri, en fixant les yeux sur l'entrée. Je me retourne, et j'aperçois un Arabe qui braquait un revolver sur moi. Mais, rapidement, la Mauresque s'était précipitée sur lui, lui avait arraché l'arme de la main, et donné une explication qui parut le satisfaire. Je jugeai utile de ne point m'attarder. Un mois plus tard, j'avais des preuves que les soupçons de l'Arabe étaient parfaitement justifiés.

Quant à moi, qui avais complètement oublié le conseil de Saïda : — N'entre jamais dans un gourbi sans y être invité; ne regarde jamais la femme d'un Arabe en face, — je me promis bien d'ouvrir l'œil et de m'en souvenir désormais.

Les disciplinaires se lèvent le matin en même temps que les hommes du détachement. Après avoir pris le café, ils sont rassemblés, fractionnés par groupes, et se rendent sous la surveillance de leurs gradés et de quelques hommes de garde à leurs travaux habituels, tels que : transporter des matériaux de construction, maçonner, jardiner, réparer une route et toutes autres besognes qui peuvent être nécessaires. Cela dure jusqu'à dix heures du matin; à ce moment, ils sont reconduits à leur camp pour déjeuner. Leur nourriture est la même que celle des hommes chargés de les garder, y compris le quart de vin journalier auquel tout soldat a droit dans le Sud-Oranais. De onze heures à deux heures : nettoyage, inspection de propreté par les gradés ou par le commandant de la discipline; ensuite, théorie, la même qu'on fait aux hommes dans une compagnie. De deux à cinq heures du soir, continuation des travaux. A cinq heures, dîner. Après le dîner, les hommes conversent entre eux jusqu'à la tombée de la nuit. Deux jours par semaine sont consacrés à des exercices en armes. Dimanche et jours fériés, repos. Les disciplinaires touchent la même solde que les hommes au régiment; tous les jours, deux d'entre eux vont avec un gradé à la cantine faire des achats pour leurs camarades. Ils peuvent acheter de tout, excepté des boissons. En matière de punitions disciplinaires, ils n'ont que la prison et la cellule. La prison est la même qu'au régiment. La cellule consiste en une petite tente-abri pour une personne. Le stage réglementaire à la discipline est de six mois, mais toute punition nouvelle entraîne une prolongation.

Pendant mon séjour à El-Oussek, je n'ai jamais vu maltraiter les disciplinaires; les gradés leur parlent d'un ton ferme, résolu, mais sans arrogance.

On a, récemment encore, beaucoup parlé et écrit au sujet des compagnies de discipline. Les uns prétendent qu'elles sont une honte pour un pays civilisé; les autres qu'elles sont indispensables dans l'intérêt supérieur de l'armée. Quelle est la vérité entre ces deux versions? Je me permets de dire ceci : lorsqu'une personne est malade, elle va consulter le médecin, et, de préférence, un médecin que son expérience pratique a déjà formé. Il me semble qu'on doit en user de même pour les questions de discipline. Qui est plus apte à les trancher que nos généraux qui, presque tous, ont fait campagne et dont plusieurs ont commandé en chef devant l'ennemi? Pour moi, humble soldat, j'ajouterai ceci : nous ne vivons plus au temps où l'on combattait avec des lances et des javelots. Aujourd'hui, la science des combats a progressé également dans les armées de toutes les puissances; la victoire appartiendra aux plus disciplinés. D'autre part, le goût du bien-être qui est presque à l'antipode du goût pour le métier des armes, paraît avoir sérieusement atteint la discipline militaire dans toutes les armées des peuples civilisés. Ceux qui se sont donné la peine d'observer l'ont certainement constaté comme moi, pendant l'expédition de Chine de 1900-1901, où des troupes de plusieurs puissances étaient réunies. La victoire des Abyssins sur les Italiens et celle des Japonais sur les Russes ne peuvent être attribuées qu'à la discipline; par contre, la défaite des Boers en Afrique est la conséquence de l'indiscipline. Le général boer De Wett l'a d'ailleurs parfaitement reconnu dans un ouvrage qu'il a publié sur la campagne. Donc la discipline s'impose plus que jamais.

Jadis un mauvais soldat en garnison était parfois très bon en campagne. On appelait surtout mauvais soldat celui qui s'enivrait et qui, par suite, était souvent puni. Mais celui-là même qui se laissait aller à ce penchant obéissait strictement aux ordres de ses chefs, sans les discuter. Il n'en est pas de même aujourd'hui. Un mauvais soldat est souvent pervers, et quelquefois plus. En campagne, il sera inutile, et souvent même dangereux. En temps de paix, il excite ses camarades contre les chefs et leur parle sans cesse de leurs droits en se gardant bien de leur rappeler leurs devoirs. C'est là qu'est le danger, et ce danger, il faut bien le dire, est un produit de la civilisation mal dirigée. Je pourrais citer, avec preuves à l'appui, plusieurs exemples et j'en conclus qu'il faut une discipline ferme, mais pratiquée avec discernement, dans une armée bien organisée. Aussi, plus que jamais, les compagnies de discipline sont-elles nécessaires pour servir d'exutoire à l'armée. Il se peut que quelques abus y aient été commis. Mais où n'en trouve-t-on pas? Et peuvent-ils infirmer cette règle que quiconque a commis une faute doit en être puni? Enfin, dans toute l'armée, les sanctions disciplinaires sont beaucoup plus réfléchies qu'autrefois. On voit de moins en moins figurer au rapport ces motifs de punition baroques, qui faisaient le tour de la caserne pour finir sur les planches des cafés-concerts. Toute punition est soigneusement examinée par le capitaine qui la signe; en fait c'est lui seul qui prononce et c'est justice, puisqu'il a seul la responsabilité. Certaines erreurs et malveillances peuvent se produire, comme partout ailleurs, mais le soldat a la faculté de réclamer, et s'il n'est pas écouté, d'aller jusqu'au ministre de la guerre. J'ai failli le faire une fois vers la fin de mon service, et j'ai vu dans cette circonstance qu'on trouve partout des chefs justes et soucieux de l'intérêt du soldat.

A El-Oussek je menais la vie d'un ermite. Rarement un Européen s'y égare, si ce n'est le général chargé d'inspecter la discipline, ou le colonel du régiment.

Pour l'inspection du général, qui était à ce moment le général Détrie, les Arabes des villages environnants se rendent en foule à El-Oussek, amenant avec eux du couss-couss et des moutons qu'ils rôtissent en plein air en embrochant l'animal dépouillé sur un long bâton de bois dur et en le faisant tourner lentement au-dessus d'un grand feu. Le mouton, rôti à point, est placé tout entier sur un grand plateau d'argent, qu'un Arabe à cheval transporte au grand galop, avec une dextérité étonnante, jusqu'à la tente où le général et ses invités prennent leur repas. J'ai assisté également à El-Oussek à une chasse au conka, espèce d'oiseau qui ressemble à la perdrix. La chair est moins agréable au goût, mais elle donne un succulent bouillon. Cette chasse, qui exige une immobilité complète de la part du chasseur, se fait au lever du jour. On construit la veille, près d'une mare où les conkas viennent boire, un massif de terre sur lequel on place les fusils et derrière lequel on s'abrite. Tous les matins, à heure fixe, les conkas affluent par centaines. C'est alors qu'on lâche le coup de fusil sans se montrer, même par la tête, car au moindre mouvement le gibier s'envole. Dans l'espace d'une heure, nous avons, à quatre, dont le lieutenant Odry, tué cent quarante conkas.

Souvent, dans nos longues soirées monotones, le lieutenant Odry, commandant de la discipline, qui s'intéressait beaucoup à moi, m'invitait à l'accompagner en break sur la route d'Aflou où l'immensité des sables s'offrait à nos yeux. C'est au cours de ces promenades qu'il m'a souvent donné, sur la vie du soldat en campagne, des leçons que je n'ai jamais oubliées. Je me rappelle encore ses moindres paroles, telles que : — La vie est une éducation incessante. — Pour vivre en paix avec les hommes, il faut d'abord les respecter. — La guerre est un grand effort de tous vers la paix. — Il n'y a pas de succès possible sans une grande persévérance de volonté. — Et beaucoup d'autres préceptes que j'écoutais religieusement.

Un jour il me désigna pour aller à Aflou, à quatre jours de marche. Il s'y trouve un poste de la Légion. J'eus l'occasion de rencontrer sur la route une noce arabe. Le fiancé et la fiancée trônaient dans des sortes de paniers solidement fixés à dos de chameaux et garnis de tapis de valeur. La fiancée y était allongée dans une attitude gracieuse et nonchalante. Au-dessus, un baldaquin de couleur rouge la préservait des ardeurs du soleil. Une vingtaine d'Arabes musiciens marchaient à pied, en avant-garde des chameaux ; ils soufflaient dans des instruments qui ressemblaient, les uns aux tuyaux des chibouques, les autres aux tuyaux des pipes chinoises ; puis, en arrière, des femmes tapaient avec des morceaux de bois sur des ronds de cuivre, en s'accompagnant de cris sauvages ; le tout produisait un vacarme infernal. Le chef de notre petit détachement nous fit faire halte au passage de la noce et nous recommanda de nous asseoir en regardant du côté opposé au chemin qu'elle suivait.

Aflou est un petit village formé de quelques baraquements où logent les Légionnaires et entouré d'un jardin. En face, se trouve la gérance. Quelques pitoyables huttes et gourbis en achèvent le pittoresque.

Au retour à El-Oussek, le lieutenant me dit qu'il a reçu l'ordre de se rendre à Saïda, et de là à Bel-Abbès où un bataillon de la Légion se tient prêt à partir pour le Dahomey. Il ajoute que, si je le désire, il m'emmènera avec lui. J'y consens, bien entendu, et il me charge d'aller le lendemain, à deux heures du matin, dans un village voisin afin de requérir des chameaux pour transporter les bagages à Tiaret.

Arrivé dans ce village qui se trouvait à 6 kilomètres environ, j'allai chez le caïd. Il faisait encore nuit, et j'avais chargé mon fusil à neuf cartouches. Un Arabe, veilleur de nuit, me reçut d'abord avec méfiance, mais après avoir appris le motif de ma présence, il alla aussitôt réveiller le chef. Celui-ci m'introduisit dans sa tente qui était partagée en deux pièces. Dans la première, il y avait partout des tapis et des tentures qui excitèrent vivement mon admiration. Dans la deuxième où l'Arabe, à mon grand étonnement, m'introduisit lui-même, se trouvaient des tapis moins luxueux, sur lesquels plusieurs femmes, des vieilles et des jeunes, étaient étendues. Des chiens qui montraient les dents semblaient leur servir de gardes du corps. — Je vais envoyer chercher les chameaux, me dit-il, pendant que tu boiras un bol de lait de chèvre. — Et voyant que je ne quittais pas mon fusil : — Sois sans inquiétude, dit-il, dépose ton fusil dans un coin. — Non, dis-je, je préfère le tenir à la main, car il est chargé. — Il eut alors ce sourire spécial à l'Arabe, la bouche trop fendue, sourire faux qui signifie mensonge et ruse, qui flatte pour obtenir la confiance et en abuser ensuite. On m'apporta un bol de lait et du couss-couss. Je ne pris que le lait. Les femmes me regardaient avec des airs timides. Dès qu'elles voyaient mon regard se fixer sur l'une d'elles, elles se couvraient aussitôt le visage avec leur couverture. Ce jeu m'amusait fort.

Le caïd s'approcha de moi et voulut examiner mon fusil. — Non, dis-je, un accident est vite arrivé. — Il me parla ensuite du bureau arabe et du commandant d'El-Oussek. Un flot d'éloges qui sonnaient faux sortait de sa bouche. — Français, bono besef, conclut-il. — Je lui demandai, à titre de plaisanterie, s'il consentirait à marier sa fille à un Français? — Ce n'est pas possible, répondit-il; les Français ne sont pas de la même religion que nous. — Je lui adressai ensuite cette autre question : — Si la France abandonnait l'Algérie à une autre puissance, aux Allemands par exemple, que feraient les Arabes? — Ils ne les toléreraient pas, répliqua-t-il. On les chasserait d'Algérie.

Enfin les chameaux arrivèrent, et nous partîmes pour El-Oussek où on chargea les bagages; puis... en route pour Tiaret.

Le lieutenant nous devançait à cheval. Moi, je marchais à côté des chameaux, en allongeant le pas. Vers midi, la chaleur devenant excessive, je grimpai sur l'un d'eux. Mais la bête, déjà suffisamment chargée, n'entendait pas de cette oreille-là. Après avoir fait quelques centaines de mètres d'un pas saccadé, un pas de chameau qui me faisait osciller comme sur une balançoire, l'animal, d'une secousse brusque et sans daigner me prévenir, me jeta à terre. Il fallut donc marcher quand même, car je ne pouvais pas planter là les bagages du lieutenant. Je m'appuyais sur mon fusil en faisant de temps en temps quelques belles grimaces. C'est dans cet état que j'arrivai à cinq heures du soir à Tiaret, avec 65 kilomètres dans les jambes, ayant marché de quatre heures du matin jusqu'à cinq heures du soir.

A quelques kilomètres de Tiaret, je rencontrai le lieutenant; toujours bienveillant, il m'apportait une bouteille de vin, du jambon, du fromage, du pain; mais je ne me sentais guère en appétit, ayant avalé trop de poussière dans la journée. Par amour-propre, je ne voulus rien lui raconter de mon aventure du chameau et je fis des efforts pour marcher droit, malgré la raideur de mes jambes. Plus tard, dans chacune de mes campagnes, ma vie fut en danger en plusieurs circonstances; et jamais, par suite de cet amour-propre têtu et invétéré, je n'en rendis compte à mes chefs.

Le lendemain nous prîmes le train, ce fameux train de première et deuxième classes attelé de deux formidables locomotives, à destination de Saïda.

De Saïda, le lieutenant partit pour Bel-Abbès. Je ne pouvais l'accompagner, car le bataillon était au complet; je devais attendre le prochain détachement pour le Dahomey. En prenant congé de mon chef, je fus pris d'une véritable tristesse et sentis toute la sympathie qu'il m'inspirait. Ce que j'éprouvais ne se raisonne pas; ce qui vient du cœur est trop mystérieux pour qu'on puisse l'analyser. En me serrant la main, il souriait, moi je pleurais. De Saïda, on m'envoya en escorte à Géryville, par le même chemin que nous avions pris la première fois. Mais au retour nous suivîmes la route d'El-Kreider.

A Alfaville, on nous fit voir une vingtaine de moutons égorgés par des hyènes. Ces moutons appartenaient à un Français. Il nous apprit que les hyènes lui avaient déjà tué une centaine de moutons par la faute de l'Arabe chargé de les surveiller. L'hyène, qui ne voit pas, ne chasse pas seule; elle est toujours précédée du chacal, qui lui cherche des victimes : moutons ou gazelles. L'hyène les égorge et boit le sang; le chacal, lui, ne dévore que des cadavres. Souvent, il en déterre pour les manger.

Le colon victime de l'accident nous offrit généreusement quelques moutons, mais je le priai de les garder pour la noce de sa fille.

A El-Kreider, nous fîmes un séjour de près de vingt-quatre heures. C'est un petit village qui ressemble aux autres du Sud-Oranais, exception faite du jardin merveilleux construit par les soldats du bataillon d'Afrique. Ses allées sont entretenues avec soin; au centre d'une vaste pelouse se trouve un lac, d'où jaillit une eau claire comme du cristal, mais malheureusement non potable.

A ce propos, je consacrerai quelques lignes à nos bataillons d'Afrique. Leur nom véritable est « infanterie légère d'Afrique ». En France ils sont plutôt connus sous le nom de « *Bat-d'Aff* ». Sur ce qui s'y passe, de même que pour les compagnies de discipline, on a une tendance à exagérer. La vie journalière n'y diffère pas beaucoup de celle des autres régiments. Bien entendu, je ne parle que de ceux où la discipline règne, et non pas de ceux où les hommes se révoltent contre les ordres et sont en conséquence presque toujours en prison. Naturellement, ici comme là-bas, ce n'est pas précisément la crème qu'on envoie et les gradés chargés d'assurer le service éprouvent parfois de grandes difficultés.

En revenant de Saïda, je suis resté trois semaines environ à El-Kreider, où j'avais à garder les condamnés aux travaux publics qui travaillaient dans le Sud-Oranais chez les colons. La plupart de ces hommes ont encouru leur peine pour des faits tels que : outrage envers un supérieur, sommeil pendant la faction, rébellion contre la force armée, désertion, refus d'obéissance et autres méfaits de cette nature. Cette garde fut une des plus pénibles de ma vie militaire; le chef de détachement lui-même était toujours en éveil. C'étaient, d'un côté, la peur que quelques-uns ne désertent, car les condamnés étaient tout simplement campés en plein air dans des tentes-abris autour desquelles nous montions la garde; d'autre part, le ait que ces hommes, presque tous « fortes têtes », ont des ruses qu'ils ont apprises dans les prisons et cherchent à créer des désagréments aux hommes de garde et surtout au chef. Ils s'entendent avec un employé de colon, un Espagnol ou un Arabe, qu'ils paient au besoin, afin d'attirer des histoires à tout le monde. Et cependant, même parmi ces déclassés, j'ai trouvé des exceptions, des hommes qui ne se sont pas laissé corrompre par leurs camarades; ceux-là, il est vrai, sont généralement mal vus et subissent des vexations que les gradés sont dans l'impossibilité d'empêcher.

Quand je rentrai à Saïda, je fus prévenu que je devais embarquer quelques jours plus tard, à Oran, à destination du Dahomey. Le détachement, qui se composait de 175 hommes, était déjà équipé. Je reçus des effets coloniaux; enfin, ravis de faire campagne, nous partons pour Oran.

Nous quittâmes le régiment accompagnés jusqu'à la gare par la musique et le drapeau. Pendant la traversée, je pus contempler une partie de l'Algérie qui formait un contraste frappant avec celle où j'avais vécu jusqu'alors. C'est la riche contrée des orangers et des vignes, dont le sol est cultivé avec soin. J'ai traversé des petites villes et des villages que certains pays d'Europe pourraient prendre pour modèle. Arrivés à Oran, où une musique militaire nous attendait, on nous conduisit à la caserne des zouaves où notre dîner était préparé. Le lendemain, des Dames de France vinrent nous offrir des flacons d'alcool de menthe, du tabac et du savon. Ces provisions devaient nous rendre grand service pendant la traversée. Le soir, nous nous embarquions sur le *Thibet* et... vogue la galère vers l'inconnu.

A bord, nous fûmes parfaitement bien traités. Le commandant et le commissaire s'intéressaient à nous. Le médecin prodiguait ses soins aux hommes qui souffraient du mauvais état de la mer. Le soir, quand il plaisait à celle-ci d'être bien disposée, les soldats donnaient une représentation théâtrale toujours réussie. A Dakar (Sénégal), nous prîmes à bord des soldats sénégalais avec leurs femmes et enfants à destination du Dahomey. Le soldat sénégalais ne se déplace jamais sans sa femme, même en guerre. L'État en a probablement reconnu la nécessité puisqu'il supporte les frais de voyage. Enfin, nous arrivons en vue de Cotonou, et nous débarquons au wharf, construction en bois d'une longueur de 300 mètres environ, sur 4 ou 5 mètres de large et d'une solidité éprouvée. A côté de ce wharf, je faillis laisser la vie; je raconterai plus loin cette aventure.

DAHOMEY

Rien au monde n'est plus fastidieux que les documents officiels. Il faut bien cependant donner un aperçu du pays et je suis obligé d'y avoir recours, mais je réduirai ces quelques emprunts à leur plus simple expression. Ils se rapporteront uniquement aux origines du pays, et à son administration ancienne. Au sujet de l'état de choses actuel, je ne raconterai que ce que j'ai vu et entendu moi-même. Auparavant, puisqu'il s'agit des colonies, je conseille à ceux qui ont l'intention de s'y établir, de s'entourer de renseignements sûrs, et non pas d'écouter des on-dit. Ces on-dit, proviendraient-ils même de personnes qui y ont vécu, ne sont pas toujours exacts. Seul, un bureau de renseignements dépendant du ministère des colonies, « l'Office Colonial », possède tous les rapports, décrets et statistiques des colonies et peut exactement et utilement renseigner. Et, si l'on s'adressait à lui, on ne serait pas obligé, comme j'ai eu l'occasion de le voir dans certaines colonies, de rapatrier des Européens qui, y ayant à peine séjourné deux ou trois semaines, ont dépensé leur petit avoir et traînent la misère, heureux encore s'ils ne contractent pas de maladie par suite de leur ignorance du climat.

La côte du Dahomey, ou côte des Esclaves, a été visitée dès le treizième siècle par des navigateurs dieppois, génois et portugais; puis, en 1725, un Français nommé Jean Préault eut l'autorisation d'y établir des comptoirs; c'est à cette date que débuta le commerce entre les navires de Normandie et les noirs. Le troisième fils du roi d'Ardres, vaincu dans sa lutte contre son frère, traversa la Lama et alla demander asile au roi du pays des Foys. Il fut très bien accueilli. Le roi, nommé Da, lui accorda un vaste terrain qu'il entoura d'une enceinte. Il s'y établit avec ses femmes, ses esclaves et les partisans qui l'avaient suivi. Ce chef s'appelait (prononcez mal, mais lisez bien) Tacoudounou. C'est le fondateur de la dynastie dahoméenne. Je vous fais grâce de tous les noms des rois qui ont régné depuis l'an 1725 jusqu'en 1889. C'est en cette dernière année qu'est monté sur le trône le célèbre Behanzin, fils de Glé-Glé, que le général Dodds a renversé le 3 décembre 1892, et remplacé par Ago-li-Agbo.

Le royaume de Porto-Novo est distinct de celui du Dahomey. Son roi s'appelle Toffa. Il a souvent été en guerre avec son cousin Behanzin. Il disait un jour, au moment de l'expédition : « Je ne sais pas pourquoi mon cousin Behanzin veut détruire mon royaume et tuer mes gens. Nous devrions être bons amis, puisque nous sommes enfants du même père. » L'histoire des premiers rois de Porto-Novo est assez obscure; toutefois le fondateur de cette dynastie semble être un certain Até-Agbaulin, descendant du roi d'Ardres.

Il est intéressant de raconter comment Toffa, ce roi-polichinelle, qui n'a de royal que le titre, est devenu roi de Porto-Novo. D'après la coutume du pays, le fils du roi défunt ne pouvait remplacer son père, du moins immédiatement. Chacune des trois branches de la famille devait être représentée successivement sur le trône. C'est ainsi que Toffa, dont les droits ont été, à l'instigation des Anglais, contestés par les partisans de Mepou (roi en 1864), règne légitimement à son tour après Mepou, fils de Tognan, et Messy (roi en 1872), fils d'Ouézé. Ceux qui devaient participer à l'élection du roi étaient le Migan, ministre de la justice et surtout exécuteur des hautes œuvres; le Gogan, chef du Protocole (celui-ci surveille les formes de l'élection, et, en cas d'irrégularité, oppose son veto et annule le scrutin); l'Apologan, ministre de la religion, parrain du roi qu'il consacre; le Méhon, chef de la maison du roi et des guerriers; le Ligan, féticheur du serpent, et un grand nombre de comparses, dont le gardien du siège du roi; le Ouataca chargé d'annoncer la mort du roi; enfin, l'Adjagan qui réveille le roi chaque matin.

Ces dernières dignités sont maintenant purement honorifiques; heureusement pour les titulaires, car autrefois ils devaient, ainsi que quelques femmes désignées d'avance, passer de vie à trépas le jour des funérailles du souverain.

Le premier résident au Dahomey fut le lieutenant-colonel d'infanterie de marine Disnematin-Dorat, nommé par décret du 14 avril 1882. Il avait sous son autorité Porto-Novo, Cotonou et les Popos. Il eut à se débattre contre les intrigues des Anglais, Portugais et Allemands, ses voisins, qui excitaient le roi Glé-Glé contre nous. Un jour même, le 13 septembre 1885, les Portugais hissaient leur pavillon à côté du nôtre à Cotonou. Plus tard, le cabinet de Lisbonne dut renoncer à ses prétentions.

Au cours de l'année 1887, les difficultés avec les Anglais prirent un caractère si aigu qu'il devint nécessaire d'établir, avec le gouvernement de Lagos, un *modus vivendi* en attendant un arrangement définitif. M. Ballot fut chargé de cette affaire et obtint une convention provisoire qui fut signée à Lagos. Il était temps, car nos tirailleurs sénégalais et les Haoussas anglais échangeaient presque tous les jours des coups de fusil. On signa ensuite un nombre respectable de traités de commerce et d'amitié, dont la lecture pourrait vous rendre malade, tant vous seriez obligé d'en rire. J'en ai fait l'expérience; ils sont dépourvus de tout intérêt. Je signale enfin, comme particularité du pays, les exécutions en masse ordonnées par le roi Behanzin, qui croyait faire une gracieuseté aux Européens en les invitant à y assister.

PREMIÈRES HOSTILITÉS

Le 24 février 1890, les Dahoméens attaquaient les factoreries Fabre et Régis, ainsi que la maison du télégraphe à Cotonou. Le 1ᵉʳ mars, un combat assez vif a lieu dans la direction de Zobbo où les soldats de Behanzin sont mis en fuite. Le 4 mars, Cotonou est de nouveau attaqué, cette fois avec une véritable furie. Les Dahoméens étaient dix fois supérieurs en nombre à nos troupes, et si nos lignes avaient été percées, grâce à la confusion du premier moment, nous étions jetés à la mer sans aucun espoir de salut. Mais grâce au courage du lieutenant Compérat, de l'infanterie de marine, qui, grièvement blessé, ne perdit pas sa présence d'esprit, l'ennemi fut repoussé après un combat acharné.

Ensuite, le 17 avril 1890, les troupes de Behanzin attaquaient la banlieue de Porto-Novo; elles incendiaient les villages, pillaient et massacraient les habitants. Le lieutenant-colonel Terrillon, de l'infanterie de marine, se rendit à Porto-Novo; et de là, avec une colonne composée de 350 hommes (tirailleurs sénégalais, gardes-civils, disciplinaires, trois pièces de montagne) et le concours de 500 guerriers du roi Toffa, il se porta au-devant de l'ennemi, à 7 kilomètres de la ville. La force des troupes de Behanzin était alors estimée à 7 000 guerriers et 2 000 amazones. Mais la supériorité de notre armement eut raison du nombre. Les ennemis montrèrent d'ailleurs une grande énergie dans leur attaque. Les amazones, garde royale de Behanzin, ivres de gin, montrèrent un acharnement incroyable. C'étaient de redoutables adversaires. Il était évident que l'ennemi voulait s'emparer de la ville de Porto-Novo et surtout du roi Toffa, dont la tête devait être rapportée à Behanzin; mais la moitié de la colonne Terrillon sauva la ville et la tête du roi. Behanzin, désespéré d'avoir subi des pertes considérables, se retira dans le nord.

Voici un extrait de la lettre que Behanzin adressa au gouverneur Ballot avant la guerre (je mentionne seulement ce qui a trait à cette guerre) : « Si vous voulez la guerre, je suis prêt; je ne la finirai pas, quand même elle durerait cent ans et me tuerait vingt mille hommes. Je ne veux pas que vous m'avertissiez, car je suis toujours prêt sur tous les points; je suis informé de tout; je connais le nombre des millions que la France veut dépenser pour cette guerre, je suis très bien renseigné. »

A ce moment les troupes de Behanzin campaient à trois jours de marche environ de Porto-Novo. En outre, d'autres troupes étaient réparties comme suit : 4 000 hommes devant Cotonou; 4 000 sur la rive gauche de l'Ouémé; 2 000 entre Ouidah et Savé; 2 000 à Allada, et 4 000 à Abomey. Il y avait également huit canons à Godomey et quatre à Ouidah.

Enfin, en vertu d'un décret daté du 30 avril 1892, le colonel Dodds, de l'infanterie de marine, fut chargé de constituer le corps expéditionnaire du Dahomey avec le titre de commandant supérieur des établissements français du Bénin. Il devait exercer les pouvoirs civils et militaires. Le colonel Dodds est né au Sénégal en 1842. Il est sorti de Saint-Cyr en 1864. Il était chef de bataillon à trente-six ans et colonel à quarante-cinq ans. En arrivant au Dahomey, il adressa la lettre suivante au roi Behanzin.

« Nommé par M. le Président de la République au commandement supérieur des établissements français situés sur la côte des Esclaves, je suis arrivé à Cotonou le 28 mai.

« Mon étonnement a été grand d'apprendre en débarquant, qu'au mépris du droit des gens, vous déteniez illégalement trois commerçants français à Ouidah, et que vous aviez de nouveau violé les engagements librement consentis par vos représentants le 3 octobre 1890, en envahissant le territoire du protectorat français que vos troupes occupent encore aujourd'hui à Cotonou, à Zabbo et dans le Décamé.

« Je crois devoir vous rappeler les termes de l'article premier de l'arrangement du 3 octobre 1890 :
« Le roi du Dahomey s'engage à respecter le protec-
« torat du royaume de Porto-Novo et à s'abstenir de
« toute incursion sur les territoires faisant partie de ce
« protectorat. Il reconnaît à la France le droit d'oc-
« cuper indéfiniment le territoire de Cotonou. » En conséquence des stipulations de la convention précitée, je vous prie dans votre intérêt : 1° de mettre en liberté et de renvoyer, soit à Cotonou, soit à Grand-Popo, les trois Français actuellement détenus à Ouidah ; 2° de retirer de Cotonou, de Zabbo, des rivages de la rive gauche de l'Ouémé, de Dogba, les postes qui s'y trouvent. J'espère que vous voudrez bien faire droit le plus tôt possible à mes justes revendications. Salut : Dodds. »

Cette lettre eut pour résultat la mise en liberté des trois Français, mais non le retrait des troupes réclamé par le colonel. Celui-ci réunit alors les principaux chefs du pays afin de déterminer les limites véritables du royaume de Porto-Novo. Entre temps, Behanzin envoyait au colonel des émissaires chargés de l'entretenir de questions absolument insignifiantes, de manière à gagner du temps. Le colonel n'en fut pas dupe. Il fit interroger très habilement ces envoyés, en flattant leur vanité et aussi un peu leur penchant pour l'alcool ; il sut ainsi avec certitude que Behanzin était excité contre nous par les conseils malveillants de certains commerçants étrangers, qui lui persuadaient que, depuis la guerre de 1870, nous étions incapables d'oser seulement résister à un aussi grand roi que lui ; qu'il disposait de 15 000 hommes de troupes régulières ; que la famine et la misère étaient extrêmes au Dahomey et qu'enfin le roi attendait un débarquement de nouvelles armes envoyées de Hambourg.

J'ajoute ici que le colonel Dodds, ce chef énergique, intelligent et tenace, s'est montré pendant tout son séjour au Dahomey, soit envers l'ennemi, soit envers les commerçants, y compris les étrangers, d'une bienveillance, d'une loyauté et d'une humanité qu'on ne peut vraiment trop louer. Il savait également maintenir (ce qui n'est pas le cas dans plusieurs de nos colonies) une entente parfaite entre les autorités civiles et militaires.

Le colonel poussait très activement les préparatifs de l'expédition. Cinq mille porteurs et deux cents grandes embarcations étaient réunis au début des hostilités à Porto-Novo. En outre, il constituait fortement les divers services de la colonie en vue d'une prochaine action qu'il savait inévitable.

Le lieutenant-gouverneur était chargé de la direction des affaires civiles. Le chef de l'état-major était le commandant Gonard. Au commencement du mois de septembre, tout était prêt. Le colonel, le lieutenant-gouverneur et les troupes quittaient Porto-Novo le 17 août, pour y revenir quelques jours après. On en repartit le 10 septembre, et le 19 du même mois avait lieu le combat de Dogba.

A cinq heures du matin, quatre mille Dahoméens attaquaient les troupes campées à Dogba, composées des deuxième et troisième groupes, avec de l'artillerie et du génie. Les Dahoméens étaient armés de fusils à tir rapide; leur attaque fut conduite avec la plus grande bravoure. Après quatre heures de combat, ils renoncèrent à la lutte, poursuivis par nos feux de salve, et laissant le terrain jonché de morts. De notre côté, nous avions le sous-lieutenant Badaire de l'infanterie de marine, tué, et onze blessés dont le commandant Faurax de la Légion, qui mourut de sa blessure peu de temps après. Le colonel, dans un ordre du jour, adressa, au nom de la France, de chaleureuses félicitations aux combattants de Dogba, ajoutant que les Dahoméens venaient d'éprouver une défaite inoubliable, qui pèserait certainement d'un grand poids sur l'issue de la campagne.

Ce premier combat prouvait qu'on allait avoir désormais affaire à un ennemi très brave et très résistant. Le nom du commandant Faurax, ce brave et digne chef, fut donné au fort établi à Dogba; ensuite on marcha vers le nord. Les canonnières *Corail* et *Opale*, envoyées en reconnaissance sur l'Ouémé, furent attaquées par les Dahoméens. La lutte dura une heure et demie, et se termina par la défaite des soldats de Behanzin. Le colonel envoya aussitôt ses félicitations aux commandants des deux canonnières qui lui rendirent un compte exact de la force de l'ennemi et de ses intentions. A partir de ce moment et jusqu'à Cana, pendant un mois et demi, le contact avec Behanzin fut presque permanent. Le principal combat eut lieu le 4 octobre, pendant la marche sur Poguessa, à Adegon. Il dura deux heures. L'ennemi battit en retraite, abandonnant de nombreux cadavres de chefs, de guerriers et d'amazones; le 6 octobre, une reconnaissance fut effectuée par le commandant Gonard vers le pont jeté sur la rivière de Poguessa. Une charge à la baïonnette, méthodiquement conduite par le commandant, eut pour résultat l'enlèvement du pont, en pleine nuit, ce qui permit à tout le corps expéditionnaire de franchir la rivière. Le colonel félicita le commandant du succès de cette action, et par un ordre fit connaître aux troupes qu'il avait fait preuve d'une grande bravoure et de qualités militaires remarquables.

Le 12, toute la journée ne fut qu'un long combat, pendant lequel trois lignes de retranchements furent successivement emportées.

Le 13, le camp qui couvrait Akba fut enlevé. L'ennemi, dans sa fuite précipitée, y abandonna une grande quantité de vivres et de munitions.

Le 14 et le 15, en allant nous ravitailler en eau, nous eûmes à repousser trois attaques.

La journée du 16 fut employée à transporter les blessés en arrière. Voici ce que le colonel disait à ce sujet dans son ordre général 4065 : « Dans cette journée du 16 octobre, les légionnaires se sont offerts spontanément pour transporter les blessés, aussi bien les indigènes que les Européens. Ils ont montré que chez le soldat l'esprit de sacrifice et de fraternité est inséparable du vrai courage. Ce fait a encore augmenté l'admiration que leur conduite au feu a provoquée; il montre qu'on peut tout demander à chacun des éléments du corps expéditionnaire. Le colonel est convaincu que le succès définitif, qui ne va qu'aux tenaces, ne tardera pas à couronner tant de persistants et généreux efforts. »

Le colonel profita de quelques jours de repos pour ravitailler et réorganiser les quatre groupes de la colonne expéditionnaire en vue d'une action qui devait être décisive. Le premier groupe était commandé par le commandant Riou de l'infanterie de marine; le deuxième, par le capitaine Drude, qui, plus tard, devait jouer un rôle comme lieutenant-colonel pendant l'expédition de Chine, et en 1907 comme général au Maroc; le troisième, par le capitaine Poivre; le quatrième, par le commandant Audéoud de l'infanterie de marine. Le capitaine Schillemans remplaçait comme officier d'ordonnance le commandant Marmet tué aux côtés du colonel Dodds.

Celui-ci semblait surtout tenir à terminer rapidement cette campagne si brillamment commencée. La ligne de Coto paraissait constituer le dernier rempart élevé par Behanzin sur notre route pour défendre sa capitale. Le roi, sentant sa ruine prochaine, essayait de retarder la colonne par des pourparlers, mais cette manœuvre ne retarda pas un seul jour notre marche. Le colonel était en effet absolument résolu à porter sans aucun retard le dernier coup à cette puissance dahoméenne, tachée de meurtres, de sang et d'autres abominations. Par une hardie et vigoureuse offensive, les quatre groupes se portèrent en avant. Dès le 26 et le 27, les lignes de Coto étaient enlevées. Le 2 novembre, on partait de Kotopa et, après avoir tourné la forte position de Wacon (palais du roi que celui-ci croyait imprenable), une lutte acharnée s'engageait. Le soir, l'ennemi était forcé d'évacuer le palais.

Le 3, au matin, Behanzin venait en personne lancer l'attaque contre notre bivouac. Ses hommes, suivant sa trace, se précipitèrent sur nos lignes avec cette folle audace que donnent le désespoir et l'ivresse. Mais après plus de quatre heures d'une lutte qu'il serait très difficile de décrire, ils durent se retirer, laissant le terrain jonché de cadavres et poursuivis, baïonnette dans les reins, jusqu'au réduit de Wacon qui fut enlevé d'assaut par le quatrième groupe (commandant Audéoud). La journée du 4 fut aussi des plus chaudes. On refoula l'ennemi sur la forte position de Diou-Koué et on l'en chassa ensuite, malgré sa résistance opiniâtre et désespérée.

Le roi, dont l'armée était anéantie, demanda la paix; mais le colonel, qui communiquait à ses soldats toutes ses intentions, fit savoir qu'il la voulait honorable et profitable pour la France. Il faut croire que les offres du roi ne furent pas satisfaisantes, car on décida la marche sur Abomey, la capitale.

Dans son ordre du jour 4083, le colonel exprima aux troupes « toute la fierté qu'il éprouvait à commander à des hommes dont la valeur et le dévouement avaient permis de pousser jusqu'au pied des murs d'Abomey pour y dicter la paix à notre ennemi ».

Cependant, après ces très rudes journées, il jugea nécessaire de laisser un peu reposer les troupes. Il demanda de nouvelles instructions à Paris au sujet des négociations que Behanzin avait entamées avec lui. Il ne tarda pas à les recevoir et le même câblogramme, en date du 9 novembre, lui apporta sa nomination au grade de général de brigade. A cette occasion, eut lieu à Cana une touchante manifestation de respectueuse sympathie des officiers de la colonne expéditionnaire, à laquelle assistaient le gouverneur Ballot et l'administrateur Fonssagrives.

Les opérations furent reprises. Les énormes fatigues et privations éprouvées n'empêchaient pas de marcher gaiement, et, le 17 novembre 1892, la capitale du Dahomey tombait entre nos mains. Le drapeau français y fut hissé, aux acclamations enthousiastes des soldats. On n'eut pas de combat à livrer ce jour-là, car Behanzin, avec son instinct sauvage, avait fait brûler presque toute la ville, y compris son propre palais, et avait déguerpi avec les quelques soldats et amazones qui lui restaient.

Le 18, on poussa une pointe sur Vindouté; mais on ne trouva pas trace de l'ennemi, ce qui démontrait qu'il avait renoncé à la lutte. La prise d'Abomey était le couronnement de nos succès; l'armée dahoméenne était anéantie. Le 20, le colonel (malgré sa nomination on l'appelait toujours : le colonel) communiquait au corps expéditionnaire la dépêche suivante du ministre de la guerre : « J'admire avec vous la valeur et le superbe entrain de vos troupes; l'éloge que vous en faites est pour elles la première, et en reste la plus précieuse récompense. »

Le jour même de l'entrée à Abomey, le colonel adressa une proclamation aux Dahoméens pour leur annoncer que Behanzin était chassé de sa capitale, que son armée était détruite et sa puissance à jamais brisée, enfin que les intérêts du peuple dahoméen étaient désormais entre les mains de la France. « Ceux de vous, disait le colonel, qui, confiants dans la clémence du gouvernement français et dans ma parole, viendront franchement à moi, seront protégés dans leurs familles et dans leurs biens. Ils pourront en toute sécurité se livrer au commerce, aux travaux de culture et vivre en paix sans aucune inquiétude sous la protection de la France. Rien ne sera changé dans les coutumes et les institutions du pays dont les mœurs seront respectées. Les chefs qui se soumettront de bonne foi à notre protectorat resteront en fonction ; en revanche, ceux qui ne répondraient pas à mon appel et essaieraient de fomenter des troubles dans un pays qui doit désormais être heureux et pacifié, seront impitoyablement châtiés. »

Cette proclamation produisit une très bonne impression ; on voyait les habitants revenir dans leurs villages ; le commerce reprenait ; les marchés se rouvraient ; les chefs apportaient leur soumission. Seuls, quelques groupes de rôdeurs qui s'étaient formés dans l'intérieur, avec des soldats qui accompagnaient Behanzin et quelques chefs rebelles, occasionnèrent un peu plus tard quelques mouvements de nos troupes.

Voici la liste des officiers tués et blessés pendant cette expédition. Je n'ai pu, à mon grand regret, me procurer celle des hommes de troupe qui est de beaucoup plus longue. Tués : sous-lieutenant Badaire, commandant Faurax, capitaine Bellamy, sous-lieutenant Amelot, sous-lieutenant Bosano, lieutenant Doué, commandant Marmet (officier d'ordonnance du colonel), lieutenant Toulouse, lieutenant Michel, lieutenant Mercier, médecin Rouch, lieutenant Ménou, lieutenant Valbrègue et lieutenant Gélas.

Officiers blessés : commandant Riou, commandant Lasserre, sous-lieutenant Ferradini, lieutenant Farrail, lieutenant Cornetto, lieutenant Rieffer, capitaine Battreau, commandant Stéfani, lieutenant d'Urbal, commandant Villiers, capitaine Crémieu-Foa (est mort à la suite de ses blessures), capitaine Combettes, capitaine Fonssagrives, capitaine Roget, lieutenant Jaquet, lieutenants Cany, Gay, Mérienne-Lucas et Maron.

Je me demande maintenant qui se rappelle aujourd'hui les noms de tous ces vaillants qui ont combattu pour l'honneur de leur drapeau, et sacrifié leur vie pour la cause de la civilisation ? Personne en France ne garde leur souvenir, ni celui de beaucoup d'autres qui sont morts, soit sous les balles ennemies, soit par suite de maladies contractées aux colonies, soit par suite de fatigues et de misères, mais tous pour la même cause. Il est à remarquer qu'aucune rue des grandes villes de France ne porte le nom d'un de ces héros. Parlez-moi des peintres à longs cheveux, des écrivains, des journalistes, des gros commerçants ou industriels, voire des acteurs en renom qui tous se sont fait de belles rentes en exploitant leur spécialité; leurs noms passeront à la postérité comme s'ils avaient mérité d'être immortels. Je vois déjà le haussement d'épaules de certains que ces phrases pourront choquer. Mais je ne dois pas être seul à penser ainsi. Tous ceux qui ont pu voir nos officiers et leurs soldats se dévouer et mourir quand il le faut, si simplement, sans espoir que leurs noms soient connus dans le pays même pour lequel ils tombent, ceux-là pensent certainement comme moi. Quant aux vivants, ils se contentent d'un sentiment de fierté, celui que procure le devoir accompli, et c'est une satisfaction que personne ne peut leur ravir. Voilà leur vraie récompense. Cela n'empêchera pas quelques hâbleurs de carrière de continuer à qualifier nos chefs de « traîneurs de sabres », et leurs soldats de « mercenaires » ou de « soudards ». A ceux-là, si jamais ce livre tombe entre leurs mains, je ne conseille pas de le lire jusqu'au bout. Et je leur dis : fermez-le à cette page même pour ne plus le rouvrir; car je n'ai pas fini de citer des noms, des morts, des actions d'éclat et des dévouements héroïques. Jetez-le ou déchirez-le. Et vous aussi, soldats, en petit nombre je l'espère, qui vivez dans ce courant d'idées, vous pour qui tout se résume en ce mot « la classe », vous qui qualifiez le service militaire du nom d'esclavage, vous enfin qui dénigrez votre camarade parce qu'il obéit à ses chefs, arrêtez également votre lecture à cette page, car quand vous m'aurez lu jusqu'à la fin, avec vos idées d'émancipation à outrance, vous ne comprendrez pas nos idées de devoir, de résignation et de sacrifice et vous estimerez qu'il vaut mieux lire les histoires du colonel Ronchonnot ou les contes de la chambrée.

Le colonel retourna à Porto-Novo après avoir pris les mesures nécessaires pour assurer la sécurité du pays en créant des postes militaires. Un grand nombre d'hommes l'y suivit; d'autres rentrèrent à Cotonou. Behanzin, d'après les renseignements, se réfugiait chez les Mahis, les mêmes qu'il maltraitait naguère. Il essayait, avec les débris de son armée, de reconstituer de nouvelles troupes. Entre temps, un de nos détachements entrait à Ouidah, sans coup férir. On occupa de même Allada et plusieurs autres postes. Une quatrième compagnie haoussa fut recrutée sur place.

Bientôt on se vit obligé de rapatrier un assez grand nombre d'hommes gravement atteints de maladies provenant des privations, des fatigues et du climat. Beaucoup moururent pendant la traversée. Peu de temps après, deux compagnies franches, de cent dix hommes chacune, furent chargées de parcourir le pays pour détruire les bandes de rôdeurs et rassurer les populations. Les premières affaires réglées, le colonel dut s'occuper de certains commerçants allemands (maisons Wohlber et Brohm), qui avaient vendu à plusieurs reprises des armes à tir rapide, des munitions et même de l'artillerie au roi du Dahomey. Leurs maisons furent fermées, et leurs agents, Richter et Buss, expulsés du pays. La même mesure fut appliquée à Ouidah, à d'autres maisons de nationalité allemande et anglaise, et pour le même motif. On savait aussi que des métis européens, entre autres les nommés Candido-Rodriguez, Cyrille et Georges de Souza, qui habitaient Ouidah avant la campagne, suivaient Behanzin dans sa fuite. En effet, après la reddition du roi, nous avons capturé quelques-uns de ces chenapans, que le colonel a envoyés méditer pendant quelques années au Gabon.

Enfin le wharf de Cotonou fut ouvert au commerce. Sans ce wharf, construit par les ingénieurs Daydé et Pillet de Paris, le débarquement des troupes au Dahomey eût offert des difficultés insurmontables.

Me voilà pour l'instant à Porto-Novo, où j'occupe mes journées à contempler la couleur du sol, formé d'une argile rouge et compacte. C'est la terre qui, dans ce pays où le calcaire n'existe pas, sert aux indigènes à construire les maisons et les murs de clôture. Je fis la connaissance d'un Dahoméen catholique parlant assez bien le français, et élevé par les missionnaires français de Porto-Novo. Mon homme est interprète à l'église et s'appelle Antoine. C'est un beau parleur, mais je ne m'y trompe pas. Il aime les Français avec les lèvres et non avec le cœur, qui est resté dahoméen. Je m'en suis rendu compte à plusieurs reprises; mais j'ai dû feindre la confiance, car Antoine était à même de me renseigner sur beaucoup de choses concernant la colonie, et il en savait long. Au demeurant, ma manœuvre réussit et je n'ai pas été, je le crois, le plus roulé des deux.

Antoine avait ses entrées libres dans certains endroits de Porto-Novo, fermés aux soldats. C'est ainsi qu'il m'a conduit souvent au palais royal de Toffa, où se trouvent les prisons dans lesquelles le roi enfermait ceux de ces sujets qu'il regardait comme dangereux. Les gardiens qui, comme salaire, reçoivent du Grand Roi (c'est ainsi qu'ils l'appellent) la nourriture et un pagne pour couvrir leur nudité, nous montrèrent, sur un simple mot d'Antoine, des choses et des êtres tout à fait étranges. Profitant de l'absence de Toffa qui était allé chez ses femmes (le gaillard en avait cinq cents, paraît-il), un de ces gardiens nous fit visiter en détail tous les appartements. Le palais du roi avait un aspect extérieur plutôt lamentable. Mais il n'en était pas de même de l'intérieur. Mille bizarres sculptures, enjolivées de peintures chatoyantes, amusaient l'œil du spectateur. Dans une pièce, des caisses de champagne, une cinquantaine au moins, reposaient en paix. — Si le roi était là, me disait Antoine, il viderait certainement une bouteille en notre honneur. — Ensuite, nous allâmes voir les prisonniers. Il y en avait une dizaine. Tous avaient au cou des anneaux de fer fixés à des chaînes rivées au mur, de sorte que les pauvres diables, étant assis par terre, avaient la tête portant contre le mur. En sortant de la prison, nous rencontrâmes le roi qui allait monter dans ses appartements. Antoine se prosterna jusqu'à terre. Le roi lui adressa quelques paroles en lui tapant sur l'épaule, et en me regardant furtivement. Moi, je le fixais avec assurance. Il portait sur la tête un chapeau de général anglais qui lui allait comme une calebasse sur la tête d'un chat. — Comment le trouves-tu? me demanda Antoine. — Il a un chic galurin. Un point, c'est tout, répondis-je. — Ensuite nous allâmes voir la cour où se trouvaient les femmes du roi, des négresses nues jusqu'à la ceinture, dont les seins... de grands pendards, se balançaient au rythme de leur pas. Quelques-unes, pourtant, faisaient exception et leur vue réjouissait l'œil. Les pieds nus, la tête couverte d'un tissu multicolore, avec d'énormes boucles d'oreilles, elles marchaient avec nonchalance. Le bas du corps était couvert d'un pagne en soie. Plusieurs portaient des bracelets aux chevilles. Elles jouaient et riaient aux éclats. A notre apparition, tous les yeux se tournèrent vers nous. Le gardien qui nous accompagnait nous fit signe de ne pas avancer, et nous restâmes quelques minutes immobiles. Je ne me lassais pas de regarder ce spectacle singulier, mais Antoine me dit qu'il fallait s'y arracher, sous peine de désagréments qui nous en feraient passer l'envie.

Quand nous quittâmes le palais, nous rencontrâmes encore Toffa qui sortait, dans un hamac dont le baldaquin était couvert de velours frangé d'or. Le hamac était porté par huit hommes. Un piqueur... à pied marchait en avant. Tout le monde sur le passage du roi se jetait la face contre terre. Enfin je quittai Antoine pour me rendre au dépôt; c'est ainsi qu'on appelait les baraquements de la Légion.

Oh! ce dépôt de la Légion à Porto-Novo! Quels tristes spectacles s'y offraient journellement à mes yeux! A quelles souffrances humaines n'ai-je pas assisté! Tantôt, c'était un camarade qui, le matin encore, chantait gaiement, et qu'on emportait le soir sur un brancard à l'hôpital, où il succombait dans la nuit. Puis, c'était un autre qui subitement se mettait à divaguer, dans un accès de fièvre chaude, et se débattait entre les bras de ses camarades qui cherchaient à le maintenir sur son lit et à le calmer. D'autres encore, avec des têtes de squelettes, les yeux mi-fermés, voulaient sortir pour respirer l'air, et tombaient devant la porte. Il fallait vite aller chercher le médecin qui ordonnait d'urgence le transport à l'hôpital. Tout cela était la suite de la campagne, des fatigues, des privations et du terrible climat de ces contrées.

A Porto-Novo, je fis la connaissance d'un Anglais nommé Smith, ancien sous-officier dans l'armée des Indes. Il semblait assez bien renseigné sur le Dahomey, sur les mœurs des habitants et les productions du sol. Je me suis dit : « Puisque le colonel ne l'a pas expulsé, c'est qu'il ne met pas le nez dans nos affaires; du reste je verrai bien. » Nous sommes devenus une paire d'amis, mais nous étions séparés par nos idées et par nos goûts. Il semblait rarement saisir les impressions que je lui confiais. Il riait, ne jugeant pas qu'il dût appliquer son esprit à les comprendre. Aussi m'habituai-je à ne causer avec lui que de banalités.

Un jour cependant, étant invité à dîner chez lui, j'y rencontrai un autre Anglais de ses amis. Tous les deux étaient assis à table, chacun avec sa négresse sur les genoux — car tout Européen célibataire était en puissance de négresse au Dahomey. On vint à parler d'expéditions coloniales. L'ami disait que les Anglais ne donnent pas de médailles à leurs soldats, mais qu'ils les paient bien et s'occupent d'eux et de leurs familles. Je répliquai que j'avais eu l'occasion de voir des soldats coloniaux de l'armée anglaise et que la plupart étaient couverts de médailles. J'ajoutai, en m'adressant à tous les deux, qu'il n'appartenait pas à un étranger, vivant sur le sol récemment consacré français par le courage, la bravoure et le sang de ses soldats, de critiquer notre façon de faire. A cette remarque, Smith approuva, blâma son ami et ordonna à son boy d'apporter une bouteille de champagne. — Eh bien, dit Smith en emplissant les verres, y compris ceux des négresses, nous allons boire à la santé du corps expéditionnaire français, au Dahomey, à celle de son chef et à la prospérité de la nouvelle colonie. — Oui, dis-je. Je choquerai volontiers mon verre contre le vôtre, monsieur Smith, mais pas contre celui de votre ami. — Pourquoi? demanda Smith. — Parce que... parce que votre ami n'est qu'un jeune imbécile. — Je m'attendais à une petite scène. Deux sourires muets me répondirent. — Trinquons, reprit Smith, mon ami, comme d'autres, ne croit pas un mot de ses tirades. Il est contre les armées, contre la guerre; il dit que les progrès de l'art militaire coûtent cher, etc. Tout cela n'empêche pas qu'un peuple est en péril dès qu'il cesse de se tenir prêt à recourir aux armes. — Comme ce sujet de conversation pouvait nous mener loin et qu'il se faisait tard, je rentrai au dépôt, juste à temps pour porter un camarade à l'hôpital.

Quelque temps après, je partis pour Cotonou par une chaloupe de l'Ouémé. Cotonou, point de débarquement des Européens, est bâti sur le sable; la population indigène y est peu nombreuse.

J'allai d'abord visiter quelques camarades à l'hôpital. Cet hôpital consistait en baraquements de carton-pâte, démontables, dans l'intérieur desquels la chaleur était absolument insupportable. La toiture, en carton également, était protégée par du zinc, ce qui élevait encore la température. Que de souffrances, que de cris, que de pleurs, j'y ai vus et entendus! C'est inimaginable! Je me souviens encore d'un camarade nommé Berger qui, en débarquant en même temps que moi au Dahomey, disait qu'il trouvait le climat bon et qu'il se proposait de rester dans le pays, une fois son service militaire terminé. Pauvre Berger! Il y est bien resté, mais au cimetière, mort de la fièvre hématurique. Les médecins, dans cet hôpital comme dans celui de Porto-Novo, étaient absolument sur les dents; ils montraient pour les malades un dévouement sans bornes.

Le nombre de nos médecins militaires que j'ai vus succomber à la tâche dans mes différentes colonies est assez grand. Souvent, dans ces maladies des pays tropicaux, ils ne peuvent rien contre la mort qui vous guette. Ils essaient d'adoucir les souffrances, tout en souffrant eux-mêmes; car beaucoup d'entre eux sont des hommes de cœur, surtout ceux qui ont vécu de la même vie que les soldats, dans les campagnes coloniales. J'ai entendu ces paroles de l'un d'eux qui prononçait quelques mots d'adieu sur la tombe encore ouverte d'un infirmier. « La souffrance est le premier lien social. Les hommes se réunissent moins pour partager leurs joies que pour adoucir leurs peines. »

La vie à Cotonou n'était pas chère. Pour quelques sous, on achetait un poulet. Dans l'intérieur du pays, les indigènes, au marché, ne voulaient pas accepter notre monnaie, car la monnaie dahoméenne avant la guerre consistait en petits coquillages ramassés sur la côte. Cette monnaie servait à acheter des articles sans grande valeur. Les marchandises de quelque importance s'échangeaient entre indigènes. Ce commerce d'échange est très répandu dans toute l'Afrique Occidentale; aussi, les Européens employés aux factoreries font-ils des affaires d'or. Le nègre apporte à la factorerie le produit du sol, huile et amandes de palme, et il reçoit en échange un tissu de la qualité la plus inférieure ou un alcool qui n'atteint jamais 40 degrés. Le blanc se frotte les mains tandis que le noir se frotte la tête — il le dit du moins — avec le soi-disant alcool; mais je crains fort que bientôt, à l'exemple des blancs, la friction ne lui suffise pas.

L'exportation du Dahomey en Europe porte principalement sur les produits suivants : huile de palme, dont le prix de revient est, y compris le fret, de 372 francs la tonne; amandes de palme, 178 francs la tonne; caoutchouc, de 3 à 4 francs le kilogramme; maïs (deux récoltes par an), 60 francs la tonne, fret compris. Le pays produit encore des noix de coco, du coprah et des arachides.

Les importations comprennent : l'alcool, venant de Hambourg, de la Russie et du Portugal; le tabac en feuilles, d'Amérique; des fusils à pierre, de Belgique et d'Angleterre; la poudre de traite, de France et d'Allemagne; du sel gemme, d'Allemagne; du sel marin, de France; des tissus, de France et d'Angleterre.

On trouve au Dahomey de beaux bois de construction : le rocco, bois d'ébénisterie; le ronier, bois de pilotis très remarquable; le bois de fer, qu'on pourrait utiliser pour le pavage en bois. La plus grande richesse du pays est le palmier qui forme de véritables forêts. On y cultive également le manioc, sorte de pomme de terre douce, qui ne sert que pour alimenter les indigènes. La terre des régions de Porto-Novo, Ouidah, Agoué et Grand-Popo serait propre à la culture du café, du cacao, etc... La culture du coton est également assez répandue.

Au point de vue climatérique, le bas Dahomey est très chaud et humide pendant la saison des vents qui est aussi l'époque des fortes pluies. Les vents appelés Harmattan apportent trop souvent avec eux des sauterelles et un sable extrêmement divisé qui couvre le ciel d'une nébuleuse blanchâtre voilant en partie l'éclat du soleil. Les maladies les plus fréquentes sont l'embarras gastrique, les affections du foie et de la rate, la fièvre bilieuse hématurique, le paludisme, l'anémie. Le tétanos (tension convulsive et douloureuse des muscles) se rencontre également ; il atteint principalement les indigènes, mais plusieurs Européens ont succombé aussi à cette maladie qui ne pardonne pas.

C'est pendant ce séjour à Cotonou que j'ai failli, à côté du wharf, servir de pâture aux requins. Ce coin de l'Océan est rempli de ces animaux voraces. Et j'y ai assisté plusieurs fois à des morts d'hommes sans que personne ait pu tenter un sauvetage, car la mer y est constamment agitée et forme des barres terribles. Les indigènes chargés d'embarquer les tonneaux contenant l'huile de palme sur les navires (qui ne peuvent approcher qu'à 3 000 mètres au moins de la côte), les transportent sur des jonques jusqu'au bateau. Ils sont obligés de traverser ces barres dangereuses. A une centaine de mètres, devant chacune d'elles, ils s'arrêtent pour laisser passer la lame. C'est pour eux l'instant le plus dangereux — et pour le spectateur un moment d'anxiété — car il arrive assez souvent que la lame soulève la jonque verticalement et la secoue violemment dans tous les sens. Les hommes qui s'y trouvent sont pris de vertige et tombent à la mer. Mais au contact de l'eau, ils reprennent connaissance ; étant excellents nageurs, ils se dirigent vers la terre tout en se débattant contre la violence des vagues. C'est alors que survient le requin qui les guette et qui ne lâche jamais sa proie ; on le voit sauter de la mer, en exécutant une double culbute, parfois à une hauteur de 3 à 4 mètres, pour fondre directement sur sa victime qu'il entraîne au fond de l'eau. Malgré tous les salamalecs du chef fétichiste qui, sur la grève, ayant en main une queue de cheval qu'il agite dans la direction des requins, cherche à éloigner ceux-ci à force de prières, de génuflexions et de cris, les nègres sont enlevés un à un par ces redoutables animaux sans que personne puisse tenter de leur porter secours.

Un jour donc, j'accompagnais en barque un lieutenant qui se rendait jusqu'au bout du wharf, endroit où l'on embarque pour se rendre à bord des paquebots.

SOUVENIRS DE CAMPAGNE

Nous touchions presque le but. Soudain, une lame, après nous avoir inondés, fait chavirer l'embarcation. Le lieutenant, moi et les deux rameurs cherchions à atteindre à la nage un des pilots de fer sur lesquels repose l'appontement. Les rameurs, plus expérimentés, parvinrent jusqu'au pilot où se trouve une échelle conduisant sur la plate-forme. Le lieutenant et moi, nous nous cramponnions chacun à un autre pilot, les jambes dans l'eau, et nous démenant pour nous hisser jusqu'à la plate-forme sans y réussir. Nos mains glissaient et nous retombions. Les rameurs jetèrent d'abord une corde au lieutenant pour le remonter. Ensuite, ce devait être mon tour. Pendant ce temps, je faisais des efforts désespérés pour me maintenir; je cherchais surtout à sortir mes jambes de l'eau, car les rameurs qui tiraient le lieutenant par la corde criaient et gesticulaient. Ils avaient vu un requin plonger à une très faible distance de mon pilot; de mon côté, je perdais mes forces, sinon ma présence d'esprit. Enfin, on me jeta à mon tour la corde libératrice. Je me l'attachai autour du corps avec une main, et restai de l'autre cramponné au pilot; si je l'avais lâché, je tombais à la mer, où le requin m'aurait souhaité une bienvenue de sa façon. Le lieutenant et les deux rameurs finirent par tirer la corde et me mettre hors de danger. Le lieutenant donna aux rameurs un pourboire bien mérité.

Quelques jours après, j'assistai à un autre genre d'horreur. C'était au bord d'une lagune remplie de caïmans. Un quartier-maître chargé des signaux à terre lavait son linge sur la rive, les jambes dans l'eau. Survint un caïman, et voilà le malheureux sans jambes. Le pauvre marin ne poussa qu'un cri. On accourut et on le retira de l'eau. Ce fut un spectacle horrible. Des lambeaux de chair pendaient, presque complètement détachés des cuisses; pieds et jambes avaient disparu. On mit l'infortuné sur un brancard pour le porter à l'hôpital, mais il mourut en route.

Ouidah était le centre des intrigues dahoméennes; c'est pour cette raison probablement que le colonel y établit son quartier général, afin de dépister les complots et d'organiser un service de renseignements qui le mît au courant des faits et gestes de Behanzin. On savait que celui-ci était à Atcheribé chez les Mahis, et qu'il avait écrit à notre ministre de la marine. Il prenait les plus grandes précautions pour se protéger, non seulement contre nous, mais encore contre les tentatives d'empoisonnement des gens qui l'entouraient; l'amazone qui préparait ses aliments était tenue de déguster en sa présence tous les mets avant qu'il se décidât à y toucher. Il n'avait plus avec lui que deux cents guerriers bien armés et la variole faisait de grands ravages parmi le peuple mahis.

Le colonel prit ses dispositions pour couper à Behanzin toute communication avec Abomey et Porto-Novo. D'autre part, toutes les populations occupant la région d'Ouémé à Abomey et de Ouidah s'étaient ralliées à nous trop franchement pour qu'il pût trouver un appui efficace au milieu d'elles. Cette soumission de groupements importants s'était effectuée très vite, grâce au bon sens du colonel et à la justice bienveillante qu'il savait rendre à tous. Par caractère, il n'employait jamais la diplomatie qui complique tout, et qui, souvent, occasionne des ennuis inextricables. Il allait droit au but et obtenait de magnifiques et rapides résultats par sa décision, sa loyauté et son expérience.

En même temps, le colonel s'occupait de la division du pays en cercles. Il nommait des chefs de canton et de village, des chefs de territoire et de cercle. Le colonel Lambinet, de l'infanterie de marine, était chargé des négociations avec les messagers que Behanzin ne cessait d'envoyer. A part quelques escarmouches avec des groupes de rôdeurs — dont une assez grave où le commandant Maugin fut mortellement blessé — le pays était tranquille. Ces rôdeurs, qui formaient de véritables bandes bien armées, détroussaient les passants. Il n'était donc pas encore possible de circuler sans une forte escorte, mais il était visible que tout le monde désirait la paix. On savait également que Behanzin avait envoyé des messagers en Angleterre et en Allemagne où on les avait lestement éconduits.

Le colonel rentra en France pour quelques mois. Le colonel Lambinet, atteint d'une grave maladie, fut aussi rapatrié. Le colonel Dumas, de l'infanterie de marine, arrivant de France, prit l'intérim du commandement supérieur. Il rompit les négociations avec les messagers de Behanzin et prévint celui-ci qu'il exigeait une soumission sans condition; mais il l'assura cependant que le gouvernement userait envers lui de toute la générosité due à un adversaire qui s'est montré brave. Behanzin refusa.

Quelque temps après, ma compagnie fut désignée pour occuper Godomey, poste nouvellement créé. Nous eûmes une marche très pénible pour nous y rendre, par un chemin dans le sable où les mulets de notre convoi tombaient souvent avec leurs chargements; il fallait à chaque fois décharger et recharger, ce que les mulets n'acceptaient pas volontiers; enfin, tout le parcours se fit sous une chaleur accablante et sans arrêt. Néanmoins, personne ne resta en arrière.

Le lendemain de notre arrivée à Godomey, il fallut immédiatement se mettre au travail et construire des cases pour nous et nos officiers. Les uns allaient couper du bois dans la forêt, d'autres ramassaient de la mousse. D'autres encore fabriquaient du mortier avec de la terre et de la paille hachée. Tout le monde y alla de bon cœur, et, en quelques jours, les cases sortirent de terre. On procéda ensuite au nettoyage du village afin d'éviter une épidémie. Après quoi, nous fîmes des reconnaissances dans tous les sens. Partout les populations nous accueillaient avec confiance, les chefs de village venaient au-devant de nous, accompagnés des habitants, hommes, femmes et enfants, dans un costume plus que léger, consistant généralement en un simple pagne. Quelques-uns jugeaient sans doute cette pièce d'étoffe superflue, car ils n'avaient, pour tout vêtement, qu'un morceau de toile dissimulant ce que cachent les hommes civilisés quand ils prennent un bain en présence de leurs semblables. Des garçons et des filles de dix à quinze ans ne prenaient même pas cette précaution et s'ébattaient devant nous en tenue de conseil de revision. Le capitaine distribuait aux enfants des centimes tout neufs qui brillaient comme l'or et que quelques-uns d'entre eux essayaient de casser avec les dents. Les chefs protestaient de leur dévouement pour le grand roi des blancs (c'est l'interprète qui le disait, il fallait le croire sur parole).

Dans une de nos reconnaissances, des femmes fétichistes vinrent à notre rencontre. Elles exécutaient des danses, pendant que les hommes battaient des mains, et criaient, je dirais comme des sauvages, si je n'étais pas au Dahomey. Ensuite elles levaient la tête vers le ciel, murmurant probablement des prières. Puis elles s'approchèrent de nous, et firent une quête en règle, tout comme nos chanteuses de café-concert.

Dans une autre reconnaissance, nous assistâmes à des danses de guerre réglées comme des ballets et qu'accompagnent des torsions du corps dans tous les sens, et des chants guerriers. Quelques-uns des exécutants lancent des poignards en l'air, tout en dansant, et les rattrapent par le manche, avec une habileté extraordinaire. Des négresses, spectatrices, chantent, crient et s'accompagnent elles-mêmes en battant des mains. Un vieillard, dont le très grand âge se lisait sur ses traits fatigués, ridés et flétris, exhortait les jongleurs par ses cris. J'ai assisté, plus tard, à Cotonou, à une danse de guerre où des hommes qui jonglaient avec des poignards étaient enfermés dans des sacs jusqu'au ventre.

En dehors des reconnaissances, je m'ennuyais mortellement dans ce poste de Godomey. On se couchait à la tombée de la nuit. Nos cases étaient éclairées par de petites lampes à huile que nous fabriquions avec des boîtes en fer-blanc. Un bout de chiffon quelconque, imbibé d'huile de palme, formait la mèche. J'ai passé plus d'une fois des nuits blanches, en me roulant sur les planches du lit de camp; les moustiques, qui pullulaient, se chargeaient de nous tenir en éveil, soit par des piqûres douloureuses, soit par leur bruissement étourdissant. Le poste n'était pas encore pourvu de moustiquaires ni de matelas. Le matin on se levait avec le jour. C'était la solitude... cette solitude que le soldat colonial connaît trop souvent et qui le met parfois à une dure épreuve. Un jour, ne sachant que faire, j'allai jusqu'à la forêt, qui se trouve à deux kilomètres environ du poste. Auprès de cette forêt, s'étend un lac assez vaste que les piétons se rendant à Abomey-Calavi sont obligés de traverser sur des pirogues.

Les femmes y venaient aussi avec leurs cruches ou calebasses sur la tête, portant leurs enfants sur le dos. Je m'apprêtais à détacher une pirogue pour me promener sur l'eau, quand survint une jeune négresse que j'avais déjà vue plusieurs fois. C'était la femme d'un employé de factorerie à Godomey, M. X..., que je connaissais un peu. Elle savait quelques mots d'anglais et me demanda si je voulais la prendre dans ma pirogue, ajoutant qu'elle savait ramer. J'acceptai. Elle m'engagea à prendre la droite, disant que l'endroit était joli; mais il était difficile d'avancer, à cause des herbes. — Arrêtons-nous, dit-elle. — Puis tout d'un coup, je sens ses lèvres sur les miennes et ses bras à mon cou. J'ai compris. — Non, dis-je, tu es la femme d'un blanc, c'est très mal de ta part. Je ne lui dirai rien, mais ne recommence pas; s'il le savait, je ne répondrais de rien. Il te tuerait. — Elle se mit à pleurer, sans mot dire, m'aidant à ramer jusqu'à l'endroit où je pouvais la débarquer et me suppliant de ne rien dire à son maître. Je continuai ma promenade en pensant que la faute devait plutôt être attribuée à cet Européen qui, probablement, s'efforçait de lui inculquer quelques principes de civilisation.

Des nouvelles de Cotonou nous annoncèrent que le général Dodds était de retour. Cette fois, on ne disait plus le « colonel », car il portait ses insignes de général. De plus, pendant son court séjour en France, il avait été nommé grand-officier de la Légion d'honneur. Le roi Toffa vint à Cotonou pour le recevoir. Mais le général ne lui adressa la parole qu'en dernier lieu, après s'être entretenu avec tous les chefs de service. Sa première visite fut pour l'hôpital et les baraquements des hommes. Enfin, à notre tour, le général vint nous visiter à Godomey. Il nous apporta des paroles pleines de bienveillance. Il dit ainsi au capitaine Poivre que nous avions mauvaise mine, qu'il nous faudrait manger du poulet et boire du quinquina. Puis, s'adressant aux hommes : « Bientôt, nous allons faire une petite promenade du côté des Mahis et voir si Behanzin est toujours de ce monde. » De nombreux chefs de villages vinrent présenter leurs respects au général et lui apporter des cadeaux qu'il n'accepta pas.

Peu de temps après, nous quittâmes Godomey pour Cotonou. De là, nous allâmes à Porto-Novo, où il fallut attendre quelques jours. J'y fis la connaissance d'un Allemand, employé principal d'une factorerie de son pays. Il offrit gracieusement pendant quelques jours une partie de sa maison à deux de nos officiers et me pria de prévenir le commandant que, s'il le désirait, il mettrait des jonques et des coolies à sa disposition. Il m'invita à sa table, et me montra sa comptabilité qu'il tenait en allemand et en anglais. Entre temps, il me noya presque dans la bière de Munich dont il buvait pour son compte une vingtaine de bouteilles par jour. Il m'appelait son ami ; mais subitement je perdis ma confiance en lui, car tout en buvant une bouteille de bière, il me confia qu'avant notre arrivée au Dahomey, les Français lui avaient confisqué un fusil de provenance allemande. Je me dis alors que si l'on avait jugé nécessaire de lui confisquer une arme, il devait être suspect, et je communiquai cette impression à mon lieutenant. En outre, dans chacune de nos conversations, je cherchais à lui tirer les vers du nez ; mais il me répondait chaque fois qu'il ne se mêlait pas de politique, sans réussir cependant à me convaincre.

Sur ces entrefaites, il me fallut quitter Porto-Novo, car la colonne qui devait aller à la recherche de Behanzin était définitivement formée. Elle comprenait de l'infanterie de marine, des légionnaires, le bataillon d'Afrique, des Haoussas, des Sénégalais, et enfin de l'artillerie. Nous embarquâmes sur des jonques remorquées par des chaloupes à destination de Dogba où le général devait venir nous rejoindre avec son état-major, pour y établir son quartier général provisoire. Chose qui paraîtrait singulière en Europe, les femmes des soldats sénégalais avec leurs enfants et tout leur barda accompagnaient leurs maris en campagne, pas pour combattre comme eux, mais pour leur éviter des fatigues, leur préparer la nourriture, laver le linge, les soigner en cas de blessure ou de maladie. Elles marchaient groupées en arrière de la colonne, chargées parfois d'une partie du paquetage ou du campement de leurs maris. Plusieurs portaient des enfants à dos. Quant aux femmes des soldats haoussas qui, moins favorisées, n'avaient pas obtenu la même autorisation, elles nous ont offert au moment où l'on nous embarquait, un spectacle qui me toucha profondément. Au dernier moment, quand les jonques avaient déjà commencé à démarrer, il fallut l'intervention de la milice pour les séparer de leurs maris. Elles versaient des larmes en abondance et par-dessus les jonques tendaient les enfants à leurs pères pour qu'ils les embrassent, une dernière fois peut-être. Plusieurs se sont jetées à l'eau avec leurs enfants lorsque les jonques se sont mises en mouvement et durent être repêchées par les matelots.

Quant à notre ami Behanzin, on savait, par des indigènes à nous dévoués, qu'il était assez mal reçu par les Mahis qu'il avait autrefois pillés, et qu'il cherchait à se réfugier à Lagos chez les Anglais. Mais le général, homme perspicace comme on va en juger, se chargea de déjouer ses projets.

A Dogba, nous dûmes stationner quelques jours ; c'était le centre de ravitaillement pour la colonne et on devait y envoyer les blessés et les malades. Tout était mathématiquement et admirablement organisé. Une masse de coolies porteurs était recrutée à cet effet. Le général avait l'œil à tout. J'ai su plus tard, par des personnes qui l'ont approché tous les jours, que ce chef décidait tout lui-même et n'empruntait les idées de personne. Toute l'organisation de la campagne est sortie de son cerveau. Il parlait peu, mais avait l'art de se faire comprendre de tous. Il s'attachait à ne rien compliquer ; tout était réduit à la dernière simplicité et tout le monde se trouvait en état d'exécuter ses ordres, par l'habitude de l'initiative et sans avoir recours aux règlements. Tout ce qui n'était pas absolument utile était systématiquement écarté. Je me rappelle qu'un jour, pendant la colonne, je fus envoyé auprès de lui avec plusieurs camarades pour monter sa tente. Il se fâcha presque, en nous disant : « Allez donc monter la vôtre et couchez-vous. J'ai des coolies pour cela. »

Aucun officier n'était monté dans cette colonne. Les chevaux amenés de France et d'Algérie étaient presque tous morts. Un cheval appartenant au lieutenant-colonel Mauduit était devenu aveugle. Il fallut l'abattre. La plupart des mulets venant d'Algérie ont eu le même sort. Ces pauvres bêtes, qui valaient de 600 à 1 000 francs chaque en Algérie, nous ont assez souvent — à défaut de mieux — ravitaillés en viande fraîche

Les officiers firent donc les routes à pied pendant toute la durée de la colonne. Le général était porté dans un hamac, mais il marchait le plus souvent comme tout le monde. On traversait très souvent des rivières ou des marais avec de l'eau, parfois, jusqu'aux épaules.

Enfin nous quittâmes Dogba, toujours sur des jonques, mais cette fois sans être remorqués. Des nègres servaient de machine à vapeur et poussaient les jonques avec de longues perches en accompagnant chaque poussée d'un cri. Plusieurs fois il nous arriva de rester en panne, faute d'eau. Il fallait alors descendre et pousser les jonques à bras; c'est ainsi que nous parvînmes à Agony où le colonel Dumas avait établi le camp.

La colonne était composée de quatre groupes. Je n'ai jamais su où se trouvait le premier. Le deuxième, dont je faisais partie, après avoir franchi le Zou, devait se diriger sur Paouignan, capitale des Dassas. Le troisième devait aller s'établir sur le Zou à Allahé, et le quatrième en avant d'Abomey. Tandis que deux compagnies devaient se rendre à Toune sur le haut Mauno pour former un croissant au centre duquel se trouvait Atchéribé, le général se porta à Oumbégamé dans la direction du camp de Behanzin; il y arriva le 7 novembre 1893, mais le trouva évacué.

Behanzin semblait vouloir gagner le pays des Dassas par Savalou. Les débris de son armée l'abandonnaient. Ses ministres les plus dévoués, tels que Ymavo et Yemové, ainsi qu'un grand nombre de princes de sa famille, étaient venus se rendre à la merci du général. Son artillerie, composée de trois canons Krupp et d'une mitrailleuse de provenance française, tombait entre nos mains. On organisa une colonne volante afin de serrer Behanzin de près et de s'attacher à ses pas. Mais il se dérobait avec une très grande habileté. On savait que les Dassas lui refusaient l'hospitalité. Ce fut alors, de notre part, une véritable chasse à l'homme dans la vaste brousse, au milieu de laquelle nous trouvâmes un véritable bazar d'articles variés : pièces de soie, de laine, et autres tissus de valeur. Il est à remarquer que dans cette poursuite où tous les soirs nous étions exténués de fatigue, le général ne s'est jamais trompé dans ses prévisions. Aussi, Behanzin, poussé successivement vers le sud, vers l'ouest, empêché d'aller vers le nord pour rallier son armée, traqué par nous jour et nuit, arriva enfin près de Végo où il fut pris. On l'amena à Goho et de là à Cotonou.

Dans mon groupe, se trouvaient deux caporaux, anciens officiers français démissionnaires, de D... et de B... Ce dernier était mon caporal d'escouade; bel homme, de haute taille, mais ancien officier de cavalerie et âgé d'une quarantaine d'années, il était habitué probablement au bien-être, et peu apte à supporter les longues marches et les fatigues. De B... était, du reste, un homme charmant et faisait tout son possible pour être agréable à son escouade. Malgré son titre, il n'avait aucune morgue et nous aidait dans toutes les corvées. Au bivouac, il cherchait à nous distraire par ses causeries spirituelles.

Onze jours avant la capture de Behanzin, le général Dodds avait nommé comme roi du Dahomey le prince Gonthi, frère de Behanzin, sous le nom d'Ago-li-Agbo. Il fut solennellement présenté au peuple par les princes, sur la place du Palais Simbodji, à Abomey. En même temps, le drapeau français était arboré, salué par vingt et un coups de canon et on déclarait que le Dahomey était placé sous la protection de la France.

Ainsi se terminait cette belle et dure campagne, grâce à la sage méthode de cet homme éminent et de grand cœur qu'est le général Dodds. Il est probable que, dans vingt ans, le nom de ce chef, qui a donné une nouvelle colonie à son pays, sera tombé dans l'oubli. Selon la loi connue, tout l'honneur reviendra à ses successeurs, et comme le monde s'en tient toujours aux apparences, on admirera plus tard tel ou tel qui écrira un beau livre sur ce pays, en y joignant son portrait. C'est ce qui arrive dans toutes nos colonies, où le régime militaire est qualifié de : *mal nécessaire au début*. Aussi, comme j'ai eu le chagrin de le constater souvent, dès que le danger est passé, officiers et soldats sont considérés comme quantités négligeables, excepté quand on a besoin d'eux. Alors, on daigne de nouveau leur faire bonne mine.

Behanzin fut dirigé sous bonne escorte sur Cotonou. Nous reprîmes la route de Dogba, et un grand nombre de malades, dont plusieurs n'ont pas atteint Cotonou, furent dirigés sur l'ambulance de Dogba, puis de là sur Porto-Novo et Cotonou. Notre chef, le capitaine Vernier, nous traita, tout le long de la route, avec un soin paternel et presque jaloux. Il marchait en tête de la compagnie et empêchait d'allonger le pas. Plusieurs fois, quelques hommes qui voulaient faire les malins, criaient : « Plus vite! » Mais le capitaine nous demandait d'avoir confiance en son expérience, ajoutant en riant : « J'ai roulé ma bosse comme sous-officier pendant toute la campagne de 1870, et je crois m'y connaître en matière de marche. » En effet, nous arrivâmes à Dogba sans aucun traînard.

A l'ambulance de Dogba, un pénible spectacle s'offrit à mes yeux. Des malades, tous provenant de la colonne, et dont plusieurs ressemblaient à des spectres, étaient couchés sur des brancards. Les uns se tordaient; les autres criaient; d'autres encore divaguaient dans leurs accès de fièvre. Quelle tristesse de trouver en cet état ces nobles victimes du devoir! Hélas! je devais en voir bien d'autres dans ma carrière de soldat colonial. Je me suis rappelé ces vers d'Alfred de Musset :

L'homme est un apprenti, la douleur est son maître,
Et nul ne se connaît tant qu'il n'a pas souffert.

A Dogba, nous embarquâmes sur des chalands remorqués par des canonnières à destination de Porto-

Novo et de Cotonou. Behanzin était arrivé avant nous dans cette dernière ville. Il était accompagné de trois de ses anciens ministres, de son fils, un gentil garçonnet de huit à dix ans, d'une dizaine de femmes et de trois mulâtres, Lino, Georges et Cyrille de Souza, qui avaient servi auprès du roi comme conseillers et comme artilleurs. Les ministres et les trois mulâtres furent dirigés sur Ouidah où une canonnière les embarqua pour le Gabon. Behanzin demeura quelques jours à Cotonou, attendant son embarquement pour Dakar. De là il devait être dirigé sur la Martinique.

Pendant son séjour à Cotonou, Behanzin, à part la surveillance étroite dont il était l'objet, fut royalement traité. Le général avait détaché auprès de lui un de ses officiers d'état-major. Il occupait un logement dans le pavillon du commandant d'armes avec son fils et ses femmes. On l'entourait de tous les soins possibles. La garnison de Cotonou était néanmoins mobilisée; les canons étaient chargés; une compagnie entière montait la garde auprès de Behanzin, prête à faire feu, car on craignait un guet-apens de la part de ses partisans. Le jour de son embarquement, on le prévint qu'il ne pouvait emmener avec lui toutes ses femmes; pendant qu'il montait sur un wagonnet qui devait le conduire au quai d'embarquement, on fut obligé d'envoyer des soldats au premier étage, où se trouvaient celles de ces hétaïres destinées à rester au Dahomey. Elles se débattaient, voulant à toute force se précipiter dans le vide, criant et pleurant à fendre l'âme. Les soldats avaient beaucoup de peine à les retenir. Je regardais ce spectacle qui ne laissait pas d'être émouvant; et, pendant ce temps, Behanzin, assis dans son wagonnet, un long tuyau de pipe en argent dans la bouche, une calotte placée de coin sur la tête, une ample robe de chambre en soie verte autour du corps et des sandales de cuir aux pieds, assistait aux lamentations de ses femmes. Il leur parlait sans parvenir à les calmer, mais sa physionomie restait empreinte d'un flegme étonnant. Ni ses traits, ni ses yeux, ne trahissaient ses pensées. J'étais juste en face de lui, le fixant bien, et je me suis rappelé à ce moment tous les crimes, toutes les cruautés, tous les assassinats commis par son ordre. Et cet homme qui, pendant son règne, avait été un abominable tyran, à l'heure où on le séparait des compagnes qu'il ne devait plus revoir, ne versait même pas une larme. Je ne pus m'empêcher de dire à un de mes camarades : « Il mériterait qu'on le couse dans un sac et qu'on le jette à la mer. » Cependant le wagonnet se mit en marche, entouré d'une compagnie de la Légion, baïonnette au canon. On embarqua l'ex-roi sur le croiseur *le Segond*, et quand peu après le navire se mit en marche, Behanzin ne jeta même pas un dernier regard vers la terre.

Voici ce que me raconta, le même jour, un employé mulâtre d'une factorerie de Cotonou, qui assistait parfois aux scènes barbares organisées par l'ex-roi. Un jour, à l'occasion d'un anniversaire de mort d'un de ses aïeux, il fit venir quelques prisonniers à Cana sur une place au milieu de laquelle un fauteuil en forme de trône était placé. Des amazones, chacune armée d'une espèce de sabre long et large, se tenaient auprès de chaque prisonnier. Aussitôt arrivé, Behanzin s'assit dans son fauteuil, leva le bras et le baissa. A ce signal, chaque amazone fit agenouiller son prisonnier, leva le sabre et, d'un coup sec, lui trancha la tête. Ces anniversaires, où les mêmes scènes barbares avaient lieu, n'étaient pas rares. Parfois Behanzin y invitait quelques Européens et ces invitations ressemblaient plutôt à un ordre. Tel fut le triste personnage sur le sort duquel la France s'est apitoyée.

Au mois de février 1894, le rapatriement des troupes commença. Il restait à peine un quart de l'effectif dans chaque unité européenne; les trois autres quarts étaient, soit morts, soit déjà rapatriés pour cause de maladie. Nos figures portaient les traces d'un excès de fatigue et de travail. A la même date, le général, qui se préparait également à s'embarquer pour la France, lança son dernier ordre du jour, indiquant que la tâche assignée au corps expéditionnaire du Dahomey était accomplie. Il exprimait aux officiers et aux troupes ses chaleureux remerciements pour l'énergie, la patience et le dévouement avec lesquels tous avaient supporté les fatigues et les privations, et l'avaient aidé sans relâche dans sa tâche délicate et difficile. Il remettait le commandement au colonel Dumas.

Lors de notre embarquement, le général vint de Ouidah pour nous dire au revoir. Il fit porter nos sacs par des coolies jusqu'au quai. Puis, il monta à bord, visita nos couchettes, et pria le commandant d'avoir bien soin de nous pendant la traversée; quand il quitta le navire, tous les hommes poussèrent un : Vive le général! qui partait du fond du cœur. Il répondit : « Je vous souhaite à tous une très bonne santé, soignez-vous bien pendant votre convalescence, et surtout pas d'excès. » A ce moment, je ne pouvais m'empêcher d'admirer ce chef si bon qui s'intéressait tant, et jusqu'au dernier moment, à ses hommes, et je pensais à ce philanthrope qui a dit : « Les grands cœurs ne sont jamais heureux, il leur manque le bonheur des autres. »

Notre traversée fut assez pénible. Nous étions très bien traités à bord du navire *(Stamboul)*, mais la mer était presque continuellement mauvaise, et, à partir de Dakar, il ne se passait pas un jour sans qu'on jetât quelqu'un à la mer (les décès provenaient surtout de la fièvre bilieuse hématurique). Enfin nous arrivâmes à Oran, où le général en chef et toute la garnison nous attendaient au quai de débarquement. La musique jouait, les mouchoirs et les chapeaux s'agitaient. C'était un moment de gaieté mêlée de tristesse, car deux camarades malades qu'on débarquait rendaient le dernier soupir sur le quai même. D'autres étaient transportés à l'hôpital d'Oran et ne valaient guère mieux. Désigné pour aider à débarquer ces malheureux, je me mis subitement à pleurer, malgré l'effort que je faisais pour rester calme devant le public. Je n'étais maître, en ce moment-là, ni de mon cœur ni de mes nerfs. Je voyais devant moi des hommes avec lesquels j'avais risqué ma vie. Ensemble nous avions souffert, et je les retrouvais là, sur des brancards, s'acheminant sûrement vers la tombe.

Les larmes coulaient encore de mes yeux lorsque je rejoignis ma compagnie déjà rassemblée sous le hangar, prête à se mettre en marche musique en tête et devancée par plusieurs généraux et une foule d'officiers. Mon capitaine me demanda ce que j'avais. Pourquoi ces pleurs? Un civil, journaliste de *l'Écho d'Oran*, tenant un gros bouquet de fleurs à la main, répondit à ma place, en disant que c'était probablement la joie de revoir l'Algérie. Et je ris machinalement, essuyant mes larmes.

Jusqu'à la caserne des zouaves notre marche fut une vraie fête nationale. La plupart des maisons étaient pavoisées et enguirlandées. On nous jetait des fleurs, on battait des mains, on criait : « Bravo, vive la Légion ! » Des hommes, des enfants, des femmes en toilettes claires marchaient à nos côtés. On nous prenait nos havresacs pour les porter jusqu'à la caserne. La grosse caisse des zouaves tapait de toute sa force comme pour surmonter les cris du public; mais plus elle tapait, plus le public criait. Au milieu de ces ovations nous arrivâmes à la caserne, où les Dames de France nous avaient préparé un repas copieux arrosé de bon vin, et des cigares que malheureusement peu de camarades ont goûtés. Par suite du changement de climat et de nourriture, la plupart d'entre nous avaient des embarras gastriques; d'autres grelottaient de fièvre; pas un n'était dans son état de santé normal. Pendant une semaine environ que nous sommes restés à Oran, tous les jours on emportait quelques légionnaires à l'hôpital. Plusieurs y moururent. Et, comme si la mort n'était pas encore satisfaite de son œuvre de faucheuse, elle poursuivit nos camarades partout, à

Saïda, à Bel-Abbès, et jusque dans leurs foyers où il furent envoyés en convalescence. D'Oran, on nous envoya dans nos régiments respectifs, à Saïda et à Bel-Abbès, où nous attendait un accueil touchant de la part du colonel et des officiers. De là nous fûmes dirigés sur Arzeu, charmante petite ville sur le bord de la mer. A Arzeu, lieu de convalescence des légionnaires, l'autorité militaire leur prodigue mille soins. Les Dames de France leur font parvenir journellement des douceurs qui sont scrupuleusement partagées entre tous. La nourriture y est saine et copieuse. Le régiment n'oublie jamais ses convalescents et il prélève souvent une part du boni des compagnies pour la leur envoyer. La ville autorise les hommes à pêcher et organise parfois des petites fêtes pour les soldats. Les habitants y sont tout à fait accueillants. J'ai vécu là deux mois de tranquillité et de bien-être qui m'ont vite rétabli, puis j'ai repris mon service à Saïda.

Rien d'anormal ou qui soit digne d'intérêt ne s'y passa, jusqu'au moment où je fus désigné pour l'expédition de Madagascar.

MADAGASCAR

La guerre de Madagascar a son origine dans la résistance opposée par le gouvernement hova à l'exécution des clauses du traité du 17 décembre 1885, dans l'impunité assurée aux fréquents attentats commis contre nos nationaux, et enfin dans l'impossibilité pour le résident de France à Tananarive d'obtenir la réparation de ces méfaits.

A en juger par tous les documents officiels, la France répugnait à l'idée d'user de sa force sans avoir au préalable tout tenté pour obtenir une solution pacifique. M. Le Myre de Vilers fut chargé d'aller négocier en personne, à Tananarive, l'établissement d'un *modus vivendi* plus conforme à nos intérêts et à la dignité nationale. Mais, dès son arrivée, il se heurta aux plus incroyables prétentions. Il ne put qu'organiser l'exode de nos nationaux et repartir en France, après avoir temporisé, croyant que la reine ou Rainilaiarivony montreraient un désir de conciliation. Mais bientôt, il devint évident que nous n'avions d'autre alternative que la guerre ou l'abandon inadmissible de nos droits séculaires. C'est alors que le Parlement décida, le 7 décembre 1894, d'imposer par la force au gouvernement malgache ce que n'avaient pu obtenir de lui huit années d'efforts pacifiques et de trop patientes négociations.

Mais les renseignements recueillis par l'état-major montraient que de graves difficultés matérielles étaient à vaincre par le corps expéditionnaire : absence complète de toute voie de communication, insalubrité générale du climat, surtout dans les parties basses de l'île, défaut total de ressources locales, sauf en Emyrne. Quant à l'armée malgache, elle avait été partiellement dressée par quelques instructeurs français et étrangers et on savait qu'elle pouvait mettre en ligne de vingt-cinq à trente mille soldats convenablement armés, et quarante ou cinquante pièces d'artillerie.

Dans le but de contrôler ces diverses données, une commission mixte des ministères des affaires étrangères, des colonies, de la marine et de la guerre fut constituée. Elle déposa un rapport, exposé militaire et géographique, qui résumait les connaissances qu'on possédait alors sur la Grande Ile et contenait des propositions relatives à la constitution du corps expéditionnaire. La commission jugeait que douze mille hommes étaient nécessaires. Elle arrêtait la création d'une flottille de douze canonnières et de cinquante chalands démontables. Comme moyen de transport par terre, elle s'arrêta aux voitures métalliques dites Lefebvre.

Soixante millions de francs furent votés pour les frais de l'expédition. Le général de division Duchesne fut désigné comme commandant en chef du corps expéditionnaire avec le général de Torcy comme chef d'état-major, et le capitaine de vaisseau Bienaimé comme chef de la division navale. Comme pour toutes les expéditions coloniales, on fit appel à un bataillon de la Légion. J'en fis partie. Pendant ma carrière militaire, le sort m'a d'ailleurs favorisé, car, sauf le Soudan, j'ai fait partie de toutes les expéditions coloniales, aussi bien en Afrique qu'en Asie. Avant chaque départ il se trouvait quelques camarades qui me prophétisaient la mort, mais je répondais que celui qui craint la *camarde* ne fait jamais acte d'homme vivant. Puis, c'était mon rêve de voir la mort *de visu*.

Que les lecteurs m'excusent d'employer souvent le « moi » et de ne pas m'appliquer la maxime : « Le plus grand menteur est celui qui parle le plus souvent de soi. » C'est qu'en effet il y a des exceptions à chaque règle et que, pour ma narration, c'est surtout en parlant de moi que je suis sûr de dire la vérité.

Je vais citer ici les noms de deux officiers qui se sont particulièrement distingués dans cette campagne et que tout le monde semble ignorer; ce sont le colonel de Beylié et le colonel Oudri. Le colonel Oudri, plus tard commandant du 4e corps d'armée, après avoir fait les campagnes de 1870, de Tunisie et du Tonkin où il fut cité plusieurs fois à l'ordre du jour, est venu commander, après ses glorieux prédécesseurs, le 2e régiment de la Légion étrangère. Pour l'expédition de Madagascar, il fut mis à la tête du régiment d'Algérie composé de mon bataillon de Légion et de deux bataillons de tirailleurs algériens. C'est ainsi que j'ai servi plusieurs fois sous les ordres directs de ce vaillant chef que les légionnaires appelaient « le père Oudri » et les tirailleurs algériens « le colonel Bono Bésef ». D'une physionomie à la fois énergique et très sympathique, il était en effet un vrai père pour ses hommes qui l'aimaient jusqu'à la vénération. Il connaissait à fond les qualités et les défauts de ses légionnaires et savait mêler la sévérité à la bienveillance. Sa manière de commander avec fermeté, bonhomie et simplicité, m'a toujours inspiré de l'admiration. Au feu, c'était un chef intrépide, d'une décision prompte et lucide dans les moments les plus critiques. Plus tard, devenu général commandant de corps d'armée, il n'oubliait pas les hommes qui avaient combattu sous ses ordres et vécu avec lui dans des moments pénibles. Il les accueillait avec affabilité et, à plusieurs, il a fourni une aide pécuniaire pour leur permettre d'entrer dans la vie civile ou de se marier.

Le colonel de Beylié en usait avec ses marsouins comme le colonel Oudri avec ses légionnaires. C'est un chef du plus haut mérite. Il est en outre savant et philanthrope, accessible à tous, sans fierté aucune et d'une simplicité charmante. Travailleur infatigable, homme de bien dans le vrai sens du mot, il est aimé au plus haut point de ses soldats.

Nous quittâmes Saïda pour nous rendre à Orléansville où l'état-major du régiment d'Algérie et un bataillon de tirailleurs algériens devaient être concentrés. Et le 1er avril 1895, nous embarquâmes à Alger sur le *Cachemire*, après que la ville d'Alger eut offert un punch et des bouquets de fleurs aussi bien aux officiers qu'aux soldats. De nombreux discours furent prononcés : par le maire, par plusieurs conseillers municipaux et par un Arabe qui s'adressa spécialement aux tirailleurs. Puis, après avoir échangé les saluts d'usage avec les navires en rade, dont un russe sur lequel nous voyions des hommes agiter leurs bérets, nous levâmes l'ancre, et nous partîmes au milieu d'une canonnade venant de tous les côtés. Nous fîmes escale successivement à Pantellaria, Damiette, Port-Saïd, Ismaïlia, site magnifique où séjourna de Lesseps; puis, ce furent les chaleurs étouffantes de la mer Rouge, qu'accompagnèrent quelques insolations; puis Périm, Aden, Guardafui, ce fameux cap, funeste à tant de navires, les îles Aldabra, de l'Assomption, Mayotte, puis Majunga.

D'après Grandidier, Madagascar, dont la superficie totale équivaut à celle de la France, de la Belgique et de la Hollande réunies, soit la bagatelle de 600 000 kilomètres carrés, resta presque inconnue à l'Europe jusqu'au quinzième siècle. C'est un capitaine portugais, nommé Pedro Alvarez Cabral, qui la découvrit. En 1642, Richelieu y envoya le capitaine Rigault qui y fonda quelques comptoirs. Mais on ne pénétrait guère dans l'intérieur. En 1862, le roi Radama II ouvrit le pays aux étrangers. Ce roi se montra, par extraordinaire, l'ami résolu de la France; mais cette attitude ne fut pas du goût de tous nos compétiteurs et on le fit assassiner. Puis des missionnaires français et anglais commencèrent à explorer le pays.

D'après le missionnaire Piolet, les côtes de Madagascar ont un développement de 4 000 kilomètres. Le sol est très montagneux, et arrosé par de nombreux cours d'eau; chaque vallée a son ruisseau, chaque plaine son fleuve ou sa rivière. Les routes étaient, jusqu'à l'expédition, complètement inconnues à Madagascar. Seuls, de mauvais sentiers traversaient en droite ligne montagnes et vallées. La population était, d'après Grandidier, de cinq à six millions d'habitants. Zaborowsky prétend que les tribus malgaches descendent d'Indo-Malais, d'Arabes et d'Africains. Les Hovas, c'est-à-dire la peuplade qui habite le plateau central, sont numériquement supérieurs aux Sakalaves qui occupent toute la région occidentale, des plateaux à la côte. Le teint des Hovas est olivâtre, tandis que celui des Sakalaves est franchement noir. On trouve encore à Madagascar, outre les Sakalaves et les Hovas, une vingtaine de tribus qui portent des noms à n'en plus finir. N'ayant pas envie de me faire maudire par les lecteurs, je m'abstiendrai de les citer.

Au point de vue climatérique, on peut diviser l'île en quatre zones : 1° La côte orientale. Elle est chaude et humide. Il y pleut presque toute l'année. La pluie tombe en averses violentes et de peu de durée, mais qui se succèdent à de courts intervalles. 2° La côte occidentale. Elle est également chaude. Les saisons y ont un régime régulier, soit huit mois de saison sèche et quatre mois de pluie. 3° L'extrême sud, où les pluies sont beaucoup plus rares, et où la sécheresse est extrême pendant toute l'année. 4° Enfin, le plateau central, où le climat est tempéré. Les saisons y sont bien tranchées; d'avril à mi-novembre, c'est la saison sèche et relativement froide; puis, le reste de l'année, cinq mois de pluies et d'orages violents. A mesure qu'on s'approche du massif central, le climat devient plus frais, plus clément à l'Européen. En Emyrne, on voit parfois tomber de la grêle, et de la glace se former sur les flaques d'eau.

A la limite de la région côtière et des hauts plateaux, une bordure de forêts s'étend sur 1 200 kilomètres du nord au sud et couvre une superficie de 12 millions d'hectares.

On y trouve les essences les plus précieuses. Je cite ici les principales : le palissandre, l'ébène, le bois de rose, le teck, le pandanus, le ravelana, le rafia, le santal, le gommier copal; des arbres ou des lianes à caoutchouc, enfin des orchidées superbes.

On rencontre aussi à Madagascar le cotonnier, le cocotier, le manguier, le vanillier, le cacaoyer, le caféier, l'arbre à thé, le poivrier, le giroflier, le gingembre, le bananier, le citronnier, l'oranger, le grenadier, le goyavier, la vigne, enfin, le riz, le manioc, la canne à sucre, qui sont les cultures préférées des indigènes.

Comme faune, je signalerai des faux singes nommés makis et extrêmement gracieux; des chauves-souris; des tortues géantes, des oiseaux innombrables au plumage éclatant; des crocodiles qui infestent les lacs et les rivières; des serpents, heureusement non venimeux, des caméléons et des papillons rares. On trouve aussi à Madagascar deux espèces de bœufs de taille moyenne : le zébu et le bory; le mouton à grosse queue, l'âne, le cheval, le porc et les volailles en abondance, enfin le ver à soie et le mûrier blanc.

Les bœufs constituent par leur nombre la principale richesse des indigènes. La base de l'alimentation est le riz dont le décortiquage est opéré par les femmes à l'aide de pilons et dans de grands mortiers de bois, comme en Indo-Chine. Dans le sud, la culture du maïs est générale.

Le religion la plus répandue est le protestantisme. Chez les Sakalaves, les enfants nés le mardi sont abandonnés; ceux nés en septembre sont considérés comme une cause de ruine pour ceux qui les entourent; souvent on les étouffe ou on leur coupe quelques doigts des pieds et des mains.

Les Mahafalys, dans le sud-ouest, ont des mœurs plus bizarres encore. Chez ce petit peuple, les chefs ont de quatre à cinq femmes, qui ne trompent leur mari qu'avec sa permission, et peuvent être répudiées après deux ans de ménage, si elles n'ont pas d'enfants. Elles accouchent accroupies et assises sur les talons, avec défense de crier pendant l'accouchement. Les enfants mis au monde le jeudi, jour néfaste, sont enterrés vivants. Doux pays !

Les Sakalaves sont plus grands et plus robustes que les Hovas. Ils portent plaqué sur le front un disque taillé dans un coquillage nacré, appelé félana, et au cou, aux bras, l'attirail habituel de fétiches des nègres. Leurs maisons sont en bois brut, en branchages, en feuilles et en roseaux. Leur paresse est telle qu'ils se mettent souvent cent pour construire une de ces misérables cases ; chaque chef est à la fois chef de guerre, juge et maître absolu dans son village. Les roitelets et reines sakalaves ont pour ministres ou conseillers des musulmans d'origine étrangère. Dans quelques régions, ces souverains sont de véritables sultans.

Enfin, il faut dire dès à présent que, si l'énergique administration du général Gallieni a respecté dans l'ensemble les coutumes qui font l'originalité des peuples malgaches, elle a fait aussi disparaître impitoyablement toutes celles des pratiques anciennes qui étaient contraires à l'humanité et à la civilisation.

On trouve à Madagascar de l'or dans les alluvions de presque toutes les rivières. Avant la guerre, le gouvernement hova était propriétaire exclusif des mines et en interdisait l'exploitation aux indigènes. En 1886, le premier ministre, pour se procurer des revenus, concéda à des Européens l'exploitation des mines. Grâce aux sages mesures prises par le général Gallieni, le rendement de ces mines, qui ne dépassait guère 200 000 francs par an en 1896, atteint aujourd'hui un chiffre annuel de près de 10 millions.

Notre débarquement s'effectua avec de très grandes difficultés, car rien n'avait été préparé d'avance. Le wharf de Majunga, construit par les mêmes entrepreneurs qui avaient édifié celui du Dahomey, Daydé et

Pillet de Paris, et qui devait, paraît-il, atteindre une longueur de 160 mètres, n'était pas encore terminé. On était donc obligé de jeter les chevaux et mulets à la mer et de les laisser nager vers la côte, où plusieurs arrivèrent couverts de sang. Nous établîmes notre bivouac hors de la ville, qui était alors très malsaine, mais très animée. Des baraques en bois à la mode américaine étaient en construction et habitées par une horde de marchands d'alcool et de chercheurs d'aventures, venant principalement d'Angleterre, d'Espagne, du Portugal et de la Réunion. Le colonel Bailloud, commandant de la place, commença par consigner toutes ces baraques de malheur avant même leur achèvement, car, homme perspicace et aimant ses soldats, il ne voulait pas les laisser intoxiquer par ces marchands de poison. La ville portait encore les traces du bombardement que lui avait infligé le *Hugon*, le 13 janvier 1895.

Le 15 janvier débarquèrent deux compagnies d'infanterie et une section d'artillerie de marine venant de Diégo-Suarez, puis, un peu plus tard, les tirailleurs algériens et les légionnaires. Ces derniers avaient eu dix-sept déserteurs pendant la traversée du canal de Suez. Il est à remarquer que les déserteurs sont toujours des jeunes soldats qui ont demandé à aller aux colonies avec la ferme intention de s'échapper et ils savent que le canal de Suez s'y prête à merveille. Aucune conclusion n'est à tirer de ces désertions. Elles sont le fait de jeunes gens qui, généralement, ont déserté déjà de l'armée belge, hollandaise ou allemande, et qui viennent tenter fortune à la Légion française. Voyant qu'il faut faire le métier de soldat, comme partout ailleurs, ils désertent encore. Les officiers ne s'en émeuvent nullement, et ils sont même heureux de s'en débarrasser.

En somme, l'avant-garde seule, composée des troupes d'Algérie et de la Réunion, avait débarqué à la fin de janvier. C'est cette avant-garde qui, sous les ordres du général Metzinger, livra tous les combats jusqu'à Tsarasaotra.

Le 1ᵉʳ mai, nous quittâmes Majunga pour Mévatanana, à bord d'une petite canonnière, sur laquelle se trouvaient également le colonel Oudri, le colonel de Beylié, le commandant Bienaimé, un aumônier militaire et un civil que je ne connaissais pas. Je me rappelle seulement qu'il portait trois chapeaux de feutre à très larges bords, superposés les uns aux autres, et destinés à le protéger d'une insolation. Il parlait beaucoup et gesticulait encore plus. Nous fûmes dans la soirée à Mévatanana, où l'on passa la nuit. Le lendemain, nous quittâmes ce village vers trois heures du matin pour revenir sur nos pas, à Marovoay, où l'on arriva vers cinq heures du matin. Un combat s'y engagea.

Marovoay est situé à 180 kilomètres de Majunga, en amont, sur l'Ikopa, affluent de la Betsiboka. Le combat commença par une attaque des troupes de terre commandées par le général Metzinger, secondées par l'artillerie de la flotte ainsi que par des canons placés sur chalands aux ordres du commandant Bienaimé. Tandis que les troupes de terre exécutaient un mouvement tournant, l'artillerie de la flotte envoyait ses obus à mitraille sur les retranchements où nous voyions chaque obus tomber et produire un gros désordre. Ce n'est que vers onze heures, après une fusillade et une canonnade bien nourries, que les Hovas se décidèrent à quitter leurs tranchées et à fuir en désordre dans la direction de Marolambo, poursuivis par les obus de notre artillerie navale.

Lorsque la débandade commença, j'étais sur un chaland, tirant avec des fusiliers de la flotte sur un groupe de fuyards. Les obus et les balles de l'ennemi, qui sifflaient au-dessus de nos casques, semblaient indiquer qu'ils visaient nos têtes; mais leur tir était très mauvais. Plusieurs fois, j'entendis au-dessus de moi ce sifflement des balles, mais personne n'y prêtait attention. Enfin, nous mettons pied à terre. Je dis pied à terre, mais en réalité nous nous embourbions dans des taillis marécageux. Nous voyions la colonne du général Metzinger gravir les pentes du fort. La fusillade cessant, nous mettons baïonnette au canon, pour marcher droit sur Marovoay. Je n'oublie cependant pas ma musette dans laquelle j'ai conservé un morceau de pain maintenant rassis, et un peu de viande froide. Tenant mon fusil d'une main, ma musette de l'autre, j'arrive à la ville vers midi, littéralement exténué. Cette course ne nous empêcha pas cependant de faire une visite, intéressée je l'avoue, dans les cases, pour y trouver quelque nourriture. Je rencontrai sur mon chemin une vache noire attachée à un arbre. Plus loin, au bord d'un ruisseau, une vieille femme indigène, blessée par une balle, montrait sa plaie à notre médecin-major qui la soignait. De ma tournée dans les cases je rapportai seulement quelques journaux illustrés que le colonel Oudri m'ordonna de reporter immédiatement à l'endroit où je les avais pris.

Le village indien, dont les maisons étaient surmontées du pavillon de Zanzibar, fut respecté ainsi que ses habitants qui nous saluaient avec un air grave. Pas une de leurs femmes n'était visible. J'ai su plus tard qu'ils les avaient mises sous clef, avec leur argent. Entre temps un drapeau fut improvisé; le commandant Bienaimé le fit hisser sur le fort, tandis que les clairons sonnaient au Drapeau et que tout le monde saluait.

Tout de même mon estomac criait famine. Je pensai à ma petite provision enfermée dans ma musette; mais je savais que le colonel, parti le matin de très bonne heure de Mévarano, n'avait pas emporté de provisions. Je lui offris mon morceau de pain et de viande qu'il me fit couper en plusieurs portions égales, pour les distribuer aux officiers qui l'entouraient. Je m'étais aussi pourvu d'un bidon de deux litres de vin à bord de la chaloupe. J'en fis également la distribution aux officiers, et chacun me remercia. Puis, je partageai le reste avec plusieurs marins. Il faut bien se rendre service en campagne.

Mais la pitance étant maigre, je me mis à la recherche de quelques volailles, en compagnie de deux marins ; deux heures après mon estomac était tranquille, car je l'avais lesté du quart d'une dinde et d'un poulet, le tout arrosé largement de l'eau du fleuve.

On m'a dit que cet engagement nous coûtait un mort et quatre blessés. Un petit incident m'était encore arrivé dans cette journée. J'avais été envoyé par le commandant Bienaimé avec un marin, en arrière, du côté du fleuve, pour dire au colonel de Beylié de faire avancer les canonnières jusqu'à Marovoay. Nous traversâmes un ruisseau pour gagner du temps. Quelques Hovas, cachés dans un taillis, tirèrent sur nous, presque à bout portant, sans cependant nous atteindre. Fort heureusement, nos armes étaient bien garnies. Quelques coups de fusil dans le taillis les firent sortir de leur cachette et courir dans la direction de Marolambo, poursuivis par nos balles. Deux d'entre eux allèrent rejoindre leurs camarades dans un monde meilleur. Cependant, pour plus de sûreté, nous reprîmes la route, et nous arrivâmes jusqu'au colonel, auquel l'ordre fut transmis.

Les habitants de Marovoay nous racontèrent que lorsque nous étions à environ mille mètres de la ville, le gouverneur hova avait été traîné par les pieds par ses propres soldats et tué ensuite à coups de pierres. On l'accusait de trahison.

Pendant l'action, les habitants s'étaient réunis dans la mosquée pour prier ; mais voyant qu'on n'incendiait pas la ville, comme ils le craignaient, ils étaient retournés chez eux. Le lendemain, les reconnaissances signalaient de nombreux cadavres dans les ravins et au bord du fleuve.

L'amiral Bienaimé regagna Majunga avec ses marins. Je me plaisais à regarder ce vieux loup de mer, futur préfet maritime, qui, tout habillé de blanc, n'hésitait pas à se mettre à l'eau, pour pousser les embarcations vers la terre et faciliter l'embarquement de ses hommes. J'avais remarqué le même dévouement, au Dahomey, chez le lieutenant de vaisseau Simon, chez les officiers de l'*Opale* et chez ceux du *Corail*. Tout soldat aime à se souvenir de faits de ce genre, qui lui montrent ses chefs mettant la main à la pâte et donnant avec lui le coup de collier.

En ville, toutes les portes et fenêtres sont fermées. Il est probable que les habitants craignent le pillage. Les Indiens sont au pas de leur porte, et semblent monter la garde devant leurs maisons. Le matériel sanitaire vient d'arriver ; le nombre des malades est déjà considérable. Le climat de Marovoay étant très malsain, tout le monde souffre de la fièvre ; nos quatre blessés, ainsi qu'un certain nombre des malades, sont évacués sur Majunga.

Au fort, dans les pièces qu'occupait le gouverneur hova, nous trouvâmes des costumes d'homme et de femme à la mode européenne, des journaux illustrés anglais, et... je vous le donne en mille! des portraits de Sarah Bernhardt, Jane Hading, Segond-Weber, Jeanne Granier et d'autres étoiles parisiennes.

Le lendemain matin, nous partîmes en reconnaissance vers Ankaboka. Le général Metzinger et le colonel Oudri prirent place avec nous sur la canonnière. En cours de route, le général faillit tomber à l'eau.

Vers le soir, on nous fit débarquer pour passer la nuit à terre. La brousse remplaçait les maisons, et les moustiques tenaient lieu d'habitants. Nous fûmes occupés jusqu'au matin à faucher les hautes herbes et à allumer des feux pour chasser ces détestables insectes. Ce fut une des nuits de cette campagne les plus pénibles pour moi. J'ai connu bien des endroits où les moustiques pullulent, mais aucun ne peut soutenir la comparaison avec les rives de la Betsiboka. C'est, comme on dit aujourd'hui... un record. Nous ne pouvions rester ni couchés, ni assis, ni nous tenir debout. C'était à en devenir fou. J'entendais le général pester, le colonel maugréer, et les hommes jurer et se dépenser en moulinets inutiles. J'avais sur moi une moustiquaire prise à Marovoay dans l'ancien logement du gouverneur. Je l'offris au colonel, qui l'offrit au général. Je la montai à l'aide de quatre perches; mais à peine le général était-il couché sous la moustiquaire qu'il sautait debout, comme mû par un ressort ou piqué par des épingles, et ne se recouchait plus.

Le lendemain, au petit jour, nous quittâmes cet endroit maudit. Nous réembarquâmes sur le *Boëni* au milieu d'un brouillard épais; mais subitement, la canonnière, avec un choc violent qui nous fit tous tressauter, s'échoua sur un banc de sable. Nous descendîmes dans l'eau pour la pousser. Peine inutile. Il fallut attendre près de six heures, jusqu'à la marée haute, pour la déséchouer. Deux roitelets sakalaves vinrent, sur ces entrefaites, faire leur soumission au général. Dans la soirée, nous arrivâmes à Ankaboka où deux compagnies de turcos campaient déjà. Le camp consistait en des tentes-abris et quelques cases en feuillage. A l'entrée je lus sur un poteau indicateur : « Marovoay, 5 kilomètres; Marseille, 10000 kilomètres. » Et, sur un autre poteau : « Cercle des armées de terre et de mer. » La gaieté française ne perdait pas ses droits. Le lendemain, nous retournions à Marovoay tandis que le général se rendait à Majunga pour recevoir le général en chef venant de France.

Au fort de Marovoay, on trouva encore de nombreux canons sans affûts, quelques centaines de fusils à pierre ou à cartouches et un grand nombre de sagaies. Les reconnaissances amenaient journellement des prisonniers. Enfin de nombreux cas de fièvre se déclaraient parmi les troupes. Aussi l'ambulance était-elle bondée de malades.

Le 12 mai, une reconnaissance d'un capitaine et de soixante-dix hommes embarqua sur le *Lynx* à destination de Katsépé, où les habitants ne firent aucune résistance et ne songèrent pas davantage à fuir. L'après-midi, quelques officiers rendirent visite à la reine du pays, Manakona, jeune personne de vingt-cinq ans, au teint fortement olivâtre. Elle attendait assise, drapée dans un grand manteau rouge, les pieds nus et mâchant consciencieusement une chique. Autour d'elle, quelques négrillons, ses enfants, complètement nus, étaient surveillés par une vieille négresse, un type réussi de sorcière; quant à la reine, veuve depuis quelque temps, elle cherchait des consolations dans les bras d'un jeune nègre.

Il convient de dire ici qu'à Madagascar la stérilité passe pour une malédiction. La femme est honorée proportionnellement au nombre de ses enfants, qu'elle soit mariée ou non. Le fiancé se réjouit d'autant plus que sa future épouse lui en apporte davantage et il ne se préoccupe jamais de leur origine. C'est la conséquence logique de ce double principe de la moralité malgache : *L'enfant est une richesse. — Avant le mariage, la jeune fille est libre de son corps.* En cas de divorce, les enfants restent à la mère. Généralement la fillette se débarrasse vers dix ou douze ans du lien pesant de sa virginité; de façon ou d'autre, et souvent au petit bonheur, elle cherche à être mère le plus tôt possible.

Notre reconnaissance du 12 mai ne donna lieu à aucun incident marquant, sauf que notre guide se trompa de route. On en prit un autre, un vieillard, qui ne nous renseigna guère mieux. Il fallut créer une piste à travers une forêt touffue et dresser le bivouac aux abords d'une mare, vers six heures du soir. Le 14, la marche fut reprise au milieu des ruisseaux et des marais, ce qui obligea le capitaine à faire construire des radeaux par les porteurs somalis.

Le lendemain, un incendie éclata au bivouac des tirailleurs, et vingt-huit fusils furent brûlés. Cet accident fut plus tard exagéré par la presse. La petite colonne alla s'établir ensuite à Kandrina, toujours après des marches très pénibles à travers les forêts et les marais. Nous trouvâmes là une reine — il n'en manquait pas à Madagascar — nommée N'galla. Elle était entourée d'une cinquantaine de femmes vêtues de costumes aux couleurs vives, qui chantaient des mélodies douces et mélancoliques. Autour de la reine se tenaient le conseil des vieillards et quelques guerriers. Les autres assistants, y compris le roi et les officiers, étaient assis sur des nattes ou sur des caisses à pétrole.

Le 18, une reconnaissance fut exécutée vers Andranobé, tandis qu'un convoi de dix mulets allait chercher des vivres à Ampassimena. Un jour la reine nous offrit une fête chantante et dansante. D'un côté, on voyait les guerriers armés de fusils à pierre et de sagaies et de l'autre, les femmes en groupes, couvertes d'un pagne tombant des seins jusqu'aux chevilles. Elles étaient toutes assises; parfois elles dévoilaient leurs charmes en laissant tomber leurs vêtements jusqu'à la ceinture. Elles chantaient sur un rythme monotone et avec un parfait ensemble une poésie nègre que l'interprète, M. Bénévent, a ainsi traduite : « Le Français est venu, c'est notre ami, il nous a donné du rhum; le Sakalave est courageux, il boit le rhum du Français, etc... » Ensuite les danseuses exécutèrent une danse gracieuse et originale. Le roi se tenait à côté de la reine, coiffé d'un bonnet de coton, et passablement ivre. Je reviens à la reconnaissance. Après trois jours pleins d'une marche très pénible à travers des forêts et des marais, la petite colonne arriva le 22 mai à Mahabo, n'ayant fait que 23 kilomètres. Dans ces trois jours, il avait fallu évacuer quarante hommes sur soixante-quinze.

De là nous vînmes à Androtra où un soldat se suicida. On nous y communiqua la dépêche suivante du ministre de la guerre au général Metzinger : « Vives félicitations pour vous et vos troupes de Marovoay. » Cette ville était indiquée comme le point terminus probable des opérations de l'avant-garde, mais en réalité ces opérations se sont prolongées jusqu'à Tsarasaotra.

Le général Duchesne, qui avait débarqué à Majunga et pris le commandement du corps expéditionnaire, ajouta à l'ordre général, à propos des félicitations du ministre pour l'action de Marovoay : « Le haut témoignage de satisfaction du gouvernement de la République constitue une précieuse récompense pour tous ceux qui ont pris part à l'heureuse opération du 2 mai et servira d'encouragement à tous les membres du corps expéditionnaire, en leur rappelant que la France ne cesse d'avoir les yeux fixés sur eux. »

Des convois venant de Majunga nous annoncent également que toutes les troupes destinées à la campagne ont été débarquées. Voici leur composition : chasseurs à pied, légionnaires, tirailleurs algériens, infanterie de marine, volontaires de la Réunion, tirailleurs malgaches, infanterie de ligne (le 200e), soit 13 bataillons d'infanterie, à 800 hommes. Total de l'infanterie combattante : 10 400 hommes. A ajouter un escadron de 150 chasseurs d'Afrique, 6 batteries de montagne, un groupe de deux batteries montées, 800 hommes du génie avec leur parc, un escadron de 500 conducteurs sénégalais, une section de commis et ouvriers militaires, un détachement de secrétaires d'état-major, un détachement de gendarmes; total des troupes, y compris l'infanterie, 14 773 hommes, 641 chevaux, 6 630 mulets, 56 pièces d'artillerie et 5 040 voitures Lefebvre. Il faut ajouter à cela le service médical et la flotte. Le service médical se composait de 70 médecins, 8 pharmaciens, 22 officiers d'administration, 9 aumôniers dont un protestant, 14 sœurs, 2 ambulances actives, 4 hôpitaux de campagne à 250 lits chacun, un hôpital d'évacuation pour 500 malades, un sanatorium pour 500 malades également, et 15 infirmeries-ambulances. En outre le *Shamrock* et le *Vinh-Long* devaient servir en rade de Majunga comme bâtiments-hôpitaux. L'ensemble permettait d'hospitaliser 2 500 malades.

La division navale, renforcée, comprenait 11 croiseurs, avisos et canonnières, avec un effectif de 1 448 hommes.

Nous avions en outre 7 300 coolies d'Algérie (des Kabyles, déplorable acquisition — j'y reviendrai plus loin), 400 coolies malgaches, 1 143 de l'Abyssinie et de la côte des Somalis, et 270 des Comores. Chaque fusil du corps expéditionnaire était muni de 400 cartouches, et chaque carabine de cavalerie, de 100. Chaque pièce d'artillerie avait à sa disposition 350 coups, sans compter une réserve de 500 obus à la mélinite. Le génie était muni d'un matériel de pont, de 750 kilomètres de fil pour la télégraphie électrique, de 24 postes téléphoniques, de 31 appareils optiques, de 3 ballons, et d'un matériel de baraquements démontables, d'abris, de pilotis, de canalisation, suffisant pour couvrir et aménager une surface de 19 000 mètres carrés. L'administration de la guerre a également fourni 60 fours à pain de toutes dimensions.

A Androtra, l'état sanitaire allait toujours en s'aggravant. Une autre question se posait : comment nourrira-t-on tout le monde jusqu'aux hauts plateaux? Et l'avis général était qu'il fallait faire une route carrossable.

L'étape suivante fut Mangabé. Bien que la marche ne fût que de 19 kilomètres, il nous fallut une journée entière pour la faire, car le terrain présentait des difficultés énormes. Nos pauvres mulets tombaient littéralement de fatigue. C'est là que, pour la première fois, les troupes de France (chasseurs à pied) marchèrent avec nous. Dans cette pénible journée, il y eut des traînards en masse; on les comptait par paquets de dix ou quinze hommes, et de toutes les unités. J'en vis d'autres au contraire qui, en plein accès de fièvre, continuaient à marcher et, à cette occasion, je rends hommage aux chasseurs à pied. Pour la plupart jeunes soldats, ils ont fait preuve d'endurance, de courage et d'esprit de corps. J'ai fort souvent constaté cet amour-propre chez nos soldats. Il leur donne, en face du danger, une puissance de résistance parfois bien supérieure aux forces humaines.

On arriva le soir à l'étape, mais fort tard. L'ennemi, en se retirant, avait mis le feu au village, ce qui, en somme, nous rendit service, car il faisait très noir, et, par sa volonté... la lumière fut faite. Le lendemain, nous avancions de 4 kilomètres, très lentement, avec beaucoup de circonspection, en contournant une montagne. Juste! L'ennemi se trouvait là. Mais dès qu'il nous aperçut, il prit la poudre d'escampette sans nous donner le temps de lui demander de ses nouvelles et de lui en donner des nôtres. Pensant peut-être qu'il nous manquait du matériel de guerre, il nous laissait deux canons et trente brancards. Un légionnaire se suicida encore à cette étape, en se pendant à un arbre à l'aide d'une corde à fourrage.

Dans la nuit, on forma un détachement monté à mulets pour aller attaquer un convoi ennemi. Une section d'artillerie l'accompagnait; mais, après avoir passé deux jours dehors, il rentra au bivouac sans avoir rencontré âme qui vive.

Nous marchâmes ensuite sur Ambato, toujours avec la même difficulté de progresser au milieu des hautes herbes et des marais. De là, nous allâmes à Ankatsaka où je reçus l'ordre de rétrograder avec une pirogue jusqu'à Androtra pour aller prendre livraison de 370 kilogrammes de viande fraîche. A mon arrivée, j'aperçus sur le bord du fleuve un capitaine en proie à un violent accès de fièvre. Il était seul, couché à terre et tête nue, risquant une de ces insolations qui ne pardonnent pas. Si urgente que fût ma mission, j'avais le devoir impérieux de venir à son aide. J'ignorais son nom et je ne l'appris que quelques jours plus tard, en allant prendre de ses nouvelles. J'avais devant moi le capitaine de Mac-Mahon, fils du maréchal de France. Si ce passage de mon récit lui tombe sous les yeux, qu'il m'excuse de lui dire qu'il m'a donné fort à faire.

La fièvre, en lui enlevant conscience de ce qui se passait autour de lui, n'avait diminué en rien la vigueur de ses biceps et, comme je n'avais pas « doubles muscles », ce ne fut qu'au prix de quelques horions que je réussis à l'amener à l'ombre d'un gros arbre et à le faire asseoir. Etant sur la rive du fleuve, je lui frictionnai longuement le visage avec un mouchoir mouillé que je lui appliquai ensuite en compresse sur le front. Au bout d'une demi-heure, il reprit ses sens et comprit la situation : « Merci, mon brave, me dit-il, je te dois une fière chandelle. » A ce moment, survint un chasseur, son ordonnance, que je mis au courant et qui me remplaça auprès de lui. Et comme à Ankatsaka, on attendait la viande, je m'éclipsai pour aller la toucher et la faire charger sur la pirogue.

Au retour, à un endroit où le courant du fleuve, très rapide, formait des tourbillons, la pirogue chavira en se heurtant à un radeau abandonné. La viande, fort heureusement, roula sur ce radeau, tandis que les deux rameurs et moi roulions dans l'eau. Il nous fallut plus de trois heures pour remettre la pirogue à flot et recharger la viande, tout en risquant plusieurs fois d'être emportés par le courant et les tourbillons. Enfin, nous reprîmes notre route, en longeant le bord, et nous pûmes quand même rentrer le soir au bivouac.

Le lendemain, on se dirigea sur Maroko, et ensuite sur Amparinampony. Les difficultés de la marche augmentaient à chaque étape ; nous n'avions à notre disposition que des mulets qui, à chaque instant, roulaient par terre avec leur chargement de canons et de bagages ; il fallait remonter tout, et chaque fois, on arrivait au bivouac éreinté et fourbu. Avec cela, le manque de vivres nous faisait tirer la langue ; la ration était réduite de moitié. Rarement on nous donnait la moitié d'un quart de vin. Le café et le sucre étaient totalement épuisés. Le nombre des malades augmentait chaque jour. De Marovoay, de mauvaises nouvelles nous parvenaient. On y enterrait journellement des camarades.

Le 200ᵉ régiment surtout souffrait énormément du climat.

La journée du 2 juin fut marquée par deux incidents. D'abord un soldat fut retrouvé dans la brousse par les gendarmes qui marchaient en arrière de la colonne; interrogé, il leur dit qu'en dépit de la meilleure volonté, il ne pouvait plus résister aux fatigues, et qu'il était résolu à se suicider. Puis, un caporal nommé Barbey, qui avait disparu depuis quelques jours, fut retrouvé mort, la tête fracassée, son fusil dépourvu de cartouches à côté de lui.

Enfin le général en chef vint nous voir. Son visage exprimait l'énergie et la volonté; il nous accorda deux quarts de vin qui ne furent jamais distribués.

Le 6 juin, une alerte fut donnée au camp. Il fallut plier précipitamment bagage et partir vers l'Ikopa, où l'ennemi était signalé. Lorsque nous y arrivâmes, les Hovas tirèrent sur nous de l'autre rive. En un clin d'œil, nous étions déployés en tirailleurs, et nous répondions par des feux de salve et des feux individuels. Mais la traversée eût été bien risquée, car le fleuve est large de 400 mètres environ et il est infesté de caïmans. L'artillerie, qui était masquée par la forêt, ouvrit un feu violent. Enfin, dans la soirée, les Hovas se retirèrent, mais assez lentement.

Nous commençâmes alors à traverser l'Ikopa, mais avec des difficultés énormes. Nous fûmes obligés de porter les canons à bras jusqu'à une canonnière ancrée à une centaine de mètres de la rive, qui n'avait pu approcher plus près; arrivés de l'autre côté, il nous fallut recommencer le même manège. Les mulets qui transportaient les bagages des officiers tombaient à l'eau avec leurs chargements. Il fallait repêcher tout cela et le porter à terre.

Le général en chef, qui se trouvait sur une canonnière, nous encourageait par de bonnes paroles. Avec cela, la nuit tombait subitement et bientôt on n'y vit plus goutte. La plupart des bagages étaient mouillés et jetés pêle-mêle, de sorte que beaucoup d'officiers furent obligés d'attendre le lendemain pour se changer et passer toute la nuit avec leurs effets complètement trempés sur le corps. On ne monta pas les tentes. Beaucoup d'hommes ne firent même pas la cuisine, car on tombait littéralement de fatigue. D'ailleurs, comme vivres, nous n'avions que du riz et du sel : pas même du saindoux. En revanche, une armée de moustiques nous tint en éveil toute la nuit, et au point du jour il fallut repartir. L'effectif diminuait sensiblement. A chaque étape on évacuait des hommes en arrière. Pourtant deux compagnons fidèles n'abandonnaient jamais l'avant-garde, c'étaient... la faim et la fièvre. A Ambatambaka, nous pûmes rejoindre les fuyards de la Betsiboka. Ils semblèrent d'abord vouloir prendre position sur un mamelon; mais à notre approche ils s'enfuirent dans la direction de Suberbieville en laissant quelques morts sur le mamelon et sur la route. L'ennemi, on le voit, était éprouvé comme nous. Ranavalo avait déclaré qu'elle nous opposerait deux généraux invincibles : *Hazo* (la forêt) et *Tazo* (la fièvre). Mais ces deux grands chefs ne se faisaient pas faute, non plus, de décimer son armée. Il est vrai que la « petite reine », comme on dit aujourd'hui, voyait d'un œil parfaitement sec ce sacrifice de vies humaines qu'un peu de bonne foi de son gouvernement aurait certainement évité.

Le 9 juin, nous étions devant Suberbieville où les Hovas s'étaient retranchés, au-dessus de la ville, sur une montagne abrupte appelée Mevatanana. Ils y avaient construit des tranchées-abris qui bordaient toute la crête. La position était presque inabordable. Un mauvais sentier seul y conduisait. Pendant que deux compagnies gardaient le convoi, en dehors de la ville, un bataillon attaquait la face sud; un autre bataillon l'attaquait de front, deux batteries d'artillerie appuyaient le mouvement. Cette artillerie était surtout le point de mire de l'ennemi. Mais quelques projectiles à mélinite produisirent une véritable épouvante parmi les Hovas.

Les troupes commencèrent alors à donner l'assaut en grimpant sur la montagne; l'ennemi eut juste le temps de s'enfuir, et tandis qu'une partie des troupes allait occuper le *rova* (en malgache : fort), un bataillon poursuivait les fuyards de ses feux de salve.

Dans le rova, nous trouvâmes deux canons Hotchkiss, un canon du calibre de 47 millimètres, deux petites pièces en fonte sur affûts en bois, de nombreuses caisses de munitions, des boulets en fonte, de la dynamite, des barils de poudre et deux cents fusils dont beaucoup de Sniders. Le convoi qui était resté dans la plaine n'avait pas chômé pendant l'attaque. Il entra à Suberbieville juste à temps pour empêcher l'incendie de la plus grande partie des bâtiments. On arrêta quelques indigènes qui, la torche à la main, se préparaient à y mettre le feu. Les incendiaires réussirent à s'enfuir, à l'exception d'un seul; il fut conduit au général Metzinger, qui ordonna de le fusiller séance tenante. Il ne viendra à l'idée de personne de critiquer cette exécution sommaire. Le général Metzinger était en effet connu par ses soldats comme très indulgent et très humain envers tout le monde, et surtout envers les vaincus. Il l'a prouvé plus d'une fois. Mais il s'agissait là d'un intérêt général supérieur et de la sécurité des troupes; le général ne pouvait pas et ne devait pas agir autrement.

A Suberbieville, il défendit sévèrement de toucher à quoi que ce soit dans les maisons, habitées ou non. Au rova, on trouva des caisses de différentes marchandises qui furent également laissées intactes. Toutefois, nos musettes étaient déjà remplies de bougies, d'allumettes et de quelques boîtes de conserves qui nous ont rendu grand service. Car tout nous faisait entièrement défaut, y compris le savon; c'est avec de l'eau et du sable que nous lavions notre linge qui, après l'opération, était aussi noir qu'auparavant.

Le lendemain une compagnie fut envoyée en reconnaissance. Elle rencontra un poste hova qu'elle délogea.

Ce petit engagement coûta à l'ennemi deux morts, deux blessés et deux prisonniers.

Un aumônier, venant de l'arrière, nous fit un tableau fort triste de toutes les ambulances qu'il avait visitées sur sa route. D'après lui, le nombre des morts s'élevait journellement à trente ou quarante hommes, et les trois quarts des malades avaient moins figure d'hommes que de squelettes. Le 200e régiment souffrait beaucoup plus que les autres corps. Le 12 juin, un ordre du général nous communiqua la mort du colonel Gillon, de ce régiment, et en même temps une dépêche ministérielle ainsi conçue : « Félicitations pour troupes et pour dévouement à supporter fatigues; armée et pays entier leur souhaitent bon courage. »

Pendant le séjour à Suberbieville l'avant-garde fut occupée à des travaux pénibles de terrassement, pour la construction d'une route qui devait s'arrêter à Andriba et qui était absolument indispensable; il n'aurait pas été possible autrement d'assurer le ravitaillement et les évacuations qui ne cessaient d'augmenter, ni d'organiser la colonne légère qui devait être constituée à Andriba pour marcher avec rapidité sur Tananarive avant la saison des pluies. La construction de cette route a soulevé de nombreuses critiques que j'ai entendu faire à mon retour en France; mais, quoi qu'il en soit au point de vue technique, le personnel chargé de la direction des étapes et de l'organisation des convois a été vraiment au-dessus de tout éloge. Il était constamment exposé au soleil, sous un climat meurtrier. Seuls, les conducteurs kabyles n'étaient pas à la hauteur de leur tâche, et il en résulta de plus grandes fatigues pour les Européens. Mais quelqu'un surtout a le droit d'être fier de l'impulsion qu'il a donnée à cette vaste organisation; j'ai nommé le colonel Bailloud, directeur des étapes, aujourd'hui commandant du 19e corps d'armée. Je ne sais si je réussirai à donner aux lecteurs n'ayant pas fait campagne une idée approximative de l'organisation du service des étapes dont le colonel Bailloud était l'âme; je vais néanmoins essayer. Croyez d'abord que la fonction de directeur des étapes en campagne ne ressemble nullement à celle de directeur d'un musée ou d'un cirque. Compulsez un peu les documents, les ordres généraux et les rapports sur ce sujet, et vous vous demanderez ensuite avec stupéfaction comment un seul homme peut remplir tant de fonctions à la fois. Car il faut vous dire qu'en dehors de ses devoirs de directeur des étapes, qui étaient déjà très lourds, il exerçait encore, par délégation, tous les droits de police de l'arrière dévolus au général en chef. Il était aussi sous-chef de l'état-major, commandant d'armes à Majunga, chargé de s'occuper de tout ce qu'on débarquait, d'établir des postes d'étape en étape, de calculer le nombre des mulets et voitures pour chaque convoi, de décider la mise en route de chaque poste, le remplacement des conducteurs, etc. Je renonce à l'énumération. Ce qui est certain, c'est que le colonel Bailloud avait le service le plus pénible, le plus assujettissant et le plus ingrat; et ce n'est sûrement pas à lui qu'il faut s'en prendre du manque de vivres à l'avant. Le mal provenait surtout de la négligence et de la mauvaise volonté des conducteurs kabyles; et je citerai plus loin des preuves de ce que j'avance, sans craindre d'être en contradiction avec le personnel blanc qui était attaché à ce service.

De Suberbieville, le général envoya le commandant Lentonnet avec trois compagnies d'infanterie, une section d'artillerie et un peloton de chasseurs d'Afrique vers Tsarasaotra en vue de chasser de ce village l'arrière-garde hova. Mais en y arrivant, le commandant trouva la place évacuée et renvoya deux compagnies. Le 24 juin, une reconnaissance fut poussée vers le mont Beritzoka, mais là aussi les Hovas s'étaient éclipsés. Par contre, le 28 au soir, un petit poste qui gardait une face du camp se vit brusquement attaqué par un nombreux groupe ennemi et obligé de battre en retraite derrière un pli de terrain pour ne pas être cerné. Une patrouille fut envoyée à son secours et, vers dix heures du soir, les Hovas s'étaient repliés. Cette petite scène ne devait être qu'un prologue; car le lendemain, à peine le jour commençait-il à naître, que plusieurs centaines de Hovas, débouchant d'un sentier, se glissaient dans un ravin, en escaladaient les pentes, et, inopinément, ouvraient un feu très vif sur le camp. Ils n'en étaient éloignés que de 300 à 400 mètres; cette fois la chose menaçait de devenir grave. Aussitôt les sections se déployaient et l'artillerie commençait à tirer pendant que la cavalerie gardait la droite du camp; l'attaque fléchissait déjà, quand une autre colonne hova déboucha à son tour sur les pentes qu'occupaient nos postes, et chercha à les envelopper. Le commandant décida d'agir très énergiquement. Il ordonna au capitaine Aubé, (encore un héros obscur, d'un courage et d'un dévouement au-dessus de tout éloge. Il a assisté à toutes nos campagnes coloniales et dans chacune d'elles il s'est signalé par ses mérites exceptionnels; partout il fut cité à l'ordre du jour. Cependant demandez à la majorité des soldats de son arme, l'infanterie de marine : qui est le capitaine Aubé? Ils vous répondront : je ne le connais pas. Il en est de même pour beaucoup d'autres, et dans toutes les armes), le commandant ordonna donc au capitaine Aubé une attaque à la baïonnette sur le sentier même, tandis qu'une autre fraction ferait de même du côté sud. Le succès fut immédiat et complet. L'ennemi se replia en toute hâte et en désordre vers l'est, laissant trente cadavres sur le terrain; le poste de Tsarasaotra était complètement dégagé.

Cependant, peu après, une autre colonne hova, cette fois avec artillerie, marcha sur la fraction du capitaine Aubé. Le commandant envoya à celui-ci du renfort et de l'artillerie; mais les munitions d'infanterie commençaient à manquer. Heureusement qu'à ce moment un gros détachement arrivait de l'arrière, averti par le bruit du canon; l'ennemi fut refoulé à 4 kilomètres.

Le lendemain, le général en chef envoya un bataillon avec de l'artillerie à Tsarasaotra, le tout placé sous les ordres du général Metzinger. Celui-ci, mis au courant de la situation, estima qu'il fallait agir vite, et, bien que le renfort fût arrivé à onze heures du soir, très fatigué, à six heures du matin la colonne se mit en marche vers Beritzoka sans attendre un nouveau soutien.

A sept heures vingt, il fallut commencer par frayer un passage à l'artillerie à travers un terrain couvert de buissons; ensuite, des reconnaissances furent envoyées du côté de l'ennemi, et comme celui-ci se retirait, deux compagnies furent chargées de le poursuivre et de ne pas le perdre de vue. Les premiers coups de fusil furent tirés par les Hovas à huit heures et demie; à huit heures cinquante, l'artillerie hova ouvrit le feu sur notre première ligne qui continua à s'avancer sans riposter. Puis, tout à coup, une grêle de balles s'abattit sur notre ligne, venant des crêtes et de tous les rochers que garnissait l'ennemi; nous eûmes quelques hommes touchés. Mais la colonne ne ralentit pas sa marche; enfin notre artillerie prit position et ouvrit le feu sur l'artillerie hova qu'elle réduisit vite au silence. Notre infanterie continuait à marcher. Arrivée à deux cents mètres de la ligne ennemie, elle s'arrêta pour tirer quelques feux de salve qui firent reculer les Hovas; à neuf heures trente, la marche était reprise vers le plateau, mais cette fois baïonnette au canon et à la sonnerie de la charge. Cet assaut eut pour résultat de rejeter vivement les défenseurs en arrière; leur aile gauche essaya bien de résister et tenta même un retour offensif; on dut ainsi engager un combat corps à corps dans lequel le lieutenant Grass tua d'un coup de revolver un chef hova. Bref, l'ennemi finit par s'enfuir de tous les côtés et en désordre, poursuivi par des feux de salve qui lui causèrent des pertes sensibles. A dix heures, une section d'artillerie, parvenue sur le plateau, ouvrait le feu sur la colonne en retraite qui commençait à se reformer au fond de la vallée, et ce fut alors la déroute complète. A dix heures vingt, le feu avait entièrement cessé.

L'ennemi nous laissait dans les deux camps qu'il avait évacués : le drapeau du commandant en chef, quatre cent cinquante tentes, deux canons Hotchkiss, beaucoup de munitions d'artillerie, des fusils, toute la correspondance du commandement, une grande quantité de riz. Ses pertes pendant ces trois jours de combat avaient dû être considérables. Elles n'ont pu être évaluées. De notre côté, nous avions deux officiers et huit hommes blessés. Le combat du 29 nous coûtait malheureusement un officier (le lieutenant Augey-Dufresse) et un caporal tués, ainsi que six blessés. D'après le récit des prisonniers, l'ennemi avait perdu au moins douze cents hommes tués, blessés ou disparus.

Ces trois derniers combats marquèrent la fin des opérations de la brigade d'avant-garde. Et, à cette occasion, le général en chef la félicita pour la façon dont elle avait accompli sa mission depuis près de trois mois. Après Beritzoka, les brigades ont périodiquement alterné dans les travaux pénibles de la route.

Le 4 juillet, dans la matinée, j'assistai à un spectacle simple, mais touchant par sa simplicité même. L'état-major du régiment, avec le drapeau, partit pour Tsarasaotra et le commandant Lentonnet avec un peloton de tirailleurs vint à sa rencontre. Dès que le colonel Poignard aperçut le commandant, il mit lestement pied à terre, se porta vers lui et lui dit : « Mon cher Lentonnet, permettez-moi de vous embrasser, au nom de tous les tirailleurs algériens. » Et ils tombèrent dans les bras l'un de l'autre, tandis que le drapeau s'inclinait jusqu'à terre et que le commandant qui s'efforçait de sourire, essuyait furtivement une larme. C'est en effet le commandant Lentonnet qui supporta tout le choc de l'ennemi, le 28 et le 29. Il avait une responsabilité très grave, car s'il s'était laissé déborder ou cerner, les

Hovas, dont le but était très clair, seraient accourus à Suberbieville en pleine nuit par un chemin détourné, et c'était la panique, comme au temple de Delphes où les Grecs vinrent attaquer les Gaulois. Mais rien de cela ne pouvait arriver avec un chef aussi vigilant et aussi courageux que lui.

Le 5, un chasseur à pied se suicida. Le même jour, on nous distribua, au nom des Dames de France, un paquet de tabac pour deux hommes et un cigare chacun. Puis, on installa un four à pain; il n'y manqua qu'une bagatelle... le bois pour faire la cuisson.

J'ai reçu, au cours de cette campagne, quelques lettres des officiers sous les ordres desquels j'avais servi dans le Sud-Oranais et au Dahomey. Elles m'ont fait un bien immense et m'ont prouvé que l'officier aime se rappeler certains soldats avec lesquels il a pataugé dans la misère pendant une campagne. C'est un souvenir de véritable fraternité dont le troupier est toujours très fier. Quoi de plus propre à vous donner de l'entrain et du cœur au ventre que de voir, comme je l'ai vu à différentes reprises, des officiers porter les havresacs et les fusils de leurs hommes. En garnison les officiers sont quelquefois sévères, mais en guerre ils vivent côte à côte avec leurs hommes et leur donnent l'exemple en prenant leur large part de leurs fatigues et de leurs travaux. De son côté, en campagne, le soldat découvre chez ces mêmes chefs des trésors de bonté et d'affection, et il leur en garde un véritable culte dans son souvenir.

Le jour du 14 juillet, chaque escouade reçut un paquet de tabac venant des Dames de France, et chaque homme un cigare offert par le général Metzinger à l'occasion de sa nomination au grade de général de division. Les prisonniers de guerre qui se trouvaient le 14 juillet à Tsarasaotra, dont un malheureux qui avait la peau trouée de quatre balles Lebel, furent servis par le colonel Oudri en personne. Il donna à chacun un quart de vin, des biscuits et du riz, le tout prélevé sur les vivres de son état-major. Le lendemain 15, nous allâmes camper sur la montagne de Beritzoka, cette fameuse position où les Hovas avaient, le 29 et le 30, tenté désespérément de l'emporter au moins une fois sur nous. Le camp fut établi au prix de grandes difficultés, car la montagne n'est qu'un gigantesque tas de cailloux et de rochers, sur lequel il n'existe pas un mètre carré de terrain se prêtant à l'installation d'une tente. On continua ensuite à travailler ferme à la route, en employant la dynamite, et en faisant les reconnaissances nécessaires.

Le 18, j'étais envoyé en arrière à Tsarasaotra pour chercher des vivres. J'arrivai pour un enterrement : deux légionnaires, deux tirailleurs algériens et un chasseur, qu'on conduisait au cimetière. En même temps, le capitaine Gérard, des tirailleurs algériens, était amené sur un mulet à l'ambulance dans un état de santé lamentable. C'était un véritable squelette. Les médecins l'ont immédiatement entouré et lui ont prodigué des soins et des paroles encourageantes. Mais je l'entendis répondre d'une voix très faible : « Oh ! mes amis, je sens bien que c'est fini. » Dans la même soirée, on enterra encore trois légionnaires et un tirailleur ; et l'infirmier à qui j'exprimais mon horreur pour cette lugubre cérémonie qui consistait à coudre le corps dans un couvre-pieds et à le descendre dans un des trous qu'on creusait toujours d'avance, me répondit qu'il en connaissait bien encore une dizaine qui, le lendemain ou le surlendemain suivraient très probablement leurs camarades. C'était une infirmerie provisoire. J'y suis resté jusqu'au lendemain à midi, et à chaque instant j'y voyais arriver des malades de l'avant qui, pour la plupart, étaient à l'article de la mort. Et, machinalement, je me découvrais en les regardant, je saluais ceux qui allaient mourir, victimes de l'accomplissement de leur devoir.

Il paraît que ce sont les engagements de Tsarasaotra qui ont décidé le général en chef à poursuivre les travaux de route jusqu'à Andriba, en raison des énormes difficultés du terrain et de l'impossibilité d'y engager autre chose que des mulets de bât. Cette situation, aggravée par le fâcheux état sanitaire des hommes, amena le général à brusquer les événements, et à former une colonne légère à Mangasoavina, près d'Andriba, pour la lancer sur Tananarive qui en est distant de 200 kilomètres environ. Quand je revins à Beritzoka, j'y trouvai plusieurs officiers de mon régiment, qui cependant n'en étaient pas à leurs débuts, atteints eux aussi par la fièvre de Madagascar.

Dorénavant, nous n'avancerons plus que très lentement à cause des grandes difficultés des travaux de route. Le 25, nous allâmes camper sur un emplacement rempli de cailloux, que nous appelâmes « camp de la Légion ». Aussitôt le camp installé, les travaux de route reprenaient. A partir de Tsarasaotra, de chaque étape, je suis retourné en arrière, soit pour chercher des vivres, soit avec d'autres missions que le colonel me confiait. J'ai souvent eu l'occasion de voir les conducteurs kabyles à l'œuvre, et chaque fois je me suis dit que ceux qui les avaient recrutés ne les connaissaient certainement pas. Ils ne marchaient que menacés du revolver; leur excessive mauvaise volonté, leurs exigences, leur négligence inqualifiable en toute chose éclataient trop aux yeux. J'avais pitié des pauvres mulets qu'ils conduisaient, ces mulets qu'on avait choisis parmi les plus beaux de l'Algérie et qu'on avait payés fort cher. La première chose que j'ai constatée, c'était l'absence de tous soins. Les mêmes bêtes magnifiques qu'à Majunga, au mois d'avril, le colonel Bailloud défendait aux Européens de frapper, de surcharger ou de maltraiter, sous quelque prétexte que ce fût, n'étaient quelques mois plus tard, entre les mains de ces cruels Kabyles, que l'ombre d'elles-mêmes. C'est avec des coups de pied, d'épingle et même avec des coups de couteau, qu'ils les faisaient marcher.

Les mois de juillet et d'août se passèrent aux travaux de route. Un chemin praticable aux voitures, long de 250 kilomètres environ, reliait déjà Majunga au Beritzoka. A partir du « camp de la Légion » la 2ᵉ brigade marcha en avant, et c'était bien son tour. Quand elle passa devant nous, nous lui criâmes de tous nos poumons : « Bonne chance, gare à la ceinture! » Mais les marsouins riaient de bon cœur. Ils semblaient très satisfaits de se trouver en avant; quant aux tirailleurs malgaches, ils ne semblaient pas enthousiastes.

Cette brigade attaqua, le 21 août, les Hovas à Andriba, où, d'après les renseignements fournis par les prisonniers, l'ennemi devait occuper plusieurs ouvrages armés d'artillerie. La brigade s'avança en deux colonnes suivies d'une réserve prise dans notre brigade. L'avant-garde fut accueillie par une fusillade assez vive, mais peu prolongée; elle avança sans tirer, enleva le village d'un bond et poussa à 3 kilomètres plus loin, jusqu'à l'endroit où elle est venue ensuite bivouaquer. Cet engagement nous coûta un tirailleur malgache tué et un blessé. Le lendemain, une démonstration fut faite vers l'extrême pointe des ouvrages, et l'on constata que les Hovas s'étaient complètement retirés, après avoir contraint tous les habitants à abandonner leurs maisons et à incendier Andriba. Cependant ils n'avaient pas détruit les silos, où nous trouvâmes une quantité considérable de riz qui rendit grand service à la colonne légère. Dès que la route fut terminée, tous les échelons se portèrent vers Mangasoavina, à 5 kilomètres d'Andriba, en vue de la constitution et de l'approvisionnement de la colonne légère qu'on allait former pour marcher rapiment sur Tananarive et y porter le coup décisif.

Quand la colonne légère pénétra en Emyrne, le général en chef lança un ordre du jour dans lequel il rappelait les hommes au respect absolu des personnes et des propriétés, menaçant de déférer au conseil de guerre tout acte de pillage. Il ajoutait : « Contrairement aux allégations de certains de nos adversaires, vous vous montrerez aussi disciplinés et aussi respectueux du bien d'autrui que vous vous êtes montrés braves contre l'ennemi et énergiques contre les privations, les fatigues et les maladies. » Et maintenant, en ce qui concerne les évolutions de la colonne légère, je pense qu'il vaut mieux laisser parler le général en chef lui-même. Le lecteur n'en sera que mieux renseigné. Car je suppose qu'il n'ignore pas la réponse courte et typique de ce soldat, qui, ayant combattu au Mexique, et revenu dans ses foyers, disait à sa mère : « L'ennemi s'est avancé, mais je n'ai rien vu. » Et c'est vrai. Le soldat en campagne n'est souvent qu'une simple machine que les chefs font mouvoir. Il ne sait généralement rien de ce qui se passe, même dans ses environs immédiats. Il tire et marche droit devant lui, suivant le mouvement sans s'en rendre aucun compte, tout en écoutant et en exécutant les ordres de ses chefs, qu'assez souvent il ne voit même pas. Aussi, je me rappelle l'effort qu'il m'a fallu faire pour noter sur mon carnet, pendant toutes mes campagnes, les événements de chaque journée, en profitant soit d'une pause, soit d'une grande halte; il fallait faire cela le jour même et avant la nuit, car le soir on manque de lumière, et le lendemain on a déjà oublié.

Voici les principales dispositions des ordres généraux en ce qui concerne la prise des monts Ambohimenas par la colonne légère. Bien entendu, je ne cite ici que ce qui concerne directement les mouvements et les engagements.

« La colonne de droite, commandée par le général Voyron, suivra le chemin de l'ouest; sa mission est de tourner les ouvrages construits par l'ennemi sur les deux autres chemins. La colonne de gauche, commandée par le général Metzinger, attaquera les ouvrages établis sur les chemins du centre et de l'est; les deux colonnes doivent faire leur jonction à la cote 1462. Tout gaspillage de munitions doit être évité avec le plus grand soin; l'infanterie n'agira que par feux de salve; l'artillerie ne tirera que sur des objectifs bien déterminés et situés à portée efficace. » Ceci concerne la journée du 19 septembre. Pour la journée du 25, l'ordre indique que les deux colonnes ayant opéré leur jonction continueront la marche sur Tananarive en une seule colonne sous le commandement direct du général en chef.

Le 25 au matin, l'ennemi s'est replié devant les reconnaissances effectuées par la 2ᵉ brigade. Le 26, il s'est arrêté à Sabosty, y a laissé une forte arrière-garde et a continué son mouvement de retraite. En résumé, les journées du 25 au 30 se sont passées en marches et reconnaissances. Le 30, la colonne se portait sur Tananarive en deux échelons : le premier échelon commandé par le général Metzinger et le deuxième par le général en chef. L'opération s'est déroulée en deux phases; la première consista à s'emparer de la ligne de crêtes qui s'étend de l'Observatoire d'Ambohidempona dans la direction du nord; la seconde, dans le bombardement et l'enlèvement de vive force de la capitale. Aussitôt que nous fûmes maîtres de l'Observatoire, et pendant que le bataillon malgache amusait l'ennemi, toute la ligne de crêtes, qui constituait la position de défense extérieure de Tananarive, tomba en notre pouvoir. Il ne restait plus qu'un effort à faire : enlever la ville.

A deux heures, l'artillerie commença à tirer à mélinite; en même temps six colonnes d'assaut munies de pétards abordaient Tananarive au nord et, à l'est, vers le palais de la reine et celui du premier ministre; l'artillerie appuyait l'assaut. A deux heures cinquante-cinq, le bombardement était général et nos obus écrasaient l'artillerie hova établie sur la terrasse du palais de la reine; à trois heures trente, le pavillon blanc fut hissé sur le palais et on amenait celui de Ranavalo. Un parlementaire se présenta devant nos lignes, précédé d'un immense drapeau blanc. Mais le général ne jugea pas le personnage assez qualifié; néanmoins, il lui accorda quarante-cinq minutes pour aller chercher d'autres émissaires plus sérieux, ajoutant que, de gré ou de force, il occuperait la ville le soir même. Le fils du premier ministre vint alors, accompagné du ministre des affaires étrangères. Ils apportaient au général l'assurance que les troupes pouvaient entrer dans la place sans craindre aucune résistance et la déclaration du gouvernement que les hostilités ne seraient pas reprises.

Aussitôt, le général Metzinger, désigné comme gouverneur militaire de Tananarive, entra en ville avec quatre bataillons, une batterie et deux compagnies du génie. Le général en chef resta avec les troupes du général Voyron sur les crêtes, prêt à faire brûler la capitale, si le général Metzinger se heurtait à quelque surprise. Le lendemain, 1er octobre, il fit son entrée officielle, accompagné de l'état-major. Il s'installa à l'hôtel de la Résidence générale, où le drapeau tricolore fut hissé avec les honneurs réglementaires. A trois heures de l'après-midi, le traité de paix était signé. Il fut ratifié, à huit heures du soir, par la reine Ranavalo.

Le succès final nous coûtait quatre officiers blessés, dix hommes tués, cinquante-deux hommes blessés et douze disparus. Il avait été consommé 81 000 cartouches et 362 projectiles d'artillerie. A Tananarive, 74 canons ou mitrailleuses et une énorme quantité de munitions tombèrent en notre pouvoir. Le 10 octobre, le général fit connaître aux troupes par la voie de l'ordre le câblogramme suivant qui venait de lui être adressé par le gouvernement : « La France entière et le gouvernement de la République vous adressent leurs félicitations. Vos admirables troupes ont bien mérité de la Patrie. La France vous remercie, général, du service que vous venez de rendre et du grand exemple que vous avez donné. Vous avez prouvé une fois de plus qu'il n'est pas d'obstacles ni de périls dont on ne vienne à bout avec du courage, de la méthode et du sang-froid. Le gouvernement propose la création d'une médaille de Madagascar qui sera donnée à toutes vos troupes. »

Communication nous fut également faite de l'allocution suivante prononcée par le Président de la Chambre des députés :

« Messieurs et chers collègues, notre première pensée à tous, en reprenant nos travaux, sera pour ces fils héroïques de la Patrie qui viennent de porter sur une terre lointaine le drapeau de la France. Jamais, mieux que durant cette campagne, nous n'avons senti combien les lois de la République ont fait indivisibles l'armée et la nation. Notre race y a déployé de robustes vertus. Par leur endurance obstinée en face de maux inattendus, par leur volonté de marcher et de vaincre, nos troupes ont fait voir, une fois de plus, qu'à la guerre la flamme intérieure de l'homme et la discipline réfléchie peuvent triompher de tout. Représentants de la nation, nous nous inclinons avec un pieux respect devant la tombe de ceux de nos enfants qui sont morts pour la Patrie; nous saluons avec reconnaissance ceux qui font définitivement flotter les trois couleurs sur la grande Ile. Ils se sont montrés à la hauteur de tous les sacrifices, de toutes les difficultés, de toutes les espérances. »

Après la prise de la ville, trois bataillons furent cantonnés dans l'intérieur. Les autres troupes bivouaquèrent dans la banlieue.

Il se passa également après la prise de Tananarive un fait que je tiens à mentionner. L'amiral Bienaimé n'était pas prévenu de la cessation des hostilités. Il était en rade de Tamatave, délégué du général en chef. Dans la nuit du 5 au 6 octobre, c'est-à-dire cinq jours après la signature de la paix, il envoya une colonne forte environ d'un bataillon et une batterie d'artillerie à l'attaque de Farafatra, où les Hovas avaient leur principal point d'appui. On s'en empara par surprise, et on s'y établit de façon à pouvoir repousser les contre-attaques que tenterait l'ennemi. Sur ces entrefaites, l'amiral fut prévenu de la signature de la paix et fit immédiatement cesser les hostilités.

Enfin, on commença à reprendre la route de Majunga en vue de rapatriement. Pendant ce trajet, surtout entre Suberbieville et Ankaboka, j'ai vécu des scènes lugubres qui emplissent encore mes pensées d'amertume et de tristesse. Ce fut d'abord le long de la route, dans les ravins, avant Suberbieville, des mulets qui avaient roulé avec leurs voitures. Beaucoup étaient déjà décomposés et empestaient littéralement les environs. Tout cela était entièrement la faute des conducteurs kabyles. La route avait 3 mètres de large et la voiture Lefebvre 1 m. 50 entre les roues. Le mulet, déjà très affaibli, par suite du traitement barbare qu'il subissait, s'arrêtait de temps en temps pour respirer, car la piste était mauvaise et la montée dure. Le conducteur kabyle ne s'occupait pas de sa voiture et marchait le plus souvent à une distance assez grande en avant; alors, quand le mulet par trop fatigué s'arrêtait en pleine montée, la voiture reculait et allait rouler dans le ravin, entraînant avec elle l'animal et le chargement. Et il y en avait de ces voitures dans les ravins, et des vivres dispersés le long de la route! C'était un spectacle navrant. On s'est toujours demandé à l'avant ce qui pouvait advenir de nos vivres qui n'arrivaient jamais. Voilà l'énigme éclaircie. Par la faute de ces maudits conducteurs kabyles, les ravins ont englouti une bonne partie de nos rations, pendant que nous mourions presque de faim.

Pendant ce retour de la colonne, j'en ai vu de belles! J'ai marché avec un vieux soldat de l'infanterie de marine. Il sortait d'une ambulance où, me disait-il, son lieutenant s'était présenté un jour avec une couronne mortuaire qu'il lui destinait, tellement on avait l'habitude de voir mourir ceux qui franchissaient le seuil d'une ambulance.

Les conducteurs kabyles se livraient clandestinement à un commerce honteux au détriment de nos soldats. Ils se faisaient envoyer de Majunga, par les Arabes qui s'y étaient installés pour vendre du *caoudji*, des paquets de tabac et des cigarettes qui leur coûtaient deux sous le paquet, prix d'Algérie, et qu'ils revendaient aux soldats en route au prix de 10 à 15 francs le paquet. Il en était de même pour le savon et j'ai payé moi-même 10 francs un morceau qui pesait environ une livre. Je fus témoin d'un spectacle navran" à l'hôpital d'évacuation d'Ankaboka. Il me faudrait la plume d'un grand écrivain pour décrire les scènes terrifiantes que j'ai vues de mes yeux. Cet hôpital se composait de plusieurs grandes tentes et d'un grand nombre de petites, ainsi que de tentes-marabouts. Ces petites tentes et les marabouts étaient placés en dehors de l'enceinte de l'hôpital. C'est là qu'ont eu lieu ces scènes auxquelles il m'est impossible de donner un nom. Le matin, j'allais faire mes ablutions au fleuve, muni de mon précieux morceau de savon à 10 francs la livre; mon mouchoir presque en loques me servait de serviette. J'entendais des gémissements étouffés, sourds et lamentables. Ils venaient de l'intérieur des petites tentes. Je m'approchais, et je voyais des soldats pâles et blêmes allongés par terre, les uns agités par un pressentiment d'épouvante et criant; les autres, gardant un silence résigné qui déchirait le cœur. Je voyais l'aumônier sortir d'une petite tente et entrer dans une autre; il essuyait furtivement une larme avec le revers de sa soutane. — Vois-tu, me dit un Parisien du 200ᵉ presque mourant, ce pauvre curé nous délivre nos billets de passeport. Mais, ce qui me console, c'est qu'il a écrit là-bas; les vieux sauront ce qu'il en est.

Je regardais un artilleur qui venait de recevoir les derniers sacrements; l'énergie était peinte sur sa physionomie; il sursauta à plusieurs reprises, comme s'il voulait se défendre contre la mort. Ensuite j'allai dans les grandes tentes. L'accès en était interdit, mais j'étais accompagné d'un légionnaire infirmier et personne ne m'arrêta. — Vois-tu cette tente, me dit le légionnaire, en m'en désignant une qui extérieurement ne différait pas des autres? Tous ceux qui entrent là ne sortent que pour être portés au cimetière, et il en entre un nombre respectable tous les jours. — A combien estimes-tu le nombre de décès par jour dans cet hôpital? lui demandai-je. — De vingt à trente, me répondit-il. Je fis mon lugubre calcul en prenant la moyenne de vingt-cinq morts par jour; cela représente en deux mois quinze cents morts, et pour cet hôpital seulement.

A Majunga, le nombre des décès par jour était encore supérieur, m'assurait-on. Je me hasardai à jeter un coup d'œil dans l'intérieur de la tente où les malades étaient destinés à prendre à bref délai le chemin du cimetière, et j'aperçus une sœur qui soignait une statue de glace. C'est le seul nom que je trouvais à donner au malheureux qu'elle cherchait en vain à ranimer. Depuis que je les ai vues à l'œuvre, je salue les sœurs que je rencontre, car dans toutes mes campagnes elles ont montré à mes yeux ce qu'il y a de plus noble chez la femme, le dévouement et la pitié.

Je me rendis ensuite au cimetière qui se trouvait derrière l'hôpital. Quand j'y étais passé, au mois de mai, je n'y avais vu que quelques tombes; mais six mois après, on en comptait déjà près de quinze cents. Cela m'a semblé tout de même effrayant. Je suivis deux officiers qui visitaient ce champ du repos et j'entendis distinctement l'un dire à l'autre : — La mort de tous ces braves n'a pas été annoncée dans les rubriques spéciales des journaux. — Non, répondit l'autre, c'est bon pour les gens fortunés ou pour d'autres qui, dans leurs écrits ou leurs discours, ont toujours... sauvé la France. — C'est ici, disait le premier, qu'il faudrait conduire tous ces bavards, qui haranguent la foule en lui parlant de leur dévouement à l'intérêt général, mais qui ne songent qu'à leur intérêt personnel; ceux qui regardent les soldats d'un air de mépris, et l'appellent l'homme à un sou par jour; il faudrait y amener aussi les fonctionnaires coloniaux, souvent si dédaigneux et arrogants à l'égard des soldats qui, cependant, se font tuer, soit par les balles, soit par le climat et les fatigues de la campagne, pour leur procurer des emplois de rentiers. Car, à de rares exceptions près, ceux qui ont risqué leur vie pour conquérir une colonie, n'y sont jamais employés qu'à des travaux dont les autres ne veulent pas.

Je me faisais toutes ces réflexions, mais je me disais que, quand même, le sort du soldat est glorieux, et je répétais ces vers du poète :

> Ainsi quand de tels morts sont couchés dans la tombe,
> En vain l'oubli, nuit sombre, où va tout ce qui tombe,
> Passe sur leur sépulcre où nous nous inclinons;
> Chaque jour, pour eux seuls, se levant plus fidèle,
>   La gloire, aube toujours nouvelle,
> Fait luire leur mémoire et redore leurs noms.

A Majunga, un bateau nous attendait pour nous ramener à Oran. En ville, la horde des mercantis au visage équivoque avait augmenté depuis six mois. Ce sont, pour la plupart, des gens qui, sous prétexte de faire du commerce, cherchent par des moyens détournés, de préférence avec l'aide de soldats qui ne se doutent nullement du rôle que ces chenapans leur font jouer, à s'emparer des objets de valeur appartenant aux indigènes, principalement dans les maisons abandonnées.

J'ai rencontré ainsi un mulâtre que j'avais déjà vu pendant la campagne du Dahomey et qui se faisait appeler le « beau Jules ». La civilisation n'avait plus rien à apprendre à ce personnage qui, à Paris, ferait figure dans le vagabondage spécial.

Je voulus savoir ce que cet individu venait chercher dans nos expéditions coloniales et, le rencontrant un matin, je le saluai d'un « bonjour, monsieur Jules », auquel il répondit : « Salut, Martin, comment va? » Et comme je lui disais que je ne m'appelais pas Martin, il me répondit, tout en me tapant sur l'épaule, que cela n'avait pas d'importance. — Le principal, disait-il, c'est que nous nous connaissons. — Oui, lui dis-je ; au Dahomey, vous m'avez plusieurs fois vendu des conserves pourries ; mais que faites-vous ici ? — Ici, c'est différent, répond-il. A propos, si nous allions boire une bouteille de champagne ? — Là-dessus il me mena chez un Grec où je bus, non pas du champagne, mais une abominable mixture qui moussait légèrement. Et le mulâtre civilisé entama aussitôt une conversation, dans laquelle il vantait le courage et la résistance des soldats français. Seulement, sa voix sonnait faux ; on y sentait l'arrière-pensée sous le masque de la flatterie. Il sauta ensuite à un autre sujet, disant que si cela me plaisait, il me conduirait dans un endroit où le beau sexe ne me laisserait pas le temps de m'ennuyer. Enfin, s'approchant plus près de moi, il me demanda à voix basse, si je ne pouvais lui indiquer des maisons inhabitées et au besoin l'y accompagner. — Bah ! concluait-il, c'est la guerre, et ce sont ces sauvages qui l'ont désirée.

Du coup, je regardai fixement mon homme, et je lui dis : — Venez avec moi, nous en parlerons. — J'avais mon plan. Nous sortîmes de cette misérable boutique et je me dirigeai du côté de la ville où se trouvait le poste de gendarmerie. — Où allons-nous ? me demanda-t-il. — Je vais chercher un camarade qui nous aidera, lui répondis-je. Et, en arrivant devant une petite maison où plusieurs gendarmes causaient devant la porte, j'empoignai le bonhomme par le cou et l'entraînai vigoureusement dans une pièce où ces gendarmes, survivants de la campagne, avaient établi leur caserne provisoire.

Ceux-ci, sans savoir de quoi il s'agissait, s'emparèrent du mulâtre, qui de noir était devenu verdâtre et qui protestait en criant très fort qu'il était un honorable commerçant. En peu de mots, j'expliquai au brigadier le motif de l'arrestation et j'ajoutai que le personnage devait sûrement être affilié à une bande. — C'est bien, dit le brigadier, vous pouvez *disposer*.

L'hôpital de Majunga peuplait le cimetière plus encore que celui d'Ankaboka. C'était un spectacle désolant de voir, du matin au soir, des voitures chargées chacune de plusieurs cercueils faire le funèbre trajet. Les rares passants ne les regardaient même plus, tellement ils semblaient habitués à ces lamentables convois. C'est ainsi que les pertes du corps expéditionnaire de Madagascar (statistique officielle) ont été, sur un effectif de 15 500 hommes, de 5 756 morts. A cela, il faut ajouter le nombre considérable des hommes décédés pendant la traversée, dans les hôpitaux de France et en convalescence. On arriverait ainsi à un chiffre qui dépasserait certainement la moitié de l'effectif, c'est-à-dire un homme sur deux.

Lorsque je quittai le sol de Madagascar, la campagne avait pris fin, le gouvernement de la reine avait accepté le protectorat de la France avec toutes ses conséquences, mais les difficultés étaient loin d'être arrivées à leur terme.

Le général Duchesne resta quatre mois à Tananarive avec les pleins pouvoirs civils et militaires. Puis, on crut en France que le moment était venu de remplacer le régime militaire par l'administration civile et M. Laroche fut envoyé dans la grande Ile avec le titre de Résident général. Les Hovas, rusés et retors comme les Orientaux dont ils descendent, comprirent immédiatement le parti qu'ils pouvaient tirer de la faute énorme que nous venions de commettre. Trois mois plus tard, nous avions sur les bras une insurrection formidable; le pays était de nouveau à feu et à sang et partout les massacres d'Européens reprenaient de plus belle.

Le gouvernement reconnut alors franchement son erreur; il rappela M. Laroche et confia au général

Gallieni la difficile mission de remettre tout en ordre, de faire rentrer les insurgés dans le devoir et de réaliser enfin le but qu'on s'était proposé : faire de Madagascar une colonie française.

Je n'ai pas eu la bonne fortune de prendre part aux nombreuses opérations militaires qui se sont déroulées à Madagascar à partir de 1896, non plus qu'à l'œuvre magistrale d'organisation que le général Gallieni a poursuivie pendant neuf années en pays malgache et qu'il a définitivement menée à bien en aplanissant toutes les difficultés, en surmontant tous les obstacles.

En abordant un pareil sujet, je ne pourrais que répéter ce que d'autres, beaucoup plus autorisés, ont déjà dit. Mais qu'il me soit permis, avant de terminer ce chapitre, de joindre mon modeste témoignage d'admiration et de respect à tous ceux qui, en France et ailleurs, entourent le pacificateur de Madagascar.

Je crois devoir enfin faire remarquer que c'est l'armée, cette même armée qu'un parti heureusement peu nombreux et peu estimé en France regarde avec dédain, qui, après avoir combattu, souffert et vaincu, a procédé à la première organisation, toujours la plus compliquée, de la nouvelle colonie, et cela, sans discours, sans tapage et sans vantardise.

On nous embarqua sur un navire de la *Compagnie Nationale* où nous fûmes, malgré notre état d'affaiblissement, fort mal traités. Notre nourriture se composait de lard salé ou de viande de conserve, avec de la morue ou des sardines, et quelquefois du gruyère. Plus de la moitié des hommes ne pouvaient supporter ce régime, ayant l'estomac trop délabré. On adressait des plaintes collectives et journalières au commandant du navire. Nos officiers prenaient notre défense et lui expliquaient que nous n'étions pas en état de digérer une pareille nourriture. Sa réponse était typique ou plutôt... cynique : « S'ils n'en veulent pas, ils n'ont qu'à la laisser. » Et c'est ce qu'on faisait le plus souvent. C'est ainsi que cette compagnie, qui s'est donné le titre pompeux de *Nationale,* traitait les soldats français, se fiant à ce que la France ignorait de tels procédés. Car il est certain que si ces abus s'étaient ébruités, le capitaine aurait eu, comme on dit, une mauvaise presse. D'ailleurs, sur tous les navires de cette compagnie, les soldats ont été logés à la même enseigne. Les officiers, comme l'équipage, ne leur parlaient que sur un ton de mépris, et plus d'une fois, au cours de la traversée, j'ai assisté à des batailles entre les soldats et les matelots. Tout cela n'était pas gai, mais ce qui l'était moins encore, c'est que, presque tous les jours, on jetait à la mer des camarades qui, au départ de Majunga, avaient encore eu la force de crier : Vive la France! Ils avaient cru, les infortunés, en mettant les pieds sur le navire, être déjà sur le sol natal. Mais le destin n'en a pas eu pitié et leurs pauvres yeux se sont fermés avant d'avoir revu les vieux parents et la promise aux doux regards.

A Port-Saïd, un navire de guerre nous attendait pour nous donner des manteaux de cavalerie et des vestes et pantalons de toutes armes. Nous étions drôlement nippés mais, si bizarre qu'il nous parût, cet accoutrement nous protégea cependant du froid.

Avant de débarquer à Oran, nous fîmes escale à Mostaganem, pour y laisser quelques malades. Le colonel du 2e régiment de tirailleurs algériens était là et nous dit avec une simplicité touchante : « Légionnaires, au nom de mon régiment, je vous apporte un fraternel salut; demain à Oran le peuple algérien vous montrera toute la joie que lui cause votre heureux retour. » Le lendemain, nous débarquions à Oran au son de la musique. Les généraux embrassèrent les officiers. Puis, lorsque les hommes furent rassemblés à terre, un cri sortit de toutes les poitrines, s'adressant à notre... galère et à son personnel : Adieu, sale bateau!

On nous encadra dans un cortège que précédaient plusieurs sociétés en tenue avec musiques et étendards. La décoration de la ville et la joie populaire sur notre passage dépassaient toute imagination. Je ne vis pas une seule maison sans fleurs ou sans drapeaux. Des oranges, des cigares pleuvaient sur nous, tombant des fenêtres et lancés avec des sourires par de jolies mains de femmes, aux cris mille fois répétés de : Vive la Légion! Sur la place de la République, où un arc de triomphe était dressé, nous traversons une véritable fourmilière humaine, et de là jusqu'à la caserne des zouaves, ce ne sont que guirlandes de verdure et mâts surmontés d'oriflammes. Le soir, on pouvait voir dans les cafés les officiers de la garnison d'Oran choquer leurs verres contre ceux des légionnaires. La population civile s'en mêla; dans plusieurs grands hôtels et cafés, le champagne, et cette fois du vrai, coulait à flots. On nous portait en triomphe; on composait des chansons en notre honneur. Dans les cafés-concerts, à l'entrée d'un légionnaire, la musique jouait la *Marseillaise*. C'était la fête d'une ville véritablement patriote, sans réticence, une fête comme je n'en ai plus revu depuis.

Le lendemain, nous partions pour rejoindre le régiment. Le colonel, le drapeau déployé et tous les hommes disponibles nous attendaient à la gare. Après le discours du maire, le colonel de Villebois-Mareuil (1),

(1) Le colonel de Villebois-Mareuil, ainsi que sa charmante fille que les légionnaires surnommaient « la Mignonnette », étaient très aimés et profondément respectés par les soldats et la population civile. Ils le méritaient bien l'un et l'autre. Le colonel possédait de hautes vertus militaires; brave, loyal, sévère, mais juste, il était, dans toute la force du mot, un soldat accompli et cachait un cœur d'or sous son masque de sévérité; le bien-être du soldat était son constant souci. La France a perdu en lui un serviteur d'élite, d'une grande élévation de caractère et d'une valeur militaire reconnue par tous.

Sa fille était d'une simplicité touchante. Très charitable, et franche comme son père, elle assistait parfois à côté du colonel aux petites fêtes du régiment qui étaient toujours organisées au profit des malades. Elle y servait elle-même, de ses petites mains blanches et fines, quelques friandises aux soldats. D'autres fois, le même qui, plus tard, devait trouver la mort au Transvaal en soutenant le faible contre le fort, nous souhaita la bienvenue par ce discours qui fit couler des larmes et courir des frissons.

« Mes chers camarades,

« Je ne vous retiendrai pas longtemps. Aucune parole n'aurait l'éloquence de ces manifestations enthousiastes qui vous attendent, de la sympathie admirative de cette population ardemment française, qui va vous acclamer, et tend déjà vers vous ses mains amies. Déjà vous avez senti battre le cœur du peuple algérien en touchant terre à Oran. Ici, vous revenez au foyer de notre chère Légion. C'est presque une émotion plus intime, l'émotion d'une fête de famille qui va vous saisir. Jouissez-en, vous l'avez bien gagné. Laissez-moi seulement, avant toute chose, éclairer votre reconnaissance sur l'unanimité de générosité du conseil municipal de cette ville, qui a bien voulu mettre entre nos mains des ressources importantes pour améliorer le traitement de vos convalescences et les hâter vers la guérison. Vous retrouverez ici cette admirable Société des Dames de France qui vous avait suivis à Madagascar comme au Dahomey, comme elle vous suivra partout où il y aura œuvre utile pour le pays. Inclinons-nous devant la tendresse sublime de ce dévouement et les délicatesses exquises de cette prévoyance, toujours en éveil. Saluons, dans toute l'émotion de notre cœur, les Femmes de France.

« Et maintenant, chers et héroïques débris de ce qui fut la Légion à Madagascar, vous qui m'êtes revenus, laissez-moi vous remercier, au nom de notre immortel drapeau, d'avoir rajeuni sa gloire au lustre impéris-

---

elle visitait les hommes malades à l'hôpital et leur apportait toutes sortes de bonnes choses. Elle les encourageait par de douces paroles : c'était l'ange vivant du régiment.

sable de vos souffrances. Laissez-moi aussi remercier les autres, qui se sont couchés sur la terre de Madagascar en la faisant française par le don de leur vie, luttant contre un ennemi incapable de vous affronter aux heures hardies des grandes journées, mais défendu par les pestilences des fièvres de son sol, l'impénétrabilité de ses bois et de son sauvage domaine. Vous vous êtes dressés dans votre romaine persévérance et dans votre haute énergie; vous avez disputé le succès jusqu'à la tombe, et enfin la victoire a pris sur son aile les forts d'entre les forts, pour les jeter au terme triomphal. Il m'appartient d'énoncer cette gloire, ici, le premier de tous, puisque vous êtes les miens, que je vous recouvre avec une indicible fierté, et que je vous présente à l'admiration de tout le régiment, dont l'âme se hisserait au niveau de la vôtre si on lui montrait les mêmes impitoyables étapes à gravir. Vive la France! Vive l'armée! Vive la Légion! »

Et la foule cria à son tour : Vive la Légion!

Pendant toute la durée de notre convalescence, nous fûmes traités comme des enfants gâtés. On nous laissait le soin de dicter le menu. Des promenades hors de la ville étaient organisées avec déjeuners sur l'herbe; les familles fortunées nous envoyaient très souvent de bons morceaux auxquels on faisait honneur. Mais la mortalité ne cessait, plus de deux mois après notre débarquement, de sévir sur nous et c'était toujours la même maladie, la fièvre bilieuse hématurique qui faisait le plus de victimes. Tel que je voyais le matin se promener dans la cour de la caserne et causer gaiement était, le soir, passé de vie à trépas. On n'y pouvait croire, mais, le lendemain, il fallait bien se rendre à l'évidence, en voyant des couronnes mortuaires arriver. Il nous était défendu d'assister aux enterrements, par ordre du médecin en chef de la garnison.

Ma convalescence terminée, j'avais adressé une demande de rengagement pour l'infanterie de marine, à Toulon, ayant déjà obtenu mon décret de naturalisation après la campagne du Dahomey. Lorsque je me présentai au colonel en quittant son beau régiment où j'avais retrouvé une seconde famille, il me tendit la main. — Je vous souhaite bonne chance, me dit-il, et je vous demande de ne pas oublier la Légion. — Non, répondis-je, j'en garderai toujours le souvenir; j'y ai vu trop de belles choses, trop de beaux exemples, pour que les années que j'y ai passées ne restent pas les meilleures de ma vie.

Le soir, au moment de prendre le chemin de fer pour Oran, je serrai pour la dernière fois la main des camarades et, malgré ma ferme volonté de me maîtriser, j'eus une véritable crise de larmes. J'avais la sensation d'un enfant abandonné par les siens et je ne me repris que sur le bateau qui m'emportait vers Marseille.

En arrivant au 4ᵉ d'infanterie de marine à Toulon, j'y trouvai un ancien camarade, légionnaire et combattant du Dahomey, nommé Béranger. Il n'était que depuis un mois à Toulon. — Et déjà, me disait-il, je partirais de bon cœur pour n'y plus revenir.

J'en arrivai bientôt à penser comme lui. La vie de caserne me déplaisait. Je n'étais décidément pas fait pour le train-train monotone de garnison et je préférais cent fois une existence faite de misères, de souffrances, de dangers, au milieu desquels l'homme peut agir et se dévouer. Je commençais à m'ennuyer mortellement, lorsque mon commandant de compagnie, le lieutenant Mouret, soit qu'il s'en fût aperçu, soit simple hasard, m'envoya pour un mois garder les convalescents dans une île près de Toulon. J'y fus logé dans un bâtiment en pierre, sur les murs duquel on pouvait encore lire les noms que les soldats de Napoléon Iᵉʳ s'amusaient à y graver. Le séjour dans cette île me plut beaucoup; il me profita aussi, car, lorsque je revins à Toulon, tous les camarades me firent compliment sur ma prestance et ma bonne mine.

Nous allâmes ensuite aux manœuvres dans la Charente. C'est au cours de ces manœuvres que j'appris à connaître le lieutenant Mouret, plus tard chef de bataillon adjoint au général Famin au ministère de la guerre. Cet officier s'était déjà distingué comme sous-lieutenant au Dahomey par son esprit d'initiative, son intelligence et son courage. Sa physionomie avait une expression si sympathique, si franchement loyale et paternelle, que les soldats de la compagnie lui confiaient souvent leurs affaires de famille. Il s'y intéressait, les conseillait, et correspondait avec leurs parents. Au régiment, tous ceux qui servaient sous ses ordres étaient très enviés de leurs camarades. Par exemple, il exigeait la propreté, l'exécution immédiate des ordres et une franche camaraderie entre les hommes. Dans ses causeries il parlait souvent du dévouement réciproque, de l'honneur du soldat, de la satisfaction que procure le devoir accompli. Je me rappelle une de ses phrases au sujet du devoir : — Le secret témoignage qu'on se rend à soi-même est une de nos meilleures jouissances. — Et au sujet de la camaraderie : — La société serait une chose charmante si l'on s'intéressait les uns aux autres. — Tel était, dépeint en quelques mots, le premier chef sous les ordres duquel je fus placé dans l'infanterie de marine.

Au retour des manœuvres, j'eus l'avantage de connaître un autre chef de grande valeur, ancien officier d'ordonnance de l'amiral Besnard ministre de la marine et plus tard colonel au ministère de la guerre. C'était le capitaine Blondlat, auquel le lieutenant Mouret avait probablement parlé de moi. On le disait très riche ; je n'en sais rien, mais il était soldat avant tout, avec des goûts simples, un langage bon enfant et un esprit largement ouvert à tout ce qui est instructif et profitable. Il ne se gênait pas pour se promener avec moi au bord de la mer en me parlant de la campagne du Dahomey, de Madagascar et des soldats de la Légion, qui, disait-il, avaient rendu à la France d'incalculables services. Nous causions aussi des grandes manœuvres auxquelles j'avais assisté. — Dans toutes les opérations que j'ai suivies, disais-je au capitaine, je n'ai rien vu qui se rapprochât de la réalité, c'est-à-dire du service de guerre en campagne. — Et j'ajoutais que je me défiais énormément des éloges que les officiers étrangers qui assistent aux manœuvres font publiquement sur le compte de nos soldats; ils ne disent pas toujours leur pensée et je préférerais entendre d'eux une critique qui sonne vrai, que des éloges dictés surtout par la courtoisie.

Dans l'infanterie de marine comme à la Légion, il n'est pas rare de voir des officiers entamer conversation avec certains soldats, dans le but de connaître leurs dispositions d'esprit. Pour les officiers, c'est un enseignement instructif et nécessaire; quant aux soldats, il est bon aussi qu'ils aient de temps à autre quelque occasion de connaître la pensée de leurs chefs. C'est ainsi, par exemple, qu'au Dahomey, où j'accompagnais le commandant Drude, le même qui plus tard commanda comme général les troupes du Maroc, nous étions assis un jour dans un fossé, attendant le passage d'un détachement. Le commandant, profitant de ces quelques instants de loisir, me parlait, comme c'était son habitude, sur un ton familier. — Moi, disait-il, quand j'étais capitaine, mon plus grand souci était la nourriture de mes hommes; mon esprit en était tellement occupé que souvent j'en rêvais la nuit; aussi, dans ma compagnie n'ai-je jamais reçu de réclamations sur la nourriture. — Une autre fois, je fis partie d'une reconnaissance très pénible conduite par un officier que nous aurions suivi jusqu'au bout du monde, le capitaine Lecomte, de l'infanterie de marine. Comme je marchais à côté de lui, nous conversâmes longtemps, parlant principalement des chefs et des soldats. — Voyez-vous, me disait-il, le capitaine, qui marche à la tête de sa compagnie ou en arrière, ouvre souvent les oreilles aux conversations de ses soldats, non pour écouter leurs joyeux propos, mais pour discerner leur état d'esprit. Il cherche à lire sur leurs visages la gaieté ou le mécontentement. Le plus souvent, marchant encadré pendant les routes, il n'est pas maître de régler l'allure de sa compagnie et il ne peut rien pour soulager ses hommes. Mais à l'étape, il cherche, par tous les moyens, à réparer leurs forces et à leur éviter des fatigues inutiles. Il veille sur eux comme un berger sur ses moutons; il ne tolère pas qu'on les dérange inutilement; c'est une famille qu'on a confiée à sa garde, il tient à honneur qu'elle se fortifie et qu'elle prospère entre ses mains.

Voulant à toute force quitter Toulon, je réussis, sur ma demande et à mes frais, à permuter pour Rochefort où j'ai trouvé une population aimable et polie, toute différente de celle de Toulon. Le soldat y est partout bien accueilli et ces bonnes relations entre militaires et civils ont fait souvent contracter des mariages entre sous-officiers et jeunes filles de Rochefort. Quelque temps après, je fus désigné pour aller au bataillon de Paris, où j'ai trouvé le service particulièrement pénible et ennuyeux et la nourriture mauvaise. On fait beaucoup de tapage, surtout à Paris, au sujet de l'amélioration de la nourriture du soldat. Il n'est question que de plats variés, de cuisines dernier modèle et de cuisiniers costumés en chefs de grands restaurants. Les officiers qui font ce qu'ils peuvent avec les ressources de l'ordinaire ne s'y trompent pas et les vieux soldats non plus. Ils savent qu'il n'y a qu'un moyen pratique d'améliorer l'alimentation du soldat : c'est d'augmenter les allocations, surtout quand les denrées renchérissent. Tout le reste est de la poudre aux yeux, rien de plus.

A Paris cependant, dès que j'étais sorti de la caserne, j'avais la satisfaction de me trouver au milieu d'une population véritablement amie du soldat, qui le prouvait chaque fois qu'une occasion se présentait. Je me perdais assez souvent dans cette ville immense, que je trouvais vaste comme la mer, et chaque fois que ce petit accident m'arrivait, j'étais remis sur mon chemin par des personnes complaisantes qui s'empressaient à me rendre service.

Mais aussitôt rentré à la caserne, j'éprouvais l'impression d'être enfermé dans une forteresse; je trouvais la vie monotone et je me surprenais à regretter la brousse, avec ses fatigues et ses misères, mais aussi avec son indépendance et le charme attirant de ses espaces infinis.

Peu de temps après, je fus désigné pour aller au Tonkin. Nous quittâmes Paris un soir d'été par la gare de Lyon, nos casques coloniaux attachés sur les havresacs. Une foule sympathique nous accompagnait à la gare, et malgré les efforts des gradés qui étaient chargés de nous faire marcher en ordre, des personnes s'approchaient de nous et nous tendaient de petits paquets contenant des provisions, du tabac, des cigares, et quelques pièces de vingt sous. Avec cela les bons mots allaient leur train. C'est bien là le peuple de Paris; spirituel, blagueur même, mais bon comme pas un et toujours le cœur sur la main.

A Marseille nous embarquâmes sur un de ces piètres bateaux de la trop célèbre *Compagnie Nationale* qui nous transporta au Tonkin dans les mêmes conditions déplorables qu'à notre retour de Madagascar.

TONKIN

Je n'ai pas l'intention de faire ici une description géographique complète de cette colonie ; il faudrait pour cela tout un volume que je ne songe pas à écrire, d'abord parce que je n'ai pas la compétence voulue, ensuite parce que mon but est uniquement de raconter fidèlement ce que j'ai vu.

En parlant du Tonkin, je suis pourtant obligé de dire quelques mots de l'Indo-Chine française en général. Cette colonie, placée sous l'autorité d'un gouverneur général, se divise en cinq contrées ; le Laos, le Tonkin, l'Annam, la Cochinchine et le Cambodge. Sa superficie est de 680 000 kilomètres carrés. Elle est donc sensiblement plus vaste que la France. On trouve dans ses montagnes des gisements de houille, des minerais très nombreux : or, argent, cuivre, plomb, fer, étain, antimoine, cinabre, mercure ; des carrières de marbre, de jade ; enfin des dépôts de soufre, d'alun et de sel.

Le climat est, dans l'ensemble, chaud et humide. Au Tonkin, l'hiver est relativement froid.

La flore offre une grande variété : pin, maïs, riz, tabac, canne à sucre, oranger, citronnier, pastèque, racines et légumes divers. Elle comprend en outre les principaux arbres ou essences ci-après : bambou, rotin, cotonnier, arbre à thé, bois de fer, bois d'ébène, bois de rose, de santal, palmier à sucre, camphrier, poivrier, aréquier, bétel, badiane, manguier, vanillier, cannelier, goyavier, letchi, bananes, etc.

La faune comprend : tigres, panthères, éléphants, buffles, bœufs, chevaux (de petite taille), chats sauvages, ours noirs, cerfs, sangliers, porcs, lièvres, volailles, perdrix, cailles, faisans, poules sauvages, paons, cigognes et autres oiseaux; des singes; des légions d'insectes; des vers à soie; des abeilles; enfin des serpents, crocodiles, tortues et grenouilles. Le poisson abonde; il constitue une richesse pour la population.

Le Tonkin se divise en deux parties distinctes : la partie montagneuse et la partie plate et basse que l'on nomme Delta. Les montagnes sont couvertes de forêts difficilement pénétrables. Le Delta n'est autre chose qu'une plaine d'alluvions sillonnée par de nombreux cours d'eau. Le climat du Tonkin est très variable et les Annamites l'ont si bien reconnu qu'ils divisent l'année en vingt-quatre saisons. Les principaux fleuves sont le fleuve Rouge et le Thaï-Binh; les principales rivières sont : la rivière Claire et la rivière Noire.

La grande majorité de la population est annamite; les peuples voisins semblent avoir adopté les mœurs et le genre annamite, sauf que les Annamites sont polygames et que ceux qu'ils appellent les sauvages (les habitants de la montagne) ne le sont pas. Le docteur Harmand a même rencontré une femme régulièrement en puissance de deux maris. Les Annamites sont de petite taille, plutôt disgracieux. La couleur de leur peau varie du brun au ton de la vieille cire, avec des cheveux noirs, gros, raides, très longs, portés par les deux sexes et relevés en chignons. La barbe est rare chez les hommes. Pour les deux sexes, le costume est presque identique (un large pantalon et une tunique). Tout le monde marche pieds nus et mâche du bétel. L'Annamite a une véritable passion pour le jeu, les courses et le théâtre. Il joue jusqu'à ses vêtements, et quand il a tout perdu, il se met à mendier et au besoin à voler.

Le mari est le chef tout-puissant de la famille. La coutume indigène lui donne, dans beaucoup de cas, le droit de répudier sa femme ou même de la vendre.

Les Annamites professent un grand respect pour les vieillards. Leur religion est exclusivement le bouddhisme; peu fanatiques, mais profondément superstitieux, ils sont très attachés au culte des ancêtres. Le plus agréable cadeau qu'on puisse faire à un Annamite, c'est un riche cercueil qu'il conservera précieusement dans sa maison jusqu'à sa mort. Beaucoup de riches font préparer leur tombeau de leur vivant.

J'ai beaucoup vécu avec les Annamites en pleine brousse; je les ai observés et étudiés et je leur ai trouvé de grands défauts; ils sont immoraux; ils ont la passion du jeu et de l'opium, beaucoup de vanité et de fourberie; enfin, à la ruse orientale ils joignent un penchant très marqué au mensonge et au vol.

Dès notre débarquement à Haïphong, après une quarantaine de jours de voyage, on nous expédia par une chaloupe à vapeur à Hanoï. Cette chaloupe était une véritable cage humaine. Nous y étions entassés avec des Annamites qui ne cessaient de cracher le jus de leur bétel, avec des chevaux et des chiens, sans compter différentes marchandises, des bagages et du charbon. L'odeur était insupportable et nous fûmes obligés de rester comme cloués sur place pendant les dix-sept heures que dura ce voyage. En arrivant à Hanoï, nos jambes étaient tellement engourdies que les gradés qui nous attendaient pour nous conduire à la citadelle nous demandaient d'un ton moqueur si on ne nous avait pas distribué une paire de jambes en caoutchouc avant de partir de France. Parmi nous, se trouvait un brave garçon, nommé de Cuverville, dont je fis la connaissance et qui par ses manières simples, polies, et par sa grande amabilité, m'inspira de suite une réelle sympathie. Malheureusement, il fut emporté par la dysenterie quelques mois après son arrivée au Tonkin.

Mon premier souci à Hanoï fut d'apprendre la langue annamite. A cet effet, je suivis le cours qu'un résident de France professait tous les soirs. Dans le même but, je me mis en relations avec plusieurs indigènes catholiques, élevés par les missionnaires. J'étais admis dans plusieurs familles annamites avec une facilité qui m'étonna un peu au début, mais qui, quelque temps après, me laissa voir nettement la spéculation. On m'engagea bientôt à amener des camarades ayant du goût pour l'opium. Ce n'était, disait-on, que deux sous la pipe. Je promis tout ce qu'on voulut, mais je me gardai bien de favoriser un tel commerce.

Que dirai-je de la ville de Hanoï? On y a dépensé énormément de millions pour lui donner un peu d'agrément. Dans tous les pays tropicaux que j'ai traversés, français ou étrangers, et aussi en France, j'ai souvent entendu vanter le système anglais aux colonies; en réalité, toutes les villes coloniales que j'ai eu l'occasion de visiter se ressemblent; c'est-à-dire que, partout, on choisit un emplacement propice, on le nettoie, on y fait quelques jolies constructions à la mode occidentale et on lui donne le nom de quartier européen. Le reste de la ville, c'est-à-dire la plus grande partie, est abandonné aux soins des indigènes; et ces soins sont tels que le choléra et la peste y établissent souvent leur quartier général.

Quelques mois après, j'étais désigné pour accompagner une mission topographique du côté de Lang-Son en passant par Phu-Lang-Tuong, petite ville bénie qui reçoit presque régulièrement tous les ans la visite du choléra. De là, le chemin de fer nous transporta à Lang-Son, après un parcours de 100 kilomètres en six heures. Cette première voie ferrée du Tonkin, d'une difficulté d'exécution inimaginable, est l'œuvre exclusive des militaires sous la direction du colonel Gallieni, plus tard pacificateur et gouverneur général de Madagascar. Le souvenir du colonel Gallieni était vivace et profond dans cette haute région du Tonkin qu'il a d'abord arrachée à la piraterie et qu'il a ensuite ouverte au commerce et à la colonisation. Pacifier et organiser, c'est toute la méthode et aussi toute la passion de ce grand chef de notre armée coloniale.

C'est la tâche qu'il s'est donnée et qu'il a menée à bien partout, au Soudan, au Tonkin et à Madagascar.

Je dirai aussi qu'au Tonkin tout s'est passé à peu près comme dans nos autres colonies. Seuls, les militaires ouvrent les premières routes et construisent les premiers chemins de fer dans les contrées les plus malsaines et les plus dangereuses, en payant presque toujours de leur santé et assez souvent de leur vie; les civils ne viennent que lorsqu'il n'y a plus rien à craindre, accompagnés de domestiques, de boys, de mobiliers et d'une cargaison de vivres de premier choix. Et, à partir de ce moment, il n'est jamais plus question des militaires lorsqu'on parle des routes ou voies ferrées. Au besoin, on les inaugure, on fait des discours sans souffler mot de ceux qui les ont tracées et construites et on s'en attribue tout le mérite.

Si je me laisse aller à cette critique, c'est que pendant ma carrière j'ai vu et entendu trop souvent les fonctionnaires civils des colonies traiter les militaires avec une injustice et un parti pris vraiment révoltants. Naturellement, on leur répond par un silence plein de dédain, car les colonies, nous les connaissons sûrement mieux qu'eux. Malgré leurs longs séjours, ils ne sont en relation avec les indigènes que par des intermédiaires; tandis que nous, soldats, nous avons pour ainsi dire vu naître ces colonies, nous avons été les premiers en contact avec les habitants, sans nous laisser rebuter par leurs défauts et nous en avons tiré le plus grand bénéfice pour la France. Et cela, sans molester personne. Toutes les circulaires des chefs concernant les indigènes peuvent le prouver; enfin quelques punitions très sévères infligées aux soldats qui se sont permis d'enfreindre ces ordres en témoignent aussi. C'est ainsi que dans les sept de nos colonies où j'ai eu le bonheur de servir, les indigènes préfèrent de beaucoup les militaires aux civils; c'est ce qui arrive en particulier pour les Arabes en Algérie. Nous traitons les noirs ou les jaunes en ennemis sur le champ de bataille, mais les hostilités aussitôt finies, les soldats les considèrent et les traitent en amis, et leur inculquent le respect et l'amour de la France. En somme, ces soldats coloniaux, envers lesquels les fonctionnaires civils aux colonies se montrent si pleins de morgue, sont les vrais pionniers de la civilisation et les vrais représentants de la nation française. Les colons, qu'il ne faut pas confondre avec les fonctionnaires, s'en rendent bien compte et ne se gênent pas pour le proclamer. Enfin, le soldat colonial ne cherche pas à se faire mousser comme les piliers de bureau; sa tâche accomplie, il rentre dans le rang et n'est plus qu'un inconnu pour tous.

A mon retour à Hanoï, je fus désigné pour aller au poste de Phu-Doan. Ce poste, bien que situé sur une hauteur dominant deux fleuves, était d'une insalubrité meurtrière pour les soldats. Dans l'espace d'un mois, et sur notre effectif très faible, vingt hommes furent évacués et neuf moururent de fièvres pernicieuses ou de la dysenterie. Parmi eux se trouvait mon brave et pauvre ami de Cuverville.

Dans aucune partie du Tonkin, je n'ai remarqué parmi les indigènes autant d'aveugles, de boiteux et de bossus qu'en cet endroit. Je ne pouvais m'empêcher de rire en les voyant défiler sur la place du Marché.

De Phu-Doan, je fus envoyé comme surveillant des travaux de route entre Tuyen-Quang et Ha-Giang, une des contrées les plus malsaines du Tonkin.

J'allai d'abord me présenter à la direction à Tuyen-Quang, où se trouvait également le dépôt de la Légion. Cette ville est le centre du commerce et de la navigation de toute une partie de la haute région confinant à la frontière chinoise. La contrebande de l'opium y a pris, malgré une surveillance constante, une extension considérable. La ruse déployée par les contrebandiers indigènes est d'ailleurs fantastique et inimaginable; les fraudeurs européens ne seraient auprès d'eux que de piètres élèves. Aussi, tout indigène sortant après la tombée de la nuit était-il astreint à porter une petite lanterne allumée.

J'allai également me présenter au commandant Betboy de la Légion; il me dit qu'un jour, en Algérie, on lui avait favorablement parlé de moi et qu'il était heureux de me serrer la main. Le commandant Betboy était l'officier de la région à la fois le plus craint et le plus respecté des indigènes. On peut dire sans exagérer que son nom était connu d'un bout à l'autre du pays tonkinois, aussi bien des militaires que des indigènes. Il était au Tonkin depuis le commencement de la guerre et ne demandait qu'à y rester.

Ses nombreux actes de courage et la rapidité de ses marches dans des régions où les pirates étaient les maîtres, l'avaient fait surnommer *quan-mân* (monsieur Vite). Ce sobriquet fut également donné par les Annamites au général de Négrier.

Pourvu d'un plat de campement, d'une marmite et d'un flacon de quinine que le commandant Betboy m'avait prêtés en ma qualité d'ancien légionnaire, je quittai Tuyen-Quang pour Hien-Xoi, endroit fréquenté par les éléphants et les tigres. Vers quatre heures du soir, mes deux porteurs de bagages se mirent subitement, malgré leur grande fatigue, à courir comme s'ils étaient poursuivis. Je leur demandai pourquoi cette course. Ils me répondirent que si nous n'arrivions pas avant la tombée de la nuit, nous pouvions nous considérer comme morts, car journellement à cette heure le tigre sort pour chercher sa nourriture; l'homme étant pour lui un plat de luxe, il ne manque jamais de faire main basse, ou plutôt, griffe basse, sur tout sujet qui se présente. Je savais cependant qu'un Européen accompagné d'un indigène a des chances de s'en tirer, le tigre ayant une prédilection marquée pour la chair annamite. Chacun son goût.

Toutes les maisons que j'ai rencontrées sur le chemin étaient entourées de bambous et de plantes sauvages impénétrables. Cependant le fauve réussit quelquefois à franchir ces obstacles et les enlèvements sont encore assez fréquents. Enfin, grâce à une course ininterrompue, nous arrivâmes à Hien-Xoi avant le soir et aussitôt après toutes les portes furent fermées.

A l'étape suivante, à Bac-Mouc où je parvins à cinq heures du soir, le chef de poste, un sergent européen, me dit que j'étais bien imprudent de me hasarder à cette heure sur la route. C'est l'heure, me dit-il, où le tigre commence sa tournée. Le lendemain, je fus obligé de m'arrêter dans un village et de coucher chez un indigène, car la nuit m'avait surpris. Je craignais de me tromper de sentier et les porteurs me déclaraient que, pour rien au monde, ils ne marcheraient, après la nuit tombée. De cette hospitalité, j'emportai force vermine.

La journée suivante, ce fut une marche presque continuelle dans l'eau, ruisseaux et marais, où je m'enfonçais souvent jusqu'aux reins. J'arrivai le soir à Vinh-Thuy, poste occupé par des tirailleurs tonkinois et surnommé *tombeau des Européens* à cause de son extrême insalubrité. Une compagnie européenne qui précédemment occupait ce poste, avait dû l'évacuer car elle y était littéralement décimée. Le cimetière en donnait tristement la preuve.

Enfin, le jour suivant, après avoir encore marché dans l'eau, j'arrivai à destination. Ma nouvelle résidence était en pleine brousse. Nous étions là dans le pays des Thôs, des Mans et des Mûongs. Les Mans et les Mûongs, que les Annamites appellent « les sauvages », mais que j'ai trouvés beaucoup plus respectables que le peuple annamite, habitent les montagnes. Tous ces gens qui, avant notre arrivée, n'ont dû voir que rarement des Européens, nous témoignaient une méfiance qui ressemblait à de l'hostilité. Plusieurs fois je fus chargé d'aller acheter des vivres pour le poste (nous étions quatre Européens, dont un officier, et quelques centaines de travailleurs annamites). Notre nourriture se composait de riz et de viande de porc. Plus tard, nous pûmes recruter des travailleurs chinois et thôs, mais les Mans et les Mûongs nous fuyaient comme la peste. Tout le monde me fermait la porte au nez ; j'étais obligé d'aller à Ha-Giang, à deux jours de marche, pour faire les achats.

Notre premier soin fut de construire des cases pour nous loger, mais ces cases en bambou, qu'il fallait terminer dans l'espace d'une journée, ne nous abritaient que très incomplètement. Le jour, le soleil dardait au travers de la broussaille qui leur servait de toiture ; la nuit, l'humidité non moins dangereuse se chargeait de nous tenir en éveil. Enfin il y avait les pluies ! Et l'on sait quelles averses diluviennes tombent dans la haute région du Tonkin. L'intérieur de nos cases présentait un singulier spectacle ! Une boîte de conserves remplie d'huile et pourvue d'une mèche était appelée pompeusement « la lampe » et consentait de temps à autre à nous éclairer ; je dis de temps à autre, car fort souvent l'eau qui perçait la toiture éteignait notre lumignon. La mèche étant mouillée, impossible de rallumer. On jurait, on pestait, mais c'était peine perdue !

Notre fourniture de couchage se composait d'un lit de camp en bambou, sans matelas ni paillasse ; malgré mon habitude de coucher par terre et n'importe où, le lit me paraissait quand même un peu dur après de longues journées d'un labeur pénible dans une région marécageuse. Les coolies qui travaillaient à la route étaient pour la plupart d'anciens domestiques que leurs maîtres avaient chassés pour indélicatesse. Ils venaient du Delta et n'avaient aucune notion de ces travaux. Il nous fallait donc, nous Européens, mettre la main aux besognes les plus pénibles. Il en résultait de fréquents changements dans le personnel français, car, même avec un tempérament de fer, on ne résistait pas aux fatigues dans ce pays malsain, où la fièvre et la dysenterie faisaient tant de ravages. Plusieurs de mes camarades, et nous n'étions cependant pas nombreux, y ont laissé leur os ; notre chef lui-même, le lieutenant Dubois de Saligny, fut obligé de nous quitter, pris d'un accès de fièvre bilieuse hématurique qui faillit l'emporter.

Notre nourriture se composait uniquement de choux sauvages et de viande de porc que nous savions malsaine et que nous ne mangions que rarement. Le poste de Ha-Giang était bien chargé de nous fournir de vivres tous les cinq jours, mais la distance était telle que la viande nous arrivait complètement pourrie et que le pain, desséché, absolument immangeable, était bon à jeter. Pendant les six mois que j'ai passés sur les chantiers de la route, je n'ai mangé que six fois du pain et de la viande fraîche, c'est-à-dire chaque fois que je suis allé à Ha-Giang.

A mesure que nous terminions 4 ou 5 kilomètres de route, nous déplacions notre camp. Il fallait, chaque fois, construire de nouvelles cases qui ne nous abritaient presque pas. Il pleuvait souvent, ce qui n'empêchait pas de travailler dehors, et il le fallait bien pour arriver à terminer la route. Mais le plus triste, c'était la nuit ; la pluie était alors désastreuse. D'abord on se privait de manger, car il était impossible d'allumer du feu. Puis, nous nous couchions sur notre lit de camp en nous couvrant de la couverture et de la capote ; mais l'eau tombant sans cesse, on se relevait bientôt, complètement trempé. Le reste de la nuit se passait en promenades de long en large dans la case, avec la capote et la couverture mouillées sur le corps. Le matin, c'est le cas de le dire, nous étions frais et il fallait aller travailler quand même. Pas une seule fois, pendant ces six mois, je ne me suis déshabillé pour me coucher. Nous vivions comme les Arabes qui conduisent les caravanes dans le désert.

Une fois par mois, nous voyions passer le convoi de vivres allant à Ha-Giang accompagné par des soldats européens. Il semblait que ceux-ci venaient d'un autre monde. On avait perdu l'habitude de voir d'autres figures que des jaunes. Je n'ai jamais vu non plus passer un civil, excepté un soi-disant commerçant établi à Ha-Giang, du genre de ceux qui suivent nos expéditions coloniales pour chercher fortune. Il vendait ses marchandises à un prix tellement exagéré que, malgré son besoin de quelque chose d'indispensable, le soldat n'achetait pas. Il va sans dire que les liqueurs falsifiées étaient son principal commerce. Et cet homme, venu on ne savait d'où, prenait un ton tellement arrogant que les choses ont manqué plusieurs fois de tourner mal. Il se targuait de son faux titre de colon (je dis faux car le vrai colon est infiniment respectable et doit être aidé et encouragé) pour faire le matamore avec les soldats. Malheureusement il en est souvent ainsi. Ces colons de contrebande, au lieu de coloniser, ne font pas autre chose que de vendre à des prix exorbitants des alcools qui empoisonnent et des boîtes de conserves dont le contenu est souvent immangeable. Et, parce qu'ils s'enrichissent vite à ce honteux trafic, ils regardent les soldats qui les font vivre d'un air de mépris et leur parlent sur le ton d'un roi nègre à ses esclaves. Je m'empresse d'ajouter que les véritables colons, et j'ai toujours eu grand plaisir à les rencontrer, sont animés de tout autres sentiments envers les soldats. Ils les considèrent avec raison comme des amis qui, en cas de danger, n'hésiteront pas à se faire casser la figure pour défendre leurs familles et leurs biens. Et j'en ai vu, par exemple les frères Duchemain à Phu-Doan, qui nous envoyaient du gibier pour améliorer notre ordinaire et répondaient toujours à notre salut.

Au cours de ces travaux de route, où j'étais journellement en contact avec les indigènes et où j'avais pris l'habitude d'observer tout ce qui se passait autour de moi, j'ai achevé de perdre le peu de considération que j'avais pu conserver pour le peuple annamite. J'avais vécu au milieu d'un autre peuple, les Arabes, qui lui ressemblent pour certains défauts. Mais en ce qui concerne l'immoralité, le mensonge et le vol, c'est aux Annamites que revient haut la main la supériorité. Pour le travail, l'Annamite est comme l'Arabe; parlez-lui de tout, mais pas de travailler. Ses champs négligés, son intérieur et ses enfants d'une malpropreté repoussante dénoncent chez lui la fainéantise incarnée. En revanche, il aime à se moquer de son prochain. Hypocrite et plat quand il a peur, il est au contraire d'une insolence inouïe quand il se sent protégé. La seule punition qu'il craigne, et qui soit salutaire, c'est d'être bâtonné. La prison ne produit aucun effet sur lui; il n'y attache aucun déshonneur; bien plus, elle lui vaut l'estime de ses compatriotes quand il a réussi, comme on dit, à rouler un Européen. Et à ce propos, un vieux Chinois qui habitait le Tonkin bien avant notre arrivée, me disait un jour que les Français avaient eu bien tort de supprimer la peine de la cadouille (bastonnade). — Pour l'Annamite, disait-il, il n'y a que cela qui compte, et la preuve, c'est que les crimes et les vols ont considérablement augmenté depuis sa suppression.

Sur la route où je travaillais, les coolies annamites employaient toutes sortes de ruses pour déjouer notre surveillance. L'Européen étant obligé de visiter plusieurs chantiers dans la même journée, ils plaçaient des sentinelles pour guetter son arrivée. Alors, ils faisaient mine de travailler, soit en grattant le sol avec la pelle, soit en donnant un coup de pioche à un endroit où il n'y avait rien à faire. S'agissait-il d'un travail plus difficile, par exemple de déraciner un arbre, ils se mettaient à chanter et à crier en cadence, comme font les bons travailleurs de tous les pays; mais jamais l'arbre ne tombait à terre sans l'intervention des coolies chinois ou des Thôs. Les Thôs haïssent les Annamites. Pour éviter des querelles qui quelquefois finissaient mal, il fallait séparer les deux races et, autant que possible, ne pas les laisser travailler sur le même chantier; il arrivait cependant que, pour un travail urgent, nous étions obligés de joindre les Annamites aux

Thôs ; alors les premiers voulaient rivaliser d'ardeur avec les seconds, mais ils me produisaient l'effet de tortues voulant poursuivre des gazelles. Dès qu'ils touchaient leur paye de quinzaine, le lendemain il en manquait un bon nombre au travail. Ils se disaient malades; en réalité, ils allaient se cacher dans la brousse pour jouer au *baquan,* jeu qui ressemble à celui de pile ou face et où les pièces de monnaie sont dissimulées dans un bol.

Entre temps, je changeai de section. Les travaux de cette route de Tuyen-Quang à Ha-Giang qui avaient pour but d'ouvrir une communication par voie de terre entre la capitale du Tonkin et la frontière chinoise du côté de Ha-Giang, étaient en effet partagés en sections comprenant chacune un officier, un gradé, et trois ou quatre soldats choisis.

Je fus envoyé à une trentaine de kilomètres plus loin. Les Thôs ayant compris que la route une fois terminée leur procurerait de grands avantages et nous voyant les traiter avec justice et bienveillance, cherchaient de plus en plus à se rapprocher de nous. Nous pûmes ainsi recruter chez eux des travailleurs autrement actifs que ces fainéants d'Annamites. Au fur et à mesure que nous engagions des Thôs, on congédiait les Annamites; et je n'en étais pas fâché, car je commençais à en avoir assez de leur comédie de travail, qui portait préjudice au budget de la colonie et allongeait notre séjour dans cette région meurtrière.

Avec les Thôs, les travaux avançaient visiblement, de sorte que le général commandant supérieur et le gouverneur général, M. Doumer, étant venus inspecter les chantiers de la route, nous félicitèrent vivement et nous annoncèrent que nous serions proposés pour le Dragon d'Annam. J'ajoute du reste que nous n'avons jamais eu de nouvelles de cette proposition et que je n'en ai été nullement contrarié. Car cette décoration, décernée au nom d'un soi-disant roi, qui en réalité n'est qu'un sauvage déguisé en guignol, m'est parfaitement indifférente et j'aurais même quelque gêne à la porter. Je connais bien des militaires qui l'ont reçue et qui, pensant comme moi, ne la sortent jamais de leur tiroir.

Bien que le gouverneur général, M. Doumer, m'ait fait cette promesse en l'air, et je ne lui en veux pas, je m'empresse de déclarer qu'il voulait beaucoup de bien aux soldats. Sous un air un peu rude, il cachait un cœur vraiment bon. Il s'intéressait à nous et à notre installation, surtout dans les contrées malsaines. Il venait de temps à autre nous apporter des paroles d'encouragement; aussi, ce civil était-il très aimé des militaires. On peut également dire que si la colonie est devenue prospère, c'est grâce à lui et à sa constante vigilance. Quelques-uns l'ont cependant critiqué; ce qui prouve une fois de plus que les envieux ne manquent jamais, surtout à ceux qui travaillent au loin pour le bon renom et la prospérité du pays.

Outre mon service de surveillant des travaux de route, j'étais encore investi des hautes fonctions d'ordonnateur des pompes funèbres, préparateur des tombes et expéditeur dans l'autre monde des coolies chinois et annamites décédés dans notre section. Il ne se passait pas de semaine sans que j'eusse à exercer plusieurs fois ces fonctions, particulièrement pour les Annamites que la fièvre ne ménageait pas, bien qu'ils fussent dans leur propre pays. Ce qui augmentait la mortalité parmi eux, c'était qu'aussitôt attaqués par la fièvre, ils se couchaient dans leurs cases d'une malpropreté écœurante et refusaient de prendre les médicaments européens, tels que la quinine et l'antipyrine que nous leur offrions. Leurs camarades leur faisaient absorber des tisanes faites d'herbes cueillies dans la brousse et leur récitaient des prières; en fait, ce traitement n'avait jamais d'autre résultat que la mort. J'étais chargé de les enterrer à un endroit désigné par le chef de village et je rendais compte de ces... mutations à la direction de Tuyen-Quang.

Dans notre camp, nous étions gardés par un caporal

et neuf tirailleurs tonkinois; en outre, chaque soldat européen avait à faire plusieurs rondes de nuit. Il ne se passait pas une seule nuit sans qu'on eût à signaler soit un abandon de poste, soit une sentinelle dormant en faction. Une nuit, dans ma ronde, je pris le fusil d'une sentinelle que j'avais trouvée couchée par terre; je sortis ensuite du camp et tirai un coup de fusil en l'air, après avoir au préalable prévenu mes camarades. Les hommes de garde auxquels le lieutenant ordonnait d'être toujours équipés et prêts à défendre le camp à la première alerte, ne sortirent que dix minutes après le coup de feu, et plusieurs étaient sans équipement. Le lieutenant demanda le remplacement du caporal et de plusieurs de ses tirailleurs; mais leurs successeurs ne valurent guère mieux. Nous ne devions donc nous fier qu'à nous pour notre propre sécurité. Du reste, à part les tirailleurs algériens et sénégalais qui sont des guerriers dans toute la force du terme, je n'ai jamais eu grande confiance dans les autres soldats indigènes des colonies. J'ai dit aussi ce que je pense du caractère du peuple annamite; or, au point de vue militaire, le caractère est un facteur qu'il ne faut pas négliger.

Enfin je fus arraché à ces pénibles et malsains travaux et je fus dirigé sur Hanoï en passant par Tuyen-Quang, mais cette fois, sans patauger dans les marais et les ruisseaux; je marchais vraiment sur une route. A Tuyen-Quang, je rendis au commandant Betboy sa marmite et son plat, mais dans quel pitoyable état? Et, comme je m'en excusais tout en le remerciant du service qu'il m'avait rendu, il me prit la main et me dit avec cette voix sonore que je lui connaissais : — Pas de remerciements! Je savais que cela vous serait indispensable et c'est la moindre des choses qu'on s'aide entre soldats qui passent la moitié de leur existence dans la brousse.

A l'ambulance de Tuyen-Quang où j'allai voir quelques camarades que je savais gravement malades, j'eus la douleur d'apprendre que plusieurs d'entre eux étaient morts; un autre, employé comme moi sur les routes et l'un de mes camarades intimes, était presque en agonie. J'assistai à une scène pénible. Une sœur qui s'approchait de son lit pour le soigner, reçut une gifle de lui. L'infortuné était en délire; il fallut deux hommes pour le maintenir. La brave sœur n'avait pas dit un mot. Je ne pus m'empêcher de lui exprimer toute l'admiration que j'éprouvais pour son angélique dévouement. « Le pauvre enfant! » me répondit-elle, et ce fut tout. Quant à moi, il ne me reconnaissait plus. Je laissai de l'argent à la sœur pour acheter une couronne, car elle me dit que depuis le matin le docteur avait condamné le malheureux. Là-dessus je repris tout triste la route de Hanoï.

A peine arrivé au régiment, j'appris qu'on préparait un fort détachement pour aller occuper dans le sud de la Chine une nouvelle colonie appelée Quang-Tchéou-Wan. Je demandai à mon capitaine d'être compris parmi les hommes du détachement. Il me répondit que j'avais l'air fatigué et m'envoya d'office à la visite médicale. Le médecin me prescrivit un repos de quatre jours, avec renouvellement, s'il y avait lieu. Je retournai trouver le capitaine chez lui et j'insistai tellement pour partir qu'il me répondit: — Je ne veux pas vous refuser cette satisfaction. J'aurais désiré vous éviter de nouvelles fatigues jusqu'à ce que vous soyez rétabli. Mais, puisque vous insistez, partez. Seulement s'il vous arrive un accident, ne m'en voulez pas; vous l'aurez cherché. — Du coup, j'oubliai tout ce que j'avais souffert pendant les travaux de route; j'étais au comble de mes vœux; et lorsque nous embarquâmes, pendant que la musique jouait la *Marseillaise*, je criai : « Vive le colonel! Vive le capitaine! » A Haïphong, on nous transborda sur un navire de guerre, le *d'Entrecasteaux*, et de nouveau je voguai vers un pays inconnu, qui à l'heure où j'écris, n'est pas encore connu du grand public.

QUANG-TCHÉOU-WAN

(CHINE MÉRIDIONALE)

Ce territoire a été cédé à bail à la France, pour une période de quatre-vingt-dix-neuf ans, à la date du 10 avril 1898; c'était au moment où l'Allemagne se saisissait de Kiao-Tchéou qu'elle transformait immédiatement en colonie sous l'autorité d'un gouverneur. De son côté l'Angleterre, installée à Wei-Haï-Wei, s'étendait jusqu'à Kow-Loon pour développer sa possession de Hong-Kong vers Canton. La France, surprise par ces annexions coloniales, demanda alors et obtint le territoire de Quang-Tchéou-Wan.

La superficie de ce territoire est estimée à 84 244 hectares par MM. Alby et Gautret, avec 183 346 habitants et 1 238 villages. La densité moyenne de la population par kilomètre carré est donc trois fois plus forte qu'en France. Avant notre prise de possession, ce territoire était gouverné par un vice-roi secondé par plusieurs gouverneurs. La population est un mélange de tribus de provenances diverses, des Laïs, des Malais, des autochtones de mœurs aventureuses et de caractère indépendant, vivant la plupart de piraterie sur mer. Le climat, comme dans les pays tropicaux, comporte deux saisons bien déterminées : la saison sèche et froide et l'autre, chaude et humide.

Cette population a des mœurs et des traditions étranges, comme il arrive souvent en Extrême-Orient. Elle fait cas des garçons pour les services qu'ils peuvent rendre; mais les filles ne comptent guère, surtout dans la classe pauvre. Elles font, en grande partie l'objet d'un commerce honteux. Par troupeaux, des fillettes n'ayant pas encore atteint l'âge de quinze ans, sont envoyées dans les grandes villes chinoises pour être livrées au vice. C'est la misère qui engendre cet odieux trafic, car la mère n'a pas souvent les moyens de nourrir ses enfants.

Cependant, ce peuple possède une merveilleuse aptitude aux affaires commerciales et sait également tirer parti des ressources de son sol. Sa religion est le bouddhisme; sa langue est formée du patois méridional de la Chine et la variété en est si grande que souvent, les habitants de deux villages voisins n'arrivent pas à se comprendre.

La saleté des villes et des villages est vraiment repoussante. La plupart des habitations sont construites en torchis; beaucoup sont simplement en nattes, qu'on remplace lorsqu'il y a nécessité absolue. Les fenêtres, minuscules, donnent sur des cours, véritables dépotoirs où toutes sortes d'ordures sont jetées et s'accumulent indéfiniment. Dans chaque logement vivent pêle-mêle avec les habitants, poules, porcs, chiens et bœufs. Ce sont des foyers de pestilence. Aussi, les épidémies de peste, de choléra et de variole y sévissent et déciment parfois la population d'une manière effrayante. Cette situation est d'autant plus déplorable que les indigènes ont une confiance illimitée dans les sorciers qui pullulent et qui leur vendent des drogues sans aucun effet. Ils professent un profond dédain pour les médecins et les remèdes européens. Ainsi, pour se guérir de la fièvre, ils croquent des scorpions vivants et ne changent pas de linge; contre la phtisie et les maladies d'yeux, ils boivent de l'urine concentrée d'enfant : comme médicaments merveilleux, ils emploient le nerf d'antilope, de la moustache et des griffes de tigre pulvérisées, et d'autres ingrédients tout aussi saugrenus.

Le riz et les patates sont pour eux ce qu'est pour nous le pain. Parfois, ils s'alimentent aussi de volaille et de porc séché, de poisson et de légumes salés.

Les cultures principales sont celles du riz, des patates, du manioc, de la canne à sucre, du maïs, etc. Les arbres fruitiers sont les mêmes qu'au Tonkin. Ils cultivent également l'indigo et le tabac. Ils pratiquent l'industrie des salines et de la pêche; celle-ci surtout offre une importance considérable. C'est Hong-Kong qui absorbe presque tout le trafic du pays; la douane n'est pas organisée. Les principales importations sont les cotonnades, toiles et tissus, l'opium, les allumettes, fournis par le Yunnan et Hong-Kong, et le pétrole qui vient d'Amérique.

Dès notre arrivée à Quang-Tchéou-Wan, nous commençâmes des reconnaissances un peu partout. Les habitants se montraient très hostiles; ils nous regardaient d'un air menaçant, sans toutefois se livrer à des hostilités. Pour parer à une attaque soudaine, notre poste fut fortifié. Nous savions qu'un préfet chinois, le plus populaire et le plus écouté du pays, avait excité la population contre nous; en même temps des lettres de menaces nous parvenaient de plusieurs grands mandarins, nous engageant à quitter au plus vite le territoire sous peine d'être tous massacrés.

Au début, nous n'étions qu'une compagnie. Nous éprouvions d'énormes fatigues du fait des travaux de fortification et d'un service de garde très chargé; puis, la nourriture était plus que maigre, car on refusait de nous vendre quoi que ce soit. A l'arrivée d'un premier renfort, on créa immédiatement huit postes : Fort-Bayard, Fort-Baulmont, Hoï-Théou, Mont-Aou, Nha-Cham, Tzin-toï, l'île de Tanh-Haï avec deux postes. Tous les villages étaient montés contre nous et on ne pouvait pas se risquer à plus de cent mètres du poste, même en groupe. Le 9 octobre 1898, une reconnaissance fut dirigée vers Cheu-Cam (ville de cinq à six mille habitants). Nous étions en tout quatre-vingt-deux hommes, officiers compris, sous les ordres du capitaine Maitret auquel nous avons certainement dû la vie, car sans lui, nous étions pris comme dans un filet par une force très supérieure à la nôtre. Le capitaine Maitret, avec un sang-froid et une habileté remarquables, nous a tirés de ce guet-apens meurtrier, tout en faisant subir à l'adversaire des pertes énormes. Mais il fallut battre en retraite, car les ennemis étaient plusieurs milliers contre quatre-vingt-deux hommes n'ayant aucun espoir de renfort immédiat.

A propos du capitaine Maitret, je pourrais citer toute une longue liste d'officiers et soldats de cette valeureuse armée coloniale que j'ai vus, au cours de ma carrière, se signaler maintes fois par leurs actes de courage, sans vanité, sans fierté, avec une simplicité qui, à mes yeux, ne faisait que rehausser leur bravoure; et cependant, presque aucun d'eux n'est connu en France. Dans cette journée du 9 octobre, par exemple, le sang-froid de notre capitaine évita seul un désastre; nous opérâmes notre retraite par le fleuve, car sur terre elle nous était coupée. Nous étions littéralement entourés, et je me demande maintenant comment nous avons pu nous tirer à si bon compte de cette périlleuse aventure.

Dans cette journée un homme mérita l'admiration de tous; ce fut notre clairon, nommé Heck, qui blessé deux fois, au dos et à l'épaule, refusa de se faire porter malgré l'insistance du capitaine, disant qu'en cette circonstance chaque fusil avait une valeur inestimable. Vers cinq heures du soir seulement, nous atteignions notre poste qui, à ce moment, était Pé-Sé. Nous étions dans un état plutôt lamentable, mouillés de part en part, exténués de fatigue, et n'ayant rien mangé de la journée. Le capitaine nous fit immédiatement distribuer un peu de vin et quelques biscuits, ainsi que cinquante cartouches par homme (nous avions épuisé toutes nos munitions, y compris celles des blessés). Puis, il fallut séance tenante nous remettre en route, car au poste on nous annonça qu'un renfort parti de Hoï-Téou venait à notre rencontre. De crainte qu'il ne tombât comme nous dans un guet-apens, nous allâmes au-devant de lui. Il faisait déjà nuit noire et nous suivions des sentiers tellement étroits qu'on avait grand'peine à avancer. Afin de raccourcir la colonne, on marchait tellement serrés que chacun touchait celui qui le précédait. Enfin, nous rencontrâmes le renfort qui avait pris un chemin différent du nôtre. On décida de rebrousser chemin et d'attendre des ordres de l'amiral Courrejolles. Dans cette journée, nous avons parcouru 40 kilomètres au minimum, dont une vingtaine au pas gymnastique; et cela dans des champs cultivés, des rizières inondées et des marais. Pour mon compte j'avais tiré cent quarante cartouches; aussi eus-je l'épaule droite enflée pendant plusieurs jours.

Quelques jours après, l'amiral vint nous inspecter, accompagné du capitaine de vaisseau Philibert, le même qui plus tard devait jouer un rôle au Maroc comme amiral. Il nous adressa des félicitations qui nous touchèrent vivement; puis il embrassa notre capitaine et lui dit qu'il le proposerait d'office pour la Légion d'honneur. Ce fut une joie pour nous, car outre que le capitaine Maitret était très bienveillant, nous l'avions considéré comme notre sauveur dans la journée du 9. Il y fut, je le répète, admirable de courage et de calme. Son éternelle cigarette aux lèvres, il s'est tenu, pendant toute la durée de l'action, aux endroits les plus exposés, donnant ses ordres avec le plus grand sang-froid.

Un missionnaire français qui résidait depuis vingt ans dans le pays et qui était bien au courant de tout ce qui s'y passait, nous renseigna sur la troupe qui nous attaquait, car nous étions bien convaincus que nous avions affaire à l'armée régulière. — Chaque compagnie, nous disait-il, se compose de deux cent cinquante hommes et possède trente drapeaux, moitié rouges et moitié blancs. Vous étiez en face de huit compagnies, c'est-à-dire de deux mille hommes environ avec plusieurs canons.

Après la visite de l'amiral, le capitaine nous réunit pour nous dire encore que la journée du 9 était une des plus brillantes de l'histoire militaire coloniale. — Je suis fier, disait-il, de vous commander. Avec des soldats comme vous, le drapeau tricolore est en bonnes mains et on va gaiement partout, même au-devant de la mort.

Le poste de Pé-Sé, que nous occupions depuis peu de temps, était le plus avancé des postes français et nous n'y avions qu'une faible compagnie. Il fallut veiller jour et nuit. Le jour, tout le monde travaillait pour entourer le poste d'un fort parapet précédé d'un fossé de 3 mètres de large; les hommes fatigués montaient la garde. Nos cases, des plus sommaires, furent construites à la hâte; les murs en torchis et la toiture en paille ne nous garantissaient pas de la pluie. Nous n'avions qu'un matelas pour trois; les hommes fatigués seuls s'en servaient; quant aux autres, ils se contentaient du lit de camp ou couchaient par terre sur une couverture. La nourriture était exclusivement maigre et désespérément insuffisante, car on ne trouvait toujours rien à acheter. Les officiers partageaient notre sort; personne ne sortait du camp dans la journée, car l'ennemi n'était qu'à 2 kilomètres du poste et nous guettait; nous étions littéralement prisonniers. Les nuits étaient particulièrement pénibles. Pour assurer à peu près la sécurité du poste, il avait fallu placer un grand nombre de sentinelles à plusieurs centaines de mètres en dehors, de façon à donner l'alerte en cas d'attaque. Il en résultait une fatigue au-dessus de nos forces, car tout le monde, excepté les malades, montait la garde toutes les nuits. En tenant compte des nombreuses patrouilles que les sentinelles quittant leur poste étaient encore obligées de faire, il nous restait à peine deux heures de repos par nuit. Le ciel étant généralement très sombre, il fallait ouvrir l'œil et tendre les oreilles. Pour tout dire, nous n'étions pas à la noce, et cependant personne ne témoignait de mauvaise humeur. Au contraire, on riait, on plaisantait; les officiers s'en mêlaient; c'était une vie de famille, une misère commune gaiement supportée.

Enfin l'amiral Courrejolles comprit que cet état de choses ne pouvait durer. Il nous envoya du renfort avec de l'artillerie. J'ai entendu plus tard critiquer notre énorme dépense en munitions dans la journée du 9 octobre (75 fusils ont tiré 8 000 cartouches). Il est vraiment inouï d'entendre émettre des avis de ce genre par des personnes qui ignorent complètement les conditions dans lesquelles nous avons dû combattre le 9 octobre à Na-Moun. Il s'agit ici d'un engagement complètement imprévu; nous nous sommes trouvés dans une souricière, en face d'un ennemi d'une supériorité numérique écrasante, ayant en outre cet avantage qu'il était tout à fait chez lui. Il savait où se cacher, tantôt dans les maisons, tantôt dans les champs de cannes à sucre, pour ne paraître qu'au moment où il nous voyait dans l'impossibilité d'avancer ou de reculer. Il a donc fallu tirer chaque fois que les Chinois se sont montrés quelque part, et même alors, nous ménagions nos cartouches; enfin, entourés de quelques milliers d'hommes, notre seule chance de salut était évidemment la supériorité de nos armes et de notre feu. Tenter un assaut dans ces conditions, c'eût été pure folie; il fallait tirer, tirer sans relâche et cela jusqu'à la dernière cartouche.

Après cette affaire, la Chine nous envoya le célèbre maréchal Sou qui commandait le corps d'armée chinois sur la frontière du Tonkin. Il se disait l'ami de la France, ce qui ne l'avait pas empêché de fournir des chefs aux bandes pirates qui pendant de longues années firent tant de mal à nos soldats.

Cependant le maréchal Sou avait fini par mettre les pouces à la suite d'une aventure, bien connue au Tonkin, où le général Gallieni, alors colonel, lui rendit la monnaie de sa pièce et lui fit voir, pour une ruse, une ruse et demie. Des réguliers chinois, traversant chaque jour la frontière sous des déguisements de pirates, venaient piller jusqu'aux abords de nos postes. Le colonel Gallieni qui commandait le territoire se plaignit à diverses reprises au maréchal et le pria courtoisement d'y mettre bon ordre. Mais les déprédations continuaient et à chaque réclamation nouvelle, le malin Chinois répondait : « J'ai fait une enquête, elle n'a rien révélé. » Alors, à la suite d'un dernier incident, le colonel ne se plaint plus, mais fait déguiser en pirates une centaine de ses tirailleurs et les envoie piller sérieusement un village sur le territoire de Sou. Celui-ci s'émeut à son tour et télégraphie une réclamation pressante. La réponse arrive du tac au tac : « J'ai fait une enquête, elle n'a rien révélé ». Le lendemain Sou vint rendre visite au colonel et lui dit en riant : « J'ai compris. » Et à dater de ce jour les pirates cessèrent leurs incursions.

La population de Quang-Tchéou-Wan accueillit Sou avec une froideur marquée. On était obligé de le faire accompagner par une compagnie baïonnette au canon. Aucun des mandarins influents ne vint lui souhaiter la bienvenue, comme c'est l'usage en Chine. J'ai remarqué qu'à son passage à Ché-Cam, les indigènes le regardaient de travers, d'un air manifestement hostile. Ils l'accusaient de pactiser avec les sauvages : les sauvages, lisez... les Français.

Un jour, notre chef de bataillon, le commandant Ronget, envoya son domestique, un Chinois, à Ché-Cam pour y acheter des provisions de bouche. Cet indigène, qui était du pays fut aussitôt entouré par ses compatriotes et conduit à Mac-Giang, ville qui servait de repaire à plusieurs bandes armées. Là on lui coupa la tête, on lui ouvrit le ventre et on jeta son cœur aux chiens. Je tiens le fait d'un témoin oculaire qui l'a raconté à notre interprète chinois. Servir les Français était le seul crime que ce malheureux avait commis. Le commandant ordonna néanmoins les plus grands ménagements dans nos relations avec cette population de tigres à face humaine. Le préfet de Chou-Kaï avait mis à prix, par voie d'affiches, la tête de notre interprète chinois nommé Cheng, celle de notre capitaine, ainsi que celle d'un caporal nommé Babey, qui parlait la langue chinoise. Ce caporal, soit dit en passant, était d'une bravoure et d'un sang-froid admirables. Il avait lui-même découvert et lu ces affiches. Il en riait, et, citant le chiffre : 2 000 piastres, il nous disait : « Je ne me doutais pas que ma tête valait si cher. »

Voici le rapport succinct que l'amiral Courrejolles adressa au ministre de la marine au sujet de l'engagement du 9 octobre.

« Monsieur le Ministre,

« J'ai l'honneur de vous transmettre avec croquis à l'appui le rapport de M. le capitaine Maitret (Marie-Joseph-Ernest), de l'infanterie de marine, sur l'affaire du 9 octobre, afin de vous permettre d'apprécier la conduite de cet officier pour lequel je vous demande l'inscription d'office sur le tableau de concours pour la Légion d'honneur au titre des faits de guerre. Je vous demande à l'occasion de la même affaire de vouloir bien approuver la citation à l'ordre du jour pour M. le lieutenant Laurent (Jules-Marius-Nestor) ainsi que pour le clairon Heck (Henri-Eugène), de l'infanterie de marine. Ce dernier ayant reçu deux blessures, dont une très grave, a montré beaucoup d'énergie pendant la marche; aussi je le propose pour la médaille militaire au titre des faits des guerre. J'ai adressé directement des félicitations aux deux autres blessés, Bourges et Saint-Etienne, que leurs blessures n'empêchaient ni de combattre ni de marcher, ainsi qu'aux caporaux Bruner et Babey (1) et aux soldats qui se sont particulièrement distingués par leur conduite à l'avant-garde.

« *Signé :* Courrejolles. »

(1) Babey est aujourd'hui lieutenant dans l'infanterie coloniale.

J'avais appris que le maréchal Sou était envoyé par le gouvernement chinois pour procéder avec nous à la délimitation du territoire et nous avons vu comment ce personnage officiel fut reçu par la population. D'autre part, nous savions que nos adversaires étaient des soldats réguliers chinois et qu'ils avaient résolu de nous massacrer sans merci. Adoptant notre système, ils élevaient des ouvrages à 2 kilomètres de notre poste, sur la hauteur du Ché-Cam, où nous les voyions distinctement avec des jumelles. Ils creusaient aussi des tranchées dans une vaste plaine à l'extrémité de champs de cannes à sucre dont les hautes touffes les dissimulaient. Il était visible qu'ils cherchaient à nous tendre des pièges et que nous avions en face de nous l'armée régulière. Cependant nous étions là en vertu d'un traité. Comprenne qui pourra cette supercherie!

Dans un laps de temps très court, notre compagnie avait diminué de quarante hommes, tombés malades par suite de fatigues excessives et de privations; d'autres, quoique souffrants, ne le déclaraient pas de peur d'être évacués. Dans l'ensemble, nous étions si mal en point qu'il fut question de nous réexpédier. On ne le fit pas, parce que l'amiral que notre capitaine renseignait sur l'état d'esprit de ses hommes, savait que nous ferions notre devoir jusqu'au bout. Dans notre misère, les Dames de France ne nous oubliaient pas. Un envoi de quelques caisses contenant du papier à lettre, du savon, des bougies et du chocolat, nous était parvenu et nous rendait grand service. Entre temps, on créait deux autres postes, Sin-Tzin et Point-Nivet. Le nôtre fut aussi renforcé de deux canons de 65 $^m/_m$ et de deux canons-revolvers à tir rapide.

Malgré l'hostilité générale du pays, quelques indigènes habitant les alentours commençaient à venir vers nous; quelques-uns s'étaient installés près des postes, sous notre protection, et vendaient quelques victuailles. Les alertes de nuit étaient toujours très fréquentes. Les Chinois n'abandonnaient pas l'idée d'enlever notre poste. Ils attaquaient également les commerçants indigènes qui étaient devenus nos voisins. Ils les pillaient sans cependant les tuer, et cela se passait avec une rapidité telle qu'on avait beau envoyer immédiatement une patrouille sur les lieux, elle ne trouvait plus personne, excepté la victime, ligottée et, le plus souvent, lardée de coups de couteau. La situation était devenue vraiment intolérable, et cela, malgré la présence du maréchal Sou qui se promenait à Hoï-Téou et à Fort-Bayard, en distribuant des sourires diplomatiques à chaque soldat qu'il rencontrait. Enfin nous apprîmes avec plaisir que l'amiral envoyait au chef des troupes chinoises un ultimatum, auquel celui-ci répondit qu'il s'en moquait. Comme l'amiral était homme d'action, on pouvait s'attendre à quelque chose. Et en effet, ordre fut donné d'organiser une colonne forte de trois compagnies et quatre pièces d'artillerie de 65 $^m/_m$ empruntées aux navires de guerre en rade de Fort-Bayard. Le rassemblement de cette colonne, dont faisait également partie le consul français de Pac-Hoï, eut lieu dans la cour de notre poste. Une compagnie fut aussitôt envoyée en reconnaissance sur la droite de Ché-Cam où elle fut attaquée par des réguliers chinois en nombre supérieur. N'ayant pas la mission d'engager un combat, elle se retira jusqu'au pied du mamelon que notre poste dominait et y prit une position d'attente. L'amiral lui envoya de l'artillerie. En même temps, tous les rapatriables et libérables étaient retenus à Quang-Tchéou-Wan jusqu'à nouvel ordre. Des compagnies de débarquement prirent possession des postes que les marsouins abandonnaient pour former la colonne. Jamais notre poste n'avait vu pareil spectacle : matelots, artilleurs et marsouins campés pêle-mêle, au milieu de la petite cour où la circulation devenait presque impossible. On chantait et on fraternisait en criant : Vivent les marins, vivent les marsouins, vive la France ! La satisfaction d'aller au feu éclatait sur tous les visages; d'avance on s'excitait pour la lutte.

L'amiral Courrejolles qui vint nous adresser des paroles d'encouragement, semblait enchanté de la bonne tenue et du bel élan des hommes. Il nous fit savoir que désormais les vivres ne manqueraient plus et qu'il avait pris des dispositions énergiques à ce sujet. A cet effet, il fit installer un magasin de vivres en face de notre poste, au bord du fleuve, et le fit garder par une canonnière. Mais il nous manquait des effets d'habillement; les nôtres étaient presque en lambeaux; nos chaussures également s'en allaient en morceaux à la suite de nos travaux de terrassement.

A la colonne, on adjoignit une fraction de *linh* chinois (ces hommes sont recrutés au Tonkin parmi les Chinois qui y sont nés); on la compléta enfin par un détachement de télégraphie optique.

Nous nous mîmes en route le 5 novembre 1899 à six heures du matin, dans la direction de Mac-Giang. Pendant ce temps, deux navires de guerre s'avançaient sur le fleuve un peu en arrière de Ché-Cam. Avant notre arrivée devant un mamelon où nous devions commencer l'action, les deux navires de guerre ainsi que les canons de notre poste envoyèrent par-dessus nos têtes leurs obus à mélinite sur la ville où les Chinois donnaient asile à des bandes de pirates. Aussi, lorsque nous atteignîmes le mamelon, nous assistâmes à un spectacle terrifiant. Le fort chinois dégringolait et la ville prenait feu; les canons faisaient un tapage d'enfer et lorsque les navires et le poste cessaient de tirer, c'était notre artillerie qui recommençait. Ce bruit assourdissant étouffait les transmissions d'ordres et la fumée était telle qu'un épais brouillard nous cachant tout se forma vite devant nos yeux. Cependant, nous prenions la formation de combat; mais cette fois nous étions lestés par un déjeuner froid pris avec nos officiers à qui nous avions offert sans façons des œufs durs et un peu de viande froide.

La plus grande familiarité régnait entre tous, sans que jamais la discipline en ait souffert. Et ceci s'explique d'un mot : les soldats aimaient leurs chefs et les chefs aimaient leurs soldats.

Pendant que notre capitaine se découpait en riant un morceau de viande et s'apprêtait à le porter à la bouche... zzzin, zzzin, pan, pan... une vraie pluie de balles arrivant de toutes parts tombe autour de nous. « Couchez-vous », tonna-t-il, et la sarabande commença. Les Chinois, qu'on croyait démolis après un tel bombardement, avaient pris solidement position dans des tranchées qu'ils avaient creusées au milieu des ravins en avant de la ville et nous y attendaient de pied ferme.

Aussitôt, nous nous déployâmes en lignes de tirailleurs et l'on prit la position du tireur couché. Nous commençâmes alors un feu à volonté sur les tranchées. A en juger au sifflement des balles, l'ennemi devait être beaucoup plus en nombre qu'au combat de Na-Moun. Un camarade auprès de moi eut la crosse de son fusil cassée par une balle. Un adjudant, nommé Rozier, fut mortellement blessé. Dans mon escouade, un soldat nommé Pister poussa un cri déchirant; ce brave garçon avait aussi son compte. Quelques instants après, ce fut le tour de mon sergent de section. Les balles pleuvaient avec rage. Je voulus à un moment donné allonger le bras pour en ramasser une et la garder comme souvenir. Aussitôt, une autre tomba à quelques centimètres de ma main. Il faut dire, à l'honneur des camarades qui n'avaient pas encore vu le feu, que malgré le péril auquel on était exposé, une véritable gaieté ne cessa de régner dans les rangs des tirailleurs. On riait, on plaisantait, on se jetait les balles aplaties qui tombaient à nos côtés. Personne ne songeait au danger. Les officiers encourageaient tout le monde par un ton de familiarité et par l'exemple de leur entrain. C'est en campagne qu'on peut le mieux reconnaître l'intérêt que les chefs portent à leurs hommes; c'est là qu'on voit et qu'on apprécie la force des liens dans cette grande famille qu'est l'armée, où les uns se dévouent pour les autres jusqu'à se faire tuer pour eux.

Vers dix heures, le feu de l'ennemi nous arrosait de front et sur les deux flancs. C'est alors que notre réserve entra en scène. L'artillerie avait épuisé ses munitions jusqu'au dernier obus, tandis que l'ennemi avait reçu du renfort. Le jeu des Chinois était facile à deviner; ils cherchaient, comme à Na-Moun, à nous couper la retraite et à nous entourer. Devant cette situation critique, force nous fut bien de nous replier et d'attendre des renforts venant du Tonkin. On tint bon cependant jusqu'à quatre heures de l'après midi, jusqu'à notre dernière cartouche, après quoi il fallut évacuer. Les Chinois, sortant alors de leurs tranchées, nous envoyèrent une grêle de balles qui blessèrent encore plusieurs hommes, mais ils n'osèrent pas nous poursuivre à fond et nous reprîmes la route de Pé-Sé où nous pûmes arriver dans la soirée. Dans cette journée, nos canons avaient tiré près de cinq cents obus. J'ignore ce qui fut brûlé de cartouches en tout, mais mon escouade seule en avait tiré 1 263 pour treize tireurs. Curieuse coïncidence! cette journée était l'anniversaire de notre débarquement sur le territoire de Quang-Tchéou-Wan. Il y avait un an, jour pour jour, que ma compagnie s'était installée seule au milieu d'une population hostile, prête à tout, mais se demandant ce que le sort lui réservait.

Le lendemain, le capitaine nous félicitait de notre conduite au feu et il blâmait un soldat qui avait changé de place pendant l'action, sous prétexte que les balles pleuvaient trop autour de lui.

Dans la même journée, l'amiral envoya la canonnière *Le Stock* à la poursuite de jonques qui allaient à Hong-Kong chercher un chargement d'armes. Le lendemain, l'adjudant Rozier et le soldat Pister mouraient de leurs blessures. L'adjudant Rozier était un serviteur modèle, d'une énergie et d'une vaillance connues de tous. Bien que mortellement blessé, il ne voulait pas quitter le lieu du combat. « Faites-moi un pansement, disait-il au médecin, et laissez-moi reprendre ma place. » Il ne paraissait pas se douter que la mort allait l'emporter aussi vite.

Un homme fut aussi vraiment admirable pendant cette journée du 5, je veux parler du P. Ferrand, missionnaire français en Chine; pendant son long séjour sur ce territoire, ce prêtre-soldat avait déjà subi plusieurs attaques, non pas des indigènes, car il était le seul Européen que les Chinois respectaient, mais des bandes de voleurs nomades qui, à plusieurs reprises, l'avaient complètement pillé en incendiant sa maison. Ce missionnaire, qui nous rendit d'immenses services comme interprète, se montra héroïque au feu. Pendant toute la durée de l'action, il fut partout, aux endroits les plus exposés. Il allait chercher de l'eau dans les bidons des soldats, sous la mitraille et au risque d'être pris par l'ennemi. Il circulait avec une musette de pansement, soignait les blessés, les encourageait et les entourait de soins paternels. En fait de tonsure, il portait, à la manière des Chinois, une longue tresse de cheveux qui lui tombait jusqu'aux pieds.

L'enterrement de l'adjudant et du soldat se fit en grande pompe. Le capitaine adjudant-major Capdeboscq y prononça un discours touchant jusqu'aux larmes. — Oui, braves Rozier et Pister, vous avez tous deux payé à la France l'impôt le plus généreux, en donnant votre vie pleine de jeunesse et de force pour l'honneur du drapeau et le bien de la civilisation. Vous avez suivi l'exemple de milliers de camarades de l'armée coloniale qui sont morts pour la même cause. Adieu, chers amis, nous nous inclinons devant vos tombes avec un profond respect; vos noms resteront vivants parmi nous et seront sacrés pour tous. — Ces paroles nous firent sentir une fois de plus qu'à tous ces camarades, les uns morts sur les champs de bataille dans le farouche décor du combat, les autres tués par les fièvres et la dysenterie, nous devons un pieux souvenir, fait de regrets et d'admiration.

Après le combat de Mac-Giang, tous les commerçants et autres indigènes qui demeuraient à proximité du poste n'osèrent plus rester la nuit chez eux. Ils prièrent le capitaine de leur permettre de coucher au poste, ce qui leur fut accordé. Les attaques contre les sentinelles redoublèrent, nos veillées aussi. Tout le territoire était soulevé contre nous. Des bandes armées s'organisaient, tout comme après la guerre du Tonkin. Elles pillaient et tuaient tous ceux qu'elles soupçonnaient d'avoir des relations avec nous. Le 12 novembre, deux enseignes de vaisseau, MM. Gourlanen et Koun, qui se promenaient sur un mamelon à côté du Mont-Aou, furent aperçus par des soldats chinois, saisis et décapités séance tenante. Les auteurs de ce double assassinat en informèrent eux-mêmes l'amiral, ajoutant que les corps des deux officiers avaient été ouverts, leurs cœurs arrachés et jetés aux chiens, et qu'ils en feraient autant avec tous les Français qui leur tomberaient sous la main.

Aussitôt que l'amiral eut appris cette lugubre nouvelle, il ordonna au commandant du poste du Mont-Aou de braquer ses canons sur la canonnière chinoise mouillée dans le fleuve et de déclarer prisonnier de guerre tout le personnel du bord. Dans le nombre, se trouvaient le préfet de Sou-Kaï, le sous-préfet de Haïnam et quelques autres hauts personnages. En même temps, ou donnait l'ordre à deux canonnières de bombarder Ma-Tchéoung, village situé à proximité du lieu où l'assassinat avait été commis, et dont la population se montrait particulièrement hostile envers nous. La canonnière chinoise fut prise à la baïonnette par nos matelots, et son état-major envoyé à bord du *d'Entrecasteaux*. Le bâtiment fut désarmé et on démonta les principales pièces de sa machine. L'équipage fut laissé à bord, mais surveillé de près; enfin on mit la main sur cent cinquante fusils trouvés au fond des cales.

Deux canonnières et un croiseur chinois qui se trouvaient en rade de Fort-Bayard, autorisés par l'amiral, reçurent l'ordre de ne pas quitter la rade sans permission, sous peine d'être coulés. En même temps, quelques prisonniers qui avouèrent avoir participé à l'assassinat de nos deux officiers furent condamnés à mort et exécutés. D'autres, reconnus innocents, furent relâchés, sauf quelques-uns qui avaient d'autres méfaits à se reprocher et qu'on garda prisonniers ; la cangue au cou, ils furent employés aux travaux du bord les plus pénibles. Enfin, une compagnie de débarquement s'empara de la ville de How-Hoï, située sur le fleuve et où de nombreux agitateurs étaient signalés.

Un jour, en faisant une patrouille dans la direction de Hoï-Téou, et en sortant d'une petite forêt, une dizaine de soldats chinois nous apparurent subitement. Les entourer et les désarmer fut l'affaire d'un instant. Ils avaient l'air ahuris et ne voulaient pas nous suivre. Après tout ce qui venait de se passer, nous étions très montés contre eux ; aussi commença-t-on à les bousculer et à les tirer par leurs tresses. Mais, arrivés au poste avec nos prisonniers, nous fûmes fraîchement reçus par le capitaine, et récompensés par... une forte algarade. Notre capture, c'était... l'escorte du maréchal Sou ! — Possible ! répondit le chef de patrouille, mais il est dans la nature humaine de se tromper.

Le 16 novembre, l'amiral ordonna une nouvelle attaque. Cette fois, nous étions deux bataillons d'infanterie de marine, une demi-batterie d'artillerie, une fraction de *linh* chinois et les canons de la flotte. Nous nous mîmes en route vers six heures du matin, sous les ordres du colonel Marot. L'état-major lui avait adjoint le commandant Leblois, officier d'un très haut mérite, aussi brave que bon. Dans l'espace de vingt-quatre heures, ces deux chefs surent se faire connaître et aimer par tous les soldats de Quang-Tchéou-Wan.

Deux navires de guerre, le *Descartes* et la *Surprise* s'embossèrent devant Ché-Cam et ouvrirent le feu, dès cinq heures du matin, sur Mac-Giang, principal foyer d'agitation. Pour ne pas gêner le tir, on nous fit appuyer à droite. Nous arrivâmes jusqu'aux portes de la ville et nous allions tâcher de les enfoncer quand on nous fit faire demi-tour et traverser le fleuve pour couper au plus court. Vers neuf heures du matin, nous traversâmes le champ de bataille du 9 octobre et, à dix heures, nous nous déployâmes en tirailleurs à trois pas d'intervalle, ma compagnie en avant comme toujours; les autres compagnies s'établirent en échelon à gauche, avec une réserve masquée par un champ de cannes à sucre. L'artillerie se plaça, moitié sur l'aile droite, moitié sur l'aile gauche. Pendant que nous prenions la formation de combat, les réguliers chinois descendaient des hauteurs, se dissimulant dans les tranchées. Ils avaient un grand nombre de drapeaux jaunes; seul, celui du chef était blanc et rouge. Le P. Ferrand estima leur nombre à sept ou huit mille.

Pendant un quart d'heure, nous nous regardâmes comme chiens et chats, à une distance d'environ 800 mètres, dans la position à genou et sans tirer. Enfin, les premières balles commencèrent à siffler et quelques camarades... saluèrent; il faut dire que c'étaient des jeunes, venant du Tonkin, qui au début n'étaient pas très rassurés.

Mais bientôt des feux de salve partirent des deux côtés, avec une violence et une intensité que je n'avais encore vues nulle part. Ce tir dura près d'une demi-heure. Après quoi, la réserve vint nous rejoindre, et nous avançâmes avec sa protection, sous une pluie de balles, jusqu'à une distance d'environ 500 mètres. Le capitaine Maitret lança alors sa compagnie, baïonnette au canon, vers les tranchées. Les autres compagnies nous emboîtèrent le pas et, en moins de temps qu'il n'en faut pour le raconter, les tranchées furent enlevées d'assaut, de concert avec nos *linh* chinois du Tonkin, qui firent preuve de la plus grande bravoure. L'ennemi s'enfuyait de tous côtés, poursuivi par notre fusillade et nos obus.

A midi précis, nous entrions dans ces fameuses tranchées que les Chinois disaient imprenables, aux cris de : Vive la France! Vive le colonel! Vive le capitaine Maitret! Le colonel fit mettre un drapeau au bout d'une perche et le clairon sonna au drapeau. J'ai maintes fois entendu cette sonnerie, mais jamais elle ne m'a plus profondément ému que ce jour-là. Elle était accompagnée d'un cri qui sortait de plusieurs centaines de poitrines : Vive la France! Le colonel y répondit : « Mes enfants, je suis content de vous. »

Les tranchées, creusées selon toutes les règles de l'art moderne, prouvaient bien que nous avions en face de nous des troupes aguerries. Le coup d'œil à l'intérieur était effrayant. Des cadavres, dont les visages étaient contorsionnés et ensanglantés (ce qui me fit supposer que c'étaient des hommes blessés mortellement qu'on avait achevés à coups de crosse pour ne pas nous les abandonner vivants), étaient allongés sur les parapets et au fond des tranchées, les uns face au ciel, les autres tournés vers le sol comme s'ils mordaient la poussière! L'ennemi avait abandonné quatre canons ainsi qu'un grand nombre de fusils de plusieurs systèmes, entre autres des fusils dits de rempart dont les canons ont de 3 à 4 mètres de longueur.

Cependant la journée n'était pas achevée pour nous. Le colonel nous laissa reposer pendant deux heures; ensuite nous marchâmes sur Van-Luoc, principal point d'appui de l'armée chinoise de Quang-Tchéou-Wan, après avoir encloué les quatre canons et détruit tous les fusils. Cette demi-journée nous avait malheusement coûté deux tués et douze blessés, dont un officier. Plusieurs mulets de l'artillerie étaient également blessés. Le P. Ferrand, toujours avec nous, s'était de nouveau distingué dans cette affaire. Suivant lui, l'ennemi avait dû perdre environ quatre cents hommes, tant tués que blessés.

Nous prîmes le chemin de Van-Luoc dans l'ordre de déploiement du bataillon, les compagnies à intervalle de plusieurs centaines de mètres; la colonne s'avançait ainsi sur un front de plusieurs kilomètres. Une fois sur la crête, nous aperçûmes l'ennemi sur nos flancs. C'étaient des fuyards qui s'étaient reformés et dont le tir essaya vainement de nous inquiéter.

Sans s'arrêter, on continua la marche sur Van-Luoc et, vers cinq heures du soir, nous entrâmes, baïonnette au canon, dans ce réduit de la défense chinoise. Nous y trouvâmes dans presque toutes les maisons des quantités de poudre, des fusils, des sagaies et des arquebuses. Outre l'armée régulière qui l'occupait, la ville était un véritable repaire de pirates et d'autres bandes de voleurs armés que les mandarins employaient contre nous.

Si le résultat de cette journée était avantageux pour nous, il ne le fut pas moins pour le peuple de Quang-Tchéou-Wan. Le commerce se rétablit comme par enchantement, les travaux de culture reprirent, les marchés furent de nouveau fréquentés. Les Chinois nous vendaient les produits de la terre et du travail. Jamais, pendant mon séjour sur ce territoire, il ne s'éleva une plainte quelconque de la population que nous traitions non en ennemi vaincu, mais avec indulgence et bonté. Les mandarins eux-mêmes, qui étaient auparavant nos adversaires acharnés, vinrent au nouvel an rendre hommage à nos chefs et leur apporter les cadeaux d'usage. Mais pour en arriver là, il avait fallu beaucoup de sang versé des deux côtés par la faute des instigateurs de la révolte. Il est certain que, dans les mêmes circonstances, les soldats de certaines autres nations civilisées n'auraient pas montré une pareille mansuétude. Qu'on se rappelle le siège de Magdebourg et tant d'autres! La France, elle, s'est toujours montrée généreuse et bonne envers ses ennemis de la veille, et elle tient à cœur de conserver sa haute réputation de bienveillance et d'humanité.

Le lendemain, d'après les ordres de l'amiral arrivés dans la nuit, on nous fit rebrousser chemin. Une flanc-garde se heurta encore à une fraction chinoise qui fut dispersée après un quart d'heure d'engagement. Vers dix heures, nous entrions à Ché-Cam qui, la veille, nous avait fermé ses portes et qui maintenant s'empressait, et pour cause, de les ouvrir toutes grandes à notre approche. Nous la traversâmes avec les drapeaux que nous avions pris à l'ennemi (pour mon compte, j'en avais un en soie rouge avec une inscription en blanc). Au son des clairons, les hommes, à l'exclusion des femmes, accouraient devant leurs maisons et, en bons apôtres, prenaient un air affable, souriaient et se courbaient devant nos chefs. Vers midi, nous faisions notre entrée à Pé-Sé où les matelots qui nous avaient remplacés pendant notre absence se précipitèrent vers nous et nous embrassèrent avec transport. Puis, nous commençâmes à accrocher des drapeaux aux quatre coins du poste.

Le lendemain, l'amiral vint nous apporter ses félicitations. Il nous dit qu'avec nos chefs et des hommes comme nous on pouvait tout oser. — Vous avez longtemps souffert, ajouta-t-il, mais c'est la fin qui couronne l'œuvre. Avec un travail opiniâtre, on vient à bout de tout. Le ministre ne tardera probablement pas à vous envoyer ses félicitations personnelles. En attendant, j'ai demandé que la médaille coloniale avec l'agrafe de la colonie soit donnée à tous ceux qui ont combattu ici.

D'autre part, les officiers de la flotte en rade de Fort-Bayard adressèrent à notre capitaine une lettre dans laquelle ils exprimaient leur admiration pour lui et pour sa compagnie. — Vous voyez, nous dit celui-ci, combien votre bravoure est admirée de tous. Quant à moi, je vous ai déjà remerciés sur le champ de bataille; aujourd'hui je vous remercie encore, et non pas seulement ceux qui survivent, mais aussi ceux qui sont morts dans l'accomplissement de leur devoir. — En prononçant ces dernières paroles, il nous quitta, presque les larmes aux yeux! Et je sentis à ce moment que ce qui m'a toujours entraîné à servir aux colonies, malgré la misère, les fatigues et les dangers, ce sont les chefs sous les ordres desquels j'ai eu l'honneur de marcher et de combattre. C'est un long volume qu'il me faudrait écrire pour relater d'après ce que j'ai vu moi-même, tous les exemples qu'ils ont donnés, toutes leurs belles actions de guerre, toute leur humanité et tout leur dévouement aux soldats qui partageaient leurs souffrances! Et si, en garnison, l'intimité entre officiers et soldats est quelquefois moindre par la faute de quelques chenapans qui arrivent à se glisser dans les troupes coloniales, nous savons du moins qu'on sait faire la distinction et que les autres, les vrais soldats coloniaux, possèdent la sincère estime de leurs chefs.

Le lendemain, les officiers de la flotte envoyèrent au capitaine une caisse contenant quatre-vingt-douze paquets de tabac à distribuer à la compagnie; cette aimable attention nous fit grand plaisir et nous montra une fois de plus que dans l'armée, tout le monde s'estime et tout le monde se tient. Le même jour, deux camarades grièvement blessés mouraient à l'ambulance. Cela portait à quatre le nombre des victimes du combat du 16.

Deux jours après, les mandarins de Mac-Giang, ville où les habitants nous avaient montré le plus d'hostilité, vinrent nous apporter leur soumission. Les gens qui les accompagnaient nous dirent que dans la journée du 16 novembre, à Van-Luoc, nous leur avions tué plus de quatre cents hommes. C'est certainement très regrettable. Mais, qui avait provoqué cette tuerie? N'en étaient-ils pas eux-mêmes responsables? Ne nous avaient-ils pas fait toutes les misères possibles, allant jusqu'à tuer deux de nos officiers en promenade et se vantant d'avoir jeté leurs cœurs aux chiens?

Le capitaine de vaisseau Philibert, « le bon père Philibert », comme l'appellent les matelots, vint également nous visiter. Il demanda au capitaine de nous réunir pour nous adresser ses félicitations. Enfin, après notre victoire, nous commencions à jouir d'un peu de tranquillité. Dans nos reconnaissances, nous lancions des proclamations pour le maintien de la paix et pour engager la population à venir à nous avec confiance. Toutefois, pour plus de sûreté, nous établissions des avant-postes, car nous connaissions les Chinois, aussi bien par la guerre du Tonkin que par ce que nous venions d'éprouver nous-mêmes.

Pour l'exemple, le village où nos deux officiers avaient été assassinés fut bombardé le 23 novembre et complètement détruit.

Enfin, après quatorze mois d'un pénible labeur, aussi bien du côté des marins que de l'infanterie de marine, on arriva à établir la délimitation du territoire qu'on appelle « possession française dans la Chine méridionale ». A cet effet, l'amiral et le maréchal Sou se rendirent en chaises à porteurs et en grande pompe à Ché-Cam, où une parade officielle devait avoir lieu. Bien qu'il y eût déjà deux compagnies dans la ville et que nous fussions sur le point de partir pour aller créer et occuper un nouveau poste sur la rive gauche, l'amiral décida que la compagnie Maitret assisterait à cette parade en tenue blanche, tandis que les autres compagnies prendraient la tenue de route. Devant le maréchal chinois, l'amiral serra cordialement la main du capitaine et, avec un bon sourire, nous dit à haute voix : « Mes amis, je vous accorde une ration de vin; vous l'avez bien gagnée. »

Arrivés devant Ché-Cam, on nous fit mettre baïonnette au canon et entourer complètement le maréchal qui était notre hôte et dont nous étions responsables. On envoya également des patrouilles dans toutes les directions, car on savait qu'il régnait encore une certaine animosité contre lui et l'on craignait une démonstration hostile des indigènes.

En sortant de Ché-Cam, nous marchâmes dans la direction de Phu-Kien où nous avions reçu les premiers coups de fusil dans la journée du 9 octobre. Nous nous arrêtâmes devant un ruisseau et là, après de longues discussions et contestations de part et d'autre, le maréchal planta de ses propres mains un long piquet tout près du ruisseau. Ce devait être pour lui le premier poteau-frontière. Mais l'amiral protesta : « Voilà notre frontière à l'eau » s'écria-t-il. Et tout le monde partit d'un éclat de rire. Après cette première séance, l'amiral présenta au maréchal le commandant Ronget qu'il déléguait pour les travaux de délimitation. Le maréchal présenta de son côté trois officiers chinois. A ce personnel vinrent s'ajouter un ingénieur français et trois consuls français résidant en Chine, dont l'un délégué de M. Pichon, notre ministre à Pékin. Le maréchal était accompagné d'une garde de soldats chinois, en tenue fantaisiste, armés de fusils allemands et belges à répétition, avec chargeurs à cinq cartouches. Leurs armes étaient belles, bien entretenues, mais contrastaient singulièrement avec leurs pieds nus.

Après les salamalecs d'usage en Chine, les délégués entrèrent immédiatement en fonctions, chacun une carte en main. Nous avancions en obliquant à droite et en plantant successivement des poteaux-frontières provisoires. A chaque poteau, on discutait beaucoup et on gesticulait encore plus. Pour gagner quelques pieds de terrain, l'officier chinois tirait notre commandant par le bras droit et celui-ci tirait l'officier chinois par le bras gauche. Ce spectacle qui rappelait le jeu des quatre coins nous amusait fort. Vers quatre heures de l'après-midi, tout le monde était exténué de fatigue par une marche qui durait depuis le matin, sous une chaleur accablante, au travers des rizières et des ruisseaux. Nous rentrâmes à Pé-Sé.

Le même jour, nous apprenions que le maire de Ché-Cam, qui était venu nous apporter la soumission de cette ville, avait été assassiné.

La moitié du mois de décembre se passa en travaux

de délimitation. Les poteaux-frontières que nous avions posés le premier jour furent enlevés le lendemain par des mains invisibles. Les troupes qui ne participaient pas aux travaux étaient consignées dans leurs postes afin d'être prêtes à marcher au premier signal. Pendant que nous poursuivions nos opérations, je ne pouvais me lasser d'admirer la beauté du pays et la richesse des cultures. Nous traversâmes une plaine splendide où plusieurs corps d'armée pourraient bivouaquer et où chaque village important est entouré d'un mur très haut et très épais. Un jour, les Chinois nous conduisirent à 2 kilomètres en arrière de l'endroit désigné par la carte; c'était autant de terrain qu'ils voulaient nous rogner. En même temps, nous apercevions sur notre gauche de nombreuses bandes armées, ce qui signifiait clairement : si vous ne consentez pas à prendre ce qu'on vous offre, nous vous ferons votre affaire ici. Le commandant s'aperçut aussitôt du traquenard, mais ne se sentant pas assez fort, il nous fit rebrousser chemin et nous rentrâmes au poste de Po-Daou, où se trouvait une compagnie française. L'amiral fut aussitôt informé de ce qui venait de se passer. Notre interprète nous raconta un peu plus tard que si nous avions fait cent mètres de plus, les bandes chinoises qui nous suivaient avaient l'ordre de tirer sur nous.

A peine notre travail de délimitation était-il terminé qu'un fonctionnaire civil vint prendre le commandement suprême du territoire, avec le titre pompeux d' « administrateur en chef ». Il s'installa magnifiquement à Ché-Cam et commença à distribuer des ordres aux officiers qui venaient, au prix de quels efforts! de conquérir ce territoire à la France. Je ne fais pas ici le procès des administrateurs des colonies. Je reconnais même que ce rouage est nécessaire, à condition d'y mettre de l'huile. J'ai connu d'ailleurs dans ma carrière des administrateurs pleins de tact et d'amabilité dans leurs relations avec les militaires, mais ce n'est pas toujours le cas. Et je me mets à la place des officiers qui viennent de conquérir un pays au prix de mille dangers et qui, aussitôt après la victoire, doivent obéir à un personnage qui ne les a pas vus à l'œuvre, qui en sait beaucoup moins qu'eux sur le pays, qui ne possède pas leur instruction générale et qui pourtant les traite en quantité négligeable.

Vers la Noël, nous partîmes pour une région encore peu sûre où nous allions construire un poste. Nous nous installâmes dans une pagode où nous devions loger jusqu'à l'achèvement des travaux. Le soir, nous fermions toutes les portes en mettant à chacune d'elles une sentinelle; la précaution n'était pas inutile, car, à peine la nuit était-elle tombée, surtout quand elle était noire, qu'on nous tirait des coups de fusil à jet continu. La veille de Noël, le capitaine fit monter huit hommes sur le toit de cette pagode; et nous y passâmes toute la nuit, jouant ainsi le rôle du bonhomme Noël près de la cheminée et tenant nos jouets (fusils et baïonnettes) à la main. Nous étions prêts pour une distribution, mais les Chinois n'en voulurent pas et, cette nuit-là, nous n'aperçûmes âme qui vive. Le lendemain, le chef du village vint se présenter à nous. Il nous prévint que plusieurs bandes de pirates nouvellement formées opéraient dans les environs. En effet, quelques jours après, notre sergent-major revenant de Fort-Bayard où il avait été envoyé pour affaires de service, recevait des coups de fusil, toujours d'ennemis invisibles. A 2 kilomètres de notre pagode, il se vit obligé de se cacher toute la nuit avec sa faible escorte pour éviter d'être dévalisé d'une importante somme d'argent qu'il rapportait.

Un commerçant français, un sieur B..., qui s'intitulait colon, mais dont l'œuvre colonisatrice consistait à débiter l'absinthe, l'amer Picon et le vermouth aux soldats de Fort-Bayard, fut également attaqué une nuit par une bande de Chinois qui chercha à enlever sa moitié, sans toutefois y réussir. M. B... estima que cette tentative irrévérencieuse valait 25 000 francs et il le fit savoir par les soins de l'amiral au gouvernement chinois. Celui-ci, il faut le croire, fut aussi de cet avis, car il accorda cette somme sans discuter. Un camarade me dit en riant qu'après tout le sieur B... s'était montré peu exigeant et qu'il aurait bien pu, pardessus le marché, réclamer la croix de la Légion d'honneur. Dame ! C'est un titre que de posséder une femme qui en une nuit rapporte 25 000 francs, alors que, tout à côté, de pauvres soldats ne touchent même pas l'indemnité de vivres pour les jours où ils ne mangent pas, pas plus que l'indemnité de couchage pour les nuits où ils dorment par terre et à la belle étoile. Je serais bien étonné si à l'heure où j'écris ces lignes, ce colon de marque et de contre-marque n'était pas devenu un personnage. Car c'est ainsi que cela se passe ordinairement dans nos nouvelles colonies Le soldat s'y bat, y meurt, est oublié; cela semble naturel; mais le civil qui y débarque... quand le canon s'est tu, qui y est en parfaite sûreté, qui s'enrichit en empoisonnant les troupiers avec des alcools frelatés, celui-là, quelques années après la pacification, vient parler de ses services, de ses titres exceptionnels à une récompense et, si on ne l'arrête pas, il est prêt à s'embarquer sur le chemin de la postérité. C'est, tout craché, le Tartarin de la colonisation.

Au mois de janvier 1898, des affiches furent apposées sur les murs de tout le territoire de Quang-Tchéou-Wan annonçant la nomination du prince Li Hung-Tchang comme vice-roi de la province de Canton contiguë au territoire de Quang-Tchéou-Wan. Cette nomination fut un véritable événement dans le pays, car Li-Hung-Tchang était partisan du progrès européen et, à ce titre, assez détesté de ses compatriotes. Or, la province de Canton possédait de nombreuses sociétés secrètes, riches et puissantes, qui entretenaient des bandes de pirates bien commandées, bien armées, agissant avec audace et rapidité et très difficiles à surprendre.

Après la cessation des hostilités, on renvoya les rapatriables et les libérables qu'on avait retenus par nécessité. Je les vis quitter la compagnie avec une émotion et des regrets sincères, car beaucoup étaient mes amis. J'avais bien de temps à autre échangé des mots assez vifs avec quelques-uns des partants, mais ces paroles venaient seulement des lèvres et non pas du cœur. Dans les pays exotiques, où la vie n'est pas toujours drôle, on devient parfois grincheux sans s'en apercevoir. Mais peut-on sérieusement s'en vouloir, quand on a combattu côte à côte sous le feu de l'ennemi, chargé ensemble à la baïonnette et partagé les mêmes joies dans la victoire? Non, et en voyant mes camarades se séparer de moi, en voyant partir aussi notre lieutenant Lorin qui changeait de compagnie, je sentais une vraie tristesse s'emparer de tout mon être. Cela se passait le matin et, pendant toute cette journée, je restai dans mon coin, grognon, maussade et sans appétit.

Le 4 février 1900, nous reçumes la visite du gouverneur général de l'Indo-Chine, M. Doumer, qui nous adressa des compliments. Il se montra fort satisfait et fut très aimable pour nous. Il fit réunir tous les chefs de village pour leur donner des instructions. Je remarquai que les indigènes le regardaient avec surprise. L'interprète avait probablement annoncé l'arrivée d'un vice-roi de France. Ils s'attendaient à le voir chamarré d'or, entouré de pompe et de magnificence. Aussi furent-ils déçus en se trouvant en présence d'un personnage habillé comme tout le monde. Tous ces Orientaux n'en revenaient pas! Conclusion : pour assurer leur prestige dans nos nouvelles colonies, les gouverneurs devraient porter un brillant uniforme, même quand ils n'en ont pas le goût! La visite de M. Doumer fut cependant bienvenue, car il décida que la population ne payerait la première année qu'un impôt très minime.

La semaine suivante, ce fut le tour du général Borgnis-Desbordes commandant en chef des troupes de l'Indo-Chine. Il avait pris des mesures très populaires, telles que la création de bibliothèques dans les postes ainsi que le transport gratuit des colis pour les militaires. Il améliorait notre sort par tous les moyens en son pouvoir. Lorsqu'il visita notre poste et qu'il vit les hommes couchés par terre, sans aucune fourniture de literie, il demanda au capitaine depuis combien de temps nous vivions ainsi, privés de matériel de couchage. « Depuis seize mois », lui fut-il répondu. Le général ne répliqua rien, mais se croisa les bras sur la poitrine et nous regarda avec compassion. Il savait bien que ce n'était la faute de personne, excepté des Chinois. De notre côté, personne ne songeait à se plaindre car l'essentiel : vaincre l'ennemi, avait été réalisé. Et, à ce propos, je crois qu'il faudrait bien obtenir le même état d'esprit en France, où l'on commence à dorloter beaucoup trop le soldat et à l'exposer à être désagréablement surpris par les fatigues et les privations d'une campagne.

Peu de temps après, nous recevions des matelas et des paillasses. Aussi, fallait-il voir notre joie! Le matin, quand le réveil sonnait, personne ne voulait plus se lever. On était si bien sur les matelas! Et il y avait si longtemps qu'on en avait perdu l'habitude!

Au nouvel an chinois (notre mois de février), les mandarins apportèrent au capitaine les cadeaux d'usage, qu'on ne doit jamais refuser sous peine de se créer des ennemis. Les habitants s'attachaient de plus en plus à nous. D'autre part, nous faisions notre possible pour les gagner à la cause française; tout semblait donc marcher à souhait et l'année s'ouvrait sous de favorables auspices.

Dès que notre poste fut terminé (il coûtait juste 4 000 francs), nous nous y installâmes. Le capitaine nous ménageait et nous disait gaiement : « Il y a temps pour tout, quand on a trimé, il faut se refaire! »

Cependant quelques actes de piraterie, pas bien graves, se produisirent encore et motivèrent de temps à autre des reconnaissances et des coups de fusil.

Au mois de mai 1900, nous embarquâmes sur la *Caravane* pour retourner au Tonkin.

A peine arrivé, je fis une demande pour accomplir une quatrième année de séjour. Elle me fut accordée. Un camarade de l'état-major m'avait prévenu que quelque chose d'anormal se passait en Chine, du côté de Pékin, et que fort probablement le corps d'occupation du Tonkin y enverrait du monde. Comme les troupes revenant de Quang-Tchéou-Wan ne devaient pas participer aux opérations prévues, je me mis aussitôt en instance pour changer de régiment. Je réussis, mais non sans peine, à faire aboutir ces démarches.

En arrivant au 9e régiment à Hanoï, je demandai au capitaine de ma nouvelle compagnie de vouloir bien me faire comprendre parmi les hommes désignés pour la Chine. — C'est de la folie, me dit-il; vous tenez donc à vous crever de fatigue? — Non, mon capitaine, répondis-je; je connais mon tempérament et une campagne de plus, ce n'est pas cela qui m'effraye. — Oui, répliqua-t-il, mais tant va la cruche à l'eau qu'à la fin elle se casse. — Néanmoins, je plaidai si bien ma cause, qu'il m'inscrivit sur la liste des partants en ajoutant : — C'est vous qui l'aurez voulu, tant pis pour vous. — C'était la quatrième ou cinquième fois que j'entendais cette phrase, et je suis encore de ce monde.

Je remplaçais un camarade malade et, comme le détachement devait partir le lendemain pour Haïphong, j'eus vite fait mon ballot. Avec les camarades, je quittai Hanoï le cœur joyeux, en répétant la phrase de César lorsqu'il franchit le Rubicon : *Alea jacta est*. On nous embarqua sur le *Cachar*, de cette fameuse compagnie dite *Nationale*, qui traite si mal les soldats de la nation. Le croiseur *Friant* nous accompagnait. Trois jours après, nous touchions à Hong-Kong, ville anglaise bâtie sur le versant d'une montagne, bien fortifiée et très commerçante. Un navire de guerre russe était en rade. A notre approche, sa musique joua la *Marseillaise* et les matelots poussèrent des hourrahs. Le *Friant* répondit en tirant des coups de canon. Un grand nombre de navires de guerre étrangers se trouvaient également dans la rade.

En sortant de Hong-Kong, la mer, cette célèbre mer d'Orient que les poètes ont chantée avec tant de lyrisme, était tellement mauvaise que notre bâtiment dansait sur place sans pouvoir avancer. On fut obligé de s'arrêter jusqu'au soir. Le navire, où on avait entassé à refus treize cents soldats, roulait et tanguait tout à la fois; le service des marins était diabolique. Les passagers pirouettaient avec le navire, et cette sarabande dura jusqu'au 19, à la hauteur de Shanghaï. Le 23, nous débarquions à Takou, où j'eus la curiosité de compter les navires en rade. Ils étaient plus de cent : cuirassés, croiseurs et canonnières. Le soir, cette rade offrait un coup d'œil splendide. Tous ces navires, éclairés à l'électricité et dont les projecteurs fouillaient l'horizon dans tous les sens, formaient réellement un spectacle unique. On eût dit une ville flottante en fête.

CHINE

J'ai déjà publié dans la *Revue des troupes coloniales* un récit intitulé : *Journal de marche d'un soldat colonial en Chine* (1), pour lequel M. le ministre de la guerre a bien voulu m'honorer d'une lettre de félicitations. J'y ai indiqué la difficulté qu'on éprouve en campagne à noter, jour par jour, toutes ses impressions. Je ne suis pas le seul qui ait entrepris de retracer un tableau, pris sur le vif, de la vie du soldat colonial; mais je crois tout au moins être un des rares qui ont eu la bonne fortune de pouvoir achever leur récit. Par suite des fatigues, des privations et des maladies, le soldat en campagne devient parfois très impressionnable; il s'emporte facilement et le pauvre carnet contenant son journal de marche subit, dès qu'il éprouve quelques difficultés, le contre-coup de son état d'esprit. J'en ai vu qui le piétinaient; d'autres qui le déchiraient avec colère et le jetaient dans un fossé. Ces accès, dont je pouvais fort bien être victime aussi, m'ont été épargnés; c'est ainsi que je n'ai jamais cessé, même pendant vingt-quatre heures, de noter les événements journaliers sur mon carnet, en profitant d'une pause ou d'une grande halte, ou encore pendant la nuit à la pauvre lueur d'un bout de chandelle ou d'une petite lampe improvisée.

Dans la narration qui va suivre au sujet de la campagne de Chine, je m'efforcerai de rappeler les principaux faits et de présenter, sous une autre forme et

(1) Publié chez Lavauzelle, 1906.

plus complet, mon journal de marche au lecteur. J'ai utilisé à cet effet quelques documents officiels et divers renseignements des chefs sous lesquels j'ai eu l'honneur de servir.

La superficie de la Chine est évaluée à 11 115 650 kilomètres carrés avec une population de quatre cents millions d'âmes environ, soit trente-deux habitants par kilomètre carré. Les produits les plus importants du pays sont la soie et le thé, à en juger d'après l'exportation qui s'élève annuellement à deux cent dix millions de francs pour la soie et à deux cents millions pour le thé. En 1898, la force de l'armée chinoise était de trois cent mille hommes, très dispersés; et, comme les moyens de communication dans ce pays sont absolument primitifs, on estimait à plusieurs mois le temps nécessaire à sa mobilisation. La flotte se composait, dans la même année, de soixante-dix bâtiments. Jusqu'en 1900, la Chine dépensait pour son armée, la flotte comprise, quatre cent soixante millions par an. Jusqu'en 1900 également, elle s'est obstinément refusé à laisser pénétrer chez elle la civilisation et les idées européennes. Elle combattait en particulier la propagande catholique ou protestante des missionnaires européens et américains.

La campagne de 1900-1901 ne fut que la conséquence de sa haine implacable contre les Européens. Elle a elle-même provoqué cette guerre qui a coûté tant de sang, et n'a eu qu'un médiocre résultat.

La Chine ne possède pas plus que nos États d'Europe l'unité religieuse. Mais toutes ses religions sont à tendances spiritualistes. Les principales doctrines sont : celle de Confucius, célèbre philosophe qui vivait au sixième siècle avant l'ère chrétienne et dont le souvenir est entouré d'un immense prestige dans toute la Chine; celle de Lao-Tsé qui est surtout pratiquée par la basse classe et qui admet la métempsycose; enfin celle de Fô ou bouddhisme, dont la caractéristique est de faire considérer le monde matériel comme une illusion des sens. C'est la religion contemplative par excellence. Les moines bouddhistes possèdent de vastes monastères et d'immenses richesses. Quelle que soit sa religion, le Chinois y est profondément attaché et elle exerce une grande influence sur les mœurs. Les autres religions, le catholicisme, le protestantisme, l'islamisme, le taoïsme, ne comptent pas et leurs adeptes noyés dans la masse ne peuvent rien pour modifier, soit les coutumes, soit les institutions. Souvent, les familles puissantes et riches possèdent un temple où les parents se réunissent aux époques des cérémonies religieuses. Les autres ont au moins une pièce de leur habitation consacrée au culte.

Le respect de la famille, de ses institutions et des usages et traditions qui s'y rattachent, est une vertu caractéristique du Chinois, à quelque classe de la société qu'il appartienne. Ses obligations à cet égard découlent aussi du culte des ancêtres, culte qui domine les autres croyances et qu'on trouve universellement répandu dans cet immense empire. Honorer les ancêtres est une préoccupation constante et, comme je l'ai constaté dans bien des familles, les invocations qu'on leur adresse rappellent, par leur ferveur et leur régularité, les prières du matin et du soir dans les familles chrétiennes des pays d'Europe. La croyance populaire que rien ne peut être caché aux ancêtres et qu'ils suivent de près, pour les récompenser ou les punir, les actes de leurs descendants, constitue en fait le véritable fondement de la morale publique et privée du peuple chinois.

Le mariage n'est pas, comme il arrive souvent dans nos pays d'Europe, une manière de *faire une fin*. Les unions sont précoces; les nouveaux époux comptent rarement plus de trente-cinq ans à eux deux. La mentalité chinoise fait du mariage un véritable devoir, qu'on doit accomplir dès que les aptitudes physiques le permettent; aussi le célibataire et la vieille fille sont-ils considérés comme de véritables phénomènes, j'allais dire des infirmes, que chacun se montre au doigt. Le but du mariage est de perpétuer le culte des ancêtres et de continuer comme une obligation sacrée la procréation de l'espèce. J'ai pensé souvent que nos ménages de France feraient bien d'adopter cette doctrine; ce serait le véritable moyen de conjurer le péril jaune et, ce qui menace peut-être plus encore aujourd'hui, le péril européen. Suivant la tradition ancienne, les parents seuls préparent les unions, sans consulter en rien les jeunes gens qu'on destine l'un à l'autre. Ceux-ci se voient pour la première fois le jour où la cérémonie s'accomplit; d'ailleurs, la suppression du flirtage de quelques semaines en usage chez nous... pour apprendre à s'aimer, ne semble pas nuire à la bonne harmonie et à la convenance des mariages ainsi contractés.

La polygamie n'est pas officiellement permise en Chine, mais la plupart des hommes riches possèdent deux ou trois femmes.

Lorsqu'un homme a atteint quarante ans sans que sa femme lui ait donné un fils, il n'est pas rare que cette dernière lui procure elle-même une femme auxiliaire, car l'idée qui domine toujours l'institution est de perpétuer la famille. On cherche la suppléante dans une honorable famille ouvrière. Dans la situation qui lui est faite, la nouvelle venue n'a ni les mêmes droits, ni les mêmes avantages que la femme légitime. La cérémonie consiste simplement à la transporter dans une chaise d'étoffe bleue au domicile de ses nouveaux maîtres, sans cortège ni musique. A son entrée dans la maison, elle se prosterne devant le maître, la maîtresse, les parents et les personnes âgées. Dans la famille, elle est considérée comme servante; son maître a sur elle le droit de correction manuelle; il est vrai qu'à cet égard la femme légitime n'est pas mieux partagée.

L'empereur de Chine est le chef de la religion dans toute l'étendue de l'Empire. Suivant la croyance populaire, lui seul possède la clef qui ouvre le ciel et dispense tous les biens et tous les maux. Il est le père et la mère du peuple. Nulle volonté ne peut entrer en compétition avec la sienne. Il est absolu. Ne pas se soumettre à ses moindres désirs est un crime digne du dernier châtiment. Il a droit de vie et de mort sur tous ses sujets. Nul ne détient une parcelle du sol de l'Empire que par sa volonté ; à tous points de vue, ses pouvoirs sont sans limites. Et cependant, l'Empereur est l'homme le moins libre de son Empire. Dans sa propre cour, une cinquantaine de personnages sont chargés de surveiller ses actes de souverain et de lui faire des remontrances quand ils le jugent nécessaire. Un censeur est présent à toutes les délibérations importantes des divers ministères. Enfin l'Empereur est assisté de plusieurs grands conseils composés des grands dignitaires et des notabilités les plus importantes du pays.

La Chine proprement dite est divisée en dix-huit provinces. Chaque province est partagée elle-même en départements de premier et deuxième ordres, en districts et en sous-préfectures. Un vice-roi commande à deux provinces et communique directement avec l'empereur. Chaque province a son gouverneur, chaque département, son préfet ou sous-préfet. Il est à remarquer qu'aucun magistrat ne peut exercer ses fonctions dans la province dont il est originaire. Le magistrat local le plus élevé en grade est investi d'une autorité presque absolue. Il perçoit les impôts selon son bon plaisir et sans aucun contrôle.

L'envoi des troupes internationales en Chine fut décidé sur la demande du corps diplomatique de Pékin dont la vie était menacée. En attendant ces troupes, et comme la gravité de la situation augmentait d'heure en heure, les ministres et consuls étrangers demandèrent aux amiraux, dont les navires stationnaient dans la mer de Chine, d'envoyer d'urgence des détachements de débarquement dans la capitale. C'est ainsi que fut brusquement décidée la formation d'une colonne de secours internationale sous les ordres de l'amiral anglais Seymour. Dans la nuit du 9 au 10 juin 1900, les détachements destinés à faire partie de cette colonne débarquaient à Takou; leur effectif total s'élevait à deux mille hommes, dont une partie était destinée à garder la ligne de communication. L'escadre française était représentée par cent quatre-vingts hommes.

Takou est bâti en terrain plat et marécageux, sur le bord du Peï-ho. En suivant le fleuve les navires pénètrent jusque dans la ville. Celle-ci est défendue par plusieurs forts blindés, construits à l'européenne. A l'intérieur, la plupart des maisons sont bâties en terre non blanchie.

De Takou à Tien-Tsin, la colonne fut transportée par voie ferrée, ainsi que de Tien-Tsin à Lô Fa. En ce point, une première escarmouche eut lieu avec les Boxers; elle fut suivie d'une seconde à Lang Fang. De là, la colonne avança encore de 8 à 9 kilomètres, mais elle fut arrêtée par l'état de la voie ferrée qui avait été détruite par les troupes chinoises sous les ordres du général Nich. La communication entre la côte et la capitale était ainsi coupée.

Pendant que la colonne Seymour se débattait sur la route de Pékin, des troubles éclataient à Tien-Tsin où le vice-roi du Petchili, qu'on croyait favorable aux Européens, se laissait déborder par le mouvement des Boxers. Deux bataillons russes arrivèrent heureusement à temps pour renforcer les faibles détachements de marins de tous pays laissés à la garde des concessions. Dans la nuit du 15 au 16 juin, plusieurs établissements des missions protestantes furent incendiés; le feu fut également mis à la cathédrale catholique que le vice-roi avait promis au consul de France de protéger. Des scènes barbares de meurtre et de pillage suivaient les incendies. On apprenait en même temps que des incendies et des massacres avaient lieu à Pékin, dans tout le nord du Petchili, et que des forces chinoises importantes se dirigeaient sur Chung-Liang-Cheng, entre Takou et Tien-Tsin. Des troupes chinoises occupaient déjà les forts de Takou. Ceux-ci barrant le Peï-ho y rendaient la navigation impossible. Dans ces circonstances critiques, il devenait indispensable de recourir à des mesures extrêmes.

Les amiraux tinrent un conseil à Takou et décidèrent de s'emparer des ouvrages par un coup de force, sans consulter leurs gouvernements. Ils envoyèrent au commandant des forts chinois une sommation l'informant que s'il ne se rendait pas immédiatement, le bombardement commencerait à deux heures du matin. Les Chinois n'attendirent même pas ce délai. A une heure du matin, ils ouvrirent eux-mêmes le feu sur les canonnières stationnées à proximité des ouvrages. Celles-ci étaient peu protégées et insuffisamment armées. Elles réussirent cependant à éteindre le feu de l'ennemi et, à sept heures du matin, leurs compagnies de débarquement enlevèrent les forts auxquels le bombardement avait déjà causé des pertes et des dégâts très sensibles.

A cet acte de vigueur, le gouvernement chinois répondit en signifiant le 19 juin aux membres des légations d'avoir à quitter Pékin dans les vingt-quatre heures, et en lançant un édit prescrivant de mettre à mort les étrangers dans tout l'Empire. Ce fut le signal officiel de massacres d'Européens qui eurent lieu au Chan-si, au Hou-Nan, au Hou-pé, etc...

A Pékin, le ministre d'Allemagne, le baron de Kettler, qui s'était rendu le 21 juin au matin au Tsong-Li-Yamen (ministère des affaires étrangères) pour obtenir une explication du gouvernement chinois, fut assassiné dans la rue par des soldats tartares; quelques heures après, commença le siège des légations et de la mission française du Pé-Tang. Siège mémorable et tragique, soutenu par une garnison de quatre cent neuf combattants de toutes nations (sur cin-

quante-neuf hommes qui composaient le détachement
de marins français, seize furent tués et trente et un
blessés).

A Tien-Tsin, la prise des forts de Takou avait eu
pour contre-coup l'entrée en ligne de l'armée régulière
chinoise qui faisait visiblement cause commune avec
les Boxers. Le 17, à trois heures du soir, elle bombardait les concessions européennes en même temps
qu'elle attaquait un train de secours destiné à la
colonne Seymour. Le 23 juin seulement, c'est-à-dire
après cinq jours de combat, quatre mille Russes sous
les ordres du général Stoessel parvenaient à forcer la
ligne ennemie et à rétablir les communications avec
Tien-Tsin.

La colonne Seymour fut obligée, faute de moyens
de transport pour les blessés et par suite de la pénurie
de vivres, de se replier sur Tien-Tsin, harcelée constamment par les Boxers et par l'armée régulière qui
cherchaient à lui couper la retraite. Elle dut se retrancher et livrer un violent combat à l'armée du général
Nich. Cette situation périlleuse put, fort heureusement,
être connue à Tien-Tsin et dans la nuit du 24 au 25 juin
une colonne de deux mille hommes, commandée par le
colonel russe Anésimoff, fut lancée par la rive gauche.
Après un court engagement, le contact fut pris avec
la colonne Seymour qui tenait l'arsenal et se défendait
avec furie. L'amiral put enfin gagner la gare de Tien-Tsin, mais avec des pertes sensibles : soixante tués
et deux cent cinquante blessés. Ce demi-succès augmenta le fanatisme des Chinois et les attaques contre
les légations de Pékin et les concessions de Tien-Tsin
redoublèrent de violence. Le bombardement causait
chaque jour de nouvelles ruines, en particulier dans la
concession française que gardaient des marins russes.
Le 27 juin, l'est de l'arsenal fut enlevé par les Russes
et les Français. Les Russes s'établirent alors entre
l'arsenal et l'école militaire et purent ainsi mieux protéger les concessions étrangères. L'arrivée de nou-

veaux contingents permit de maintenir la communication avec Tong-Kéou et d'éviter un investissement complet. Sur ces entrefaites, les troupes internationales débarquèrent en Chine; mais, au même moment, suivant un message de sir Robert Hart parvenu à Tien-Tsin le 29 juin, la situation des légations à Pékin devenait des plus critiques.

Les troupes françaises envoyées de l'Indo-Chine comprenaient deux bataillons des 9° et 11° de marine avec deux batteries d'artillerie, placés sous les ordres du colonel de Pélacot. Les approvisionnements de tout genre faisaient complètement défaut à Tien-Tsin. La circulation dans cette ville était devenue très dangereuse, car les Chinois embusqués dans les ruines des masures voisines de l'école de médecine criblaient de balles les rues des concessions. Ils attaquaient nos avant-postes et la gare occupée par les Russes.

Les troupes européennes restèrent sur la défensive jusqu'au 12 juillet, perdant chaque jour quelques hommes par le feu de l'ennemi. Le service des nôtres était particulièrement pénible, car tout le détachement était aux avant-postes et à la gare. A ce dernier poste, les attaques les plus violentes eurent lieu les 4, 8 et 11 juillet, où nous eûmes quelques tués et de nombreux blessés. Dans la journée du 11, on lutta avec acharnement et les Chinois commencèrent à se retirer, mais il ne fut pas possible de les poursuivre sur un terrain découvert balayé par le tir de l'artillerie ennemie. Ce combat du 11, dans lequel les Anglais et les Japonais éprouvèrent des pertes sensibles, nous coûta dix tués et trente-quatre blessés.

Après ces affaires, le colonel de Pélacot prit l'initiative de provoquer une conférence de tous les commandants supérieurs des troupes alliées, en vue d'une action d'ensemble immédiate sur les positions ennemies. Une attaque générale fut décidée et eut lieu dans la journée du 13 juillet. Les troupes étaient composées de trois mille Russes sous les ordres du général Stoessel qui manœuvraient indépendamment, de deux batteries et deux bataillons japonais, de six compagnies américaines, d'une batterie et d'un bataillon anglais, de deux batteries et de deux bataillons français. Chaque troupe était commandée par son commandant supérieur, mais les différents mouvements étaient exécutés en même temps.

Pendant toute la journée, les troupes alliées furent en contact avec l'ennemi, mais durent ménager leurs munitions. Le feu des Chinois était si intense qu'il n'était pas possible de relever les morts et de faire des ravitaillements; néanmoins, les soldats français restèrent parfaits de calme et de sang-froid. Le soir de cette rude journée, le bataillon du commandant Feldmann avait seize tués et cinquante-cinq blessés. Sur ces entrefaites, une compagnie japonaise avait pu se glisser dans la nuit, de maison en maison, et atteindre ainsi le pied des remparts. Elle parvint à faire sauter la porte sud; aussitôt, les Japonais et le bataillon Feldmann s'élancèrent en avant, à la baïonnette, et pénétrèrent dans la ville murée. Les autres points de la défense tombèrent du même coup au pouvoir des alliés.

Ce succès décisif était dû pour une large part à l'entrain et à la ténacité des soldats français et japonais auxquels avait incombé la tâche la plus rude et la plus périlleuse. Il était dû aussi en partie au mouvement exécuté à l'est du Peï-ho par les troupes russes du général Stoessel, renforcées par un détachement allemand qui avait réussi à faire sauter le dépôt de munitions d'un des forts chinois. Les troupes internationales avaient plus de huit cents hommes hors de combat, mais on était maître de Tien-Tsin, de ses forts, de ses arsenaux et d'un matériel de guerre considérable. A la suite d'une entente établie le 15 juillet, un gouvernement provisoire fut installé dans la ville pour assurer l'administration de cette grande cité, en l'absence d'autorités indigènes.

Le 24 juillet, le colonel de Pélacot remit le commandement au général Frey qui avait débarqué le même jour à Takou, venant du Tonkin. A la date du 1er août, les troupes françaises renforcées se composaient de trois bataillons d'infanterie de marine et de quatre batteries d'artillerie de marine. Dans une conférence du 3 août entre les généraux des troupes alliées, il fut décidé que l'attaque des positions de Pei-Tsang serait entreprise immédiatement ; ensuite, on chercherait à pousser jusqu'à Yang-Tsoun. Neuf mille hommes de troupes japonaises, anglaises et américaines se rassemblèrent à l'ouest de Sikou, tandis que les Russes, Français, Allemands, Autrichiens et Italiens franchissaient le canal de Lou-Taï et s'établissaient au nord de ce canal sous le commandement du général Stoessel. Le tout était placé sous les ordres du général russe Liniévitch, doyen des généraux présents.

Le 5, les Japonais qui formaient l'avant-garde enlevèrent successivement plusieurs positions chinoises ; ensuite ils se lancèrent à l'attaque des retranchements de Pei-Tsang, soutenus par les Anglais et les Américains, tandis que le général Stoessel faisait entrer en ligne la réserve qui bivouaquait à l'est du Peï-ho, et que le général Frey gagnait You-Nan-Tsoun à travers la plaine inondée et ouvrait un feu rapide sur le flanc gauche des positions de Pei-Tsang. Toutes les troupes étaient exténuées par ces marches et contre-marches sous une chaleur torride. Il fallut laisser à Peï-Tsang un grand nombre d'hommes malingres et incapables de prendre part à de nouvelles opérations. Néanmoins, on poussa jusqu'à Yang-Tsoun en manœuvrant à travers champs et en bombardant les positions de l'ennemi. Celui-ci évacuait les retranchements et nos troupes s'y établissaient au bivouac. Une nouvelle conférence entre généraux eut lieu le 7. Il y fut décidé de marcher sur Pékin sans délai afin de porter secours aux légations assiégées. Le lendemain, la marche fut reprise. Les moyens de transport faisaient totalement défaut; les troupes manquaient de vivres; en résumé, cette marche forcée fut extrêmement pénible pour tout le monde.

Le 13 août, une réunion des généraux eut lieu à Tong-Tchéou, et le soir même à trois heures les Japonais se portaient sur la route dallée de Pékin. Ils devaient entrer en ville par la porte est pendant que les Russes porteraient leur effort sur la porte nord-est. Les Anglais et Américains bivouaquèrent à 4 kilomètres sur la route de la rive sud du canal. Les Français suivirent la rive nord jusqu'au pont de Palikao qu'ils franchirent et prirent ensuite la route voisine de la rive sud. Ils traversèrent le bivouac des troupes américaines vers cinq heures du soir. C'est là que le général Frey apprit que les Russes, avec lesquels il combinait son mouvement pour entrer dans Pékin, campaient à 3 ou 4 kilomètres de la ville. Il partit aussitôt pour les rejoindre.

Les tentatives faites par les colonnes japonaise et russe pour entrer à Pékin par les portes est et nord avaient échoué, tandis que les Anglais et Américains étaient parvenus à s'introduire sans coup férir dans la capitale chinoise. Ce furent les Indiens anglais qui arrivèrent les premiers, vers trois heures du soir, aux légations.

D'après de nouveaux ordres, la colonne française suivait l'itinéraire des Russes et des Japonais. Elle gagnait dans la nuit la porte Ha-Ta-Men et à quatre heures du matin allait camper au milieu des ruines de la légation de France. Il fut alors décidé qu'elle irait dégager au plus vite la mission catholique du Pé-Tang, où Mgr Favier avec une poignée de marins, de missionnaires et quelques centaines de chrétiens était assiégé depuis deux mois. Le général Frey s'entendit à ce sujet avec M. Pichon, notre ministre de France. Il fut convenu qu'on bombarderait d'abord, à titre de représailles, la ville impériale que les réguliers chinois occupaient toujours. Mais, sur la demande du général américain, qui craignait le danger pour ses troupes installées dans le quartier voisin du palais, le bombardement fut interrompu et l'opération pour dégager la mission remise au lendemain.

Le 15, la colonne française n'étant pas suffisament forte, les généraux alliés décidèrent qu'un peloton de cosaques, un bataillon russe et un bataillon anglais seraient mis à la disposition du général Frey. La colonne ainsi constituée, à laquelle vint se joindre M. Pichon avec une partie du personnel de la légation de France, se réunit donc le 16 au matin entre la porte sud et la porte de Tsien-Men ; à huit heures le feu fut brusquement ouvert par notre artillerie à une distance de quatre cents mètres et par les marsouins qui s'étaient glissés à travers les maisons. L'artillerie anglaise appuyait l'action. Après une courte résistance, les Chinois évacuèrent précipitamment la position, laissant entre nos mains une quarantaine de bouches à feu de tout calibre. Les Japonais qui venaient également à notre secours escaladèrent le mur de la ville impériale et réussirent à ouvrir un battant de la porte, mais sans pouvoir aller au delà. Les missionnaires parvinrent à se mettre en relation, au nord de cette porte, avec des fractions de l'infanterie de marine et purent faire prévenir le général Frey que l'ennemi avait dégarni le nord du Pé-Tang, mais se portait en masse vers Si-Hoa-Men. Aussitôt, le général fit diriger deux compagnies de ce côté et, grâce aux échelles placées par les chrétiens sur le mur, le capitaine Marty put pénétrer dans l'enceinte de la mission avec un certain nombre d'hommes et prendre ainsi à revers les positions des Chinois. Cette initiative permit de s'emparer de la première barricade. Alors l'artillerie déblaya l'avenue menant à la ville interdite, puis Français et Russes poursuivirent les Chinois de maison en maison et s'emparèrent de la deuxième barricade, tandis que les Japonais rejetaient l'ennemi dans la direction du vieux Pé-Tang.

Le général et M. Pichon félicitèrent alors Mgr Favier et la poignée de marins français et italiens qui avaient héroïquement soutenu ce siège de deux mois au cours duquel l'enseigne de vaisseau Henry avait été tué. Mais il fallut encore achever la défaite des Chinois qui se battaient en désespérés pour empêcher les alliés de pénétrer dans le quartier impérial. Ce ne fut qu'après une lutte très vive de près de deux heures, au cours de laquelle un grand nombre de soldats chinois se firent tuer sur place, que toutes les positions barricadées tombèrent entre les mains des alliés. On pénétra enfin dans le palais des ancêtres et les drapeaux des nations qui avaient pris part à l'opération furent hissés sur la montagne de charbon qui domine le palais impérial et la ville.

La résistance des Chinois était vaincue. Il restait à purger la capitale et tout le territoire du Petchili des groupes de Boxers et des réguliers débandés qui s'y cachaient. On allait utiliser pour cela le gros du corps expéditionnaire des alliés qui commençait à débarquer à Takou et à Tien-Tsin. Cette dernière ville offrait un spectacle indescriptible. Pas une seule maison n'avait été épargnée par les obus et cette grande cité qui comptait avant la guerre près d'un million d'âmes, avec des maisons construites à l'européenne, n'était plus qu'un triste amas de décombres. La gare était dans un tel état qu'il a fallu la reconstruire; les locomotives et les wagons étaient brisés, les rails, arrachés. Ajoutez à cela des centaines de cadavres que le fleuve rejetait à la surface, gonflés comme des outres, ainsi que des corps humains mutilés qu'on trouvait presque dans chaque rue et qui dégageaient une odeur insupportable. J'en étais littéralement écœuré et tout ce que je pourrais dire à ce sujet ne donnerait qu'une faible idée de l'effroyable réalité.

La camaraderie entre soldats des différentes nations répondait à ce qu'on pouvait souhaiter. Mutuellement, on désirait se rendre service. J'ai remarqué que les soldats allemands surtout cherchaient à se rapprocher de nous et à nous être agréables de toutes façons. Je me rappelai le mot du général russe Dragòmiroff : « La camaraderie est le sentiment qui unit les frères d'armes, qui nous pousse à l'humanité, c'est-à-dire au soulagement de nos semblables; les soldats de toutes les nations civilisées sont compagnons d'armes ». Oui, en Chine, et surtout au début des opérations, ce furent les privations et les dangers que nous partagions qui rendirent cette camaraderie internationale si charmante et si utile. Un sous-officier allemand qui paraissait très intelligent et qui parlait quatre langues, me dit un jour d'un air convaincu qu'il serait ardemment à souhaiter pour le bien des peuples et pour l'humanité que cette camaraderie internationale des soldats fût propagée partout. — Puis, au lieu de chercher à se faire la guerre ajoutait-il, il vaudrait mieux que tous les peuples civilisés fussent amis. — Oui, sûrement, répondis-je et à ce propos, je vais vous dire quelque chose que vous pourrez raconter chez vous. J'ai servi déjà dans plusieurs régiments et je me suis frotté ainsi de près à des camarades venus de tous les départements de France; je ne parle pas seulement des soldats de l'active, mais aussi des réservistes et des territoriaux. Eh bien! croyez-moi, en France on ne veut pas la guerre pour la guerre, on ne cherche à provoquer personne, mais chacun tient mordicus à son honneur et à ses droits et est toujours prêt à se faire casser la figure pour les défendre.

En Chine, comme toujours dans les expéditions coloniales, des mercantis de tous pays, aux visages louches, s'installaient. Leur marchandise consistait principalement en whisky, absinthe, vermouth et autres alcools abominablement falsifiés, mais d'un prix toujours exorbitant. La route de Tien-Tsin à Pékin, occupée exclusivement par les Russes, présentait un spectacle des plus tristes. Du côté de Yang-Tsoun, le pays était complètement inondé. Entre Yang-Tsoun et Pékin, la route était infectée de cadavres d'hommes, de bœufs, de porcs, de chiens, etc. On n'y rencontrait pas un seul habitant.

A Tong-Tchéou, c'était encore plus répugnant. Toutes les rues étaient jonchées de cadavres. Dans une mare j'en ai compté trente-deux flottant les uns sur les autres. Aussi, quelle aubaine pour les corbeaux! C'est par milliers qu'ils s'y étaient donné rendez-vous.

A Palikao, devant le monument érigé en l'honneur des soldats qui y sont morts en 1860, le colonel nous fit rendre les honneurs et prononça un discours émouvant. Le même soir, nous arrivions au mur de Pékin, ce mur fameux que les missionnaires nous disent avoir 84 kilomètres de développement et dont la hauteur varie entre 6 et 8 mètres. La largeur au sommet est telle que dix hommes peuvent y marcher de front. A partir du mur, il fallut faire encore 12 kilomètres pour atteindre la ville dite impériale, où nos cantonnements furent établis.

La ville de Pékin est loin d'être la capitale que l'on s'imagine en Europe. Elle ne ressemble en rien à une cité européenne. Elle est, assure-t-on, la plus étendue et la plus peuplée du monde entier; quoi qu'il en soit, je n'ai jamais vu de ville aussi sordide. L'accumulation des ordures et immondices de toute sorte prouve que la malpropreté y a toujours régné. La plupart des rues sont très étroites et éclairées par de petites lampes à huile, de sorte que la nuit l'obscurité y est complète. L'ensemble de l'agglomération urbaine se divise en trois parties : la ville tartare, la ville chinoise et la ville impériale. Celle-ci est la plus riche. Là se trouve le palais impérial qui, sur la demande du corps diplomatique, fut complètement respecté. On convint que chaque nation désignerait une délégation pour y faire une entrée solennelle. Cette cérémonie eut lieu le 18 août.

Il est entièrement faux que le pillage de Pékin soit le fait des soldats européens. La plus grande partie de la ville avait été mise à sac, avant l'entrée des troupes alliées, par les Boxers et les soldats de Tong-Fou-Sian qui s'y étaient livrés à tous les excès pendant deux mois et avaient brûlé des quartiers entiers. Les Européens y sont entrés affamés et manquant de tout; il est très naturel qu'ils soient allés chercher des vivres dans des maisons non habitées et c'est le fait du hasard que quelques-uns, principalement les Russes, y ont trouvé des objets de valeur échappés au pillage des Boxers. La ville tartare était complètement détruite. Dans la ville impériale, tous les palais furent fermés et gardés par des sentinelles. La légation française fut transformée en ambulance pour nos troupes et les malades y affluaient.

Pendant les premiers jours qui suivirent la prise de Pékin, on fit de nombreuses reconnaissances en ville pour achever d'expulser les Boxers qui y rôdaient encore et menaçaient la sécurité des indigènes paisibles et des militaires isolés. Trois soldats de l'infanterie de marine furent assassinés par eux aux environs de nos cantonnements. Une police très rigoureuse, sous la direction du commandant Brenot, fut organisée pour empêcher le pillage et permettre la reprise du commerce. Les vivres manquaient toujours; nous ne touchions que la demi-ration de riz, un quart de ration de biscuit et, de temps à autre, un peu de viande de mulet. Jamais ni pain ni vin. A Pékin, la disette battait son plein, tout le commerce était arrêté. On ne pouvait absolument rien acheter; nous ne recevions pas de solde et tout le monde était rigoureusement consigné aux cantonnements. Autour de moi, c'était une complainte que je connaissais de longue date! Mais j'étais loin de m'en émouvoir, car il y avait beau temps que j'avais fait mes débuts. Je plaisantais de bon cœur ceux dont la mine était déconfite; puis, je les encourageais et ils finissaient par rire de notre misère commune.

Les plus beaux hommes des troupes internationales

en Chine étaient incontestablement ceux de la cavalerie américaine. Le moins grand d'entre eux mesurait au bas mot 1 m. 80. Les plus petits étaient les Japonais ; mais ces derniers, à défaut de taille, avaient d'excellentes qualités militaires. Ils étaient très disciplinés, adroits tireurs et semblaient dévoués à leurs chefs jusqu'à la mort. Leurs armes et leur matériel de transport étaient d'une propreté remarquable. A propos de l'armée japonaise, qu'il me soit permis de faire ici une petite digression appuyée sur des renseignements que je tiens de deux camarades qui y ont servi comme aides-instructeurs.

L'armée japonaise a été instruite en premier lieu par des Français, à compter de 1871. En outre, en 1879, le Japon a fait appel dans le même but à des officiers allemands. Ceux qui ont vu l'armée japonaise à l'œuvre s'accordent à dire qu'elle peut parfaitement être comparée avec les troupes européennes. La langue anglaise y est de beaucoup la plus répandue; toutefois la langue française et la langue allemande y sont également très étudiées. A l'École de guerre, un Français et un Allemand d'origine assistés de quelques Japonais enseignent ces deux langues. Enfin, j'ai rencontré plusieurs officiers japonais polyglottes, qui s'exprimaient avec une égale facilité dans toutes les langues européennes qu'on parlait autour d'eux.

L'instruction de l'infanterie japonaise est faite d'après le réglement allemand. L'impression que donne l'ensemble est bonne. Les hommes, sous un aspect menu et chétif, sont accoutumés à la dure et très résistants. Ils ont la passion de leur métier et montrent le plus grand respect pour leurs chefs. La discipline est excellente; les punitions sont rares et ne sont prononcées qu'à bon escient; en revanche, elles sont rigoureuses; la sensiblerie n'en atténue pas l'effet et on peut être sûr qu'elles portent quand elles sont appliquées.

La manœuvre de l'infanterie en ordre serré est

exécutée avec beaucoup de précision, mais dans la formation de combat j'ai remarqué un certain flottement et une certaine hésitation pour le déploiement en tirailleurs. Par contre, la souplesse individuelle des hommes dans l'utilisation du terrain m'a paru très remarquable. L'impression que donne la cavalerie japonaise n'est pas aussi favorable que celle produite par les autres armes. Il n'est pas étonnant d'ailleurs qu'à cet égard les Japonais aient encore bien des progrès à faire. Leur pays et leur conformation ne les avantagent pas; ils se cramponnent à cheval plutôt qu'ils ne s'y tiennent. D'après les hommes compétents, ceux de leurs cavaliers qui sont réellement maîtres de leurs chevaux sont tout à fait une exception. Pour ces motifs, il semble douteux que la cavalerie japonaise puisse, actuellement du moins, faire un bon service d'éclaireurs ou d'exploration; cependant, durant la guerre sino-japonaise, elle s'est montrée de beaucoup supérieure à la cavalerie chinoise.

Les grades de l'armée japonaise sont ceux de l'armée allemande; toutefois ils comprennent un maréchal-conseiller, haute fonction dont l'utilité est, même au Japon, très contestée. Des grandes manœuvres annuelles ont lieu au Japon comme en Europe.

Sur ce, revenons à Pékin et voyons ce qui s'y passe. C'est lugubre. Partout des cadavres ou des lambeaux de cadavres; partout des ossements humains, enveloppés dans des chiffons pourris. L'odeur qui s'en dégageait était telle qu'il fallait s'éloigner et prendre d'autres rues, où l'on retrouvait le même spectacle d'horreur. Dans aucune de mes autres campagnes, je n'ai vu autant de morts; mais, encore une fois, à qui la faute?

Sur les instances de Mgr Favier, une nouvelle colonne fut envoyée aux environs de Tong-Tchéou pour dégager les missions catholiques menacées par les Boxers. Tout se passa bien et sans effusion de sang. Sur ces entrefaites, le général Frey dont la santé était très éprouvée, retourna à Takou pour attendre l'arrivée du général Voyron et rentrer en France.

Les ambulances de toutes les puissances regorgeaient de malades. Le matériel que j'ai vu chez les Anglais et chez les Américains, leurs prolonges exceptées, était d'une utilisation bien meilleure que celui des autres nations. Chaussures, effets, harnachements, moyens de transport pour les blessés, tout cela était d'une supériorité incontestable. Les Japonais avaient comme moyen de transport de petites voitures à deux roues très légères, démontables, tout à fait pratiques. Les Allemands, Anglais et Américains, ont employé de grandes prolonges attelées de quatre chevaux ou mulets qui jusqu'à Pékin leur ont certainement rendu service, mais qu'ils n'ont pu utiliser dans les colonnes lancées à l'intérieur du Petchili où il n'existe aucune route. Les Russes, Français et Italiens avaient des voitures à deux roues, sans grande solidité, qu'on avait achetées sur place. Les Russes se servaient en outre de voitures-cuisines à deux roues, avec fourneau et chaudière, réellement très avantageuses, car les aliments étaient préparés pendant la marche et consommés pendant une grande halte ou dès l'arrivée à l'étape; on évitait ainsi des fatigues aux troupes et on les réconfortait au moment propice.

Le casque colonial allemand avait, à l'arrière, un ressort qui permettait à cette partie de se relever et d'éviter ainsi le contact du havresac qui en effet gêne énormément, surtout lorsque le soldat est chargé d'une gamelle ou autre ustensile de campement.

L'eau et aussi le savon manquaient à Pékin, ce qui faisait du lavage du linge une opération très compliquée. Il y avait également pénurie de médicaments chez toutes les nations. Enfin, la mauvaise qualité de l'eau de boisson amena une épidémie de fièvre typhoïde qui fit de nombreuses victimes dans les corps de troupes de toutes les puissances.

Au milieu du mois de septembre, nous en vînmes à

manquer de biscuit. Notre nourriture fut réduite a une demi-ration de riz, un peu de choux sauvages et quelques navets pour toute une compagnie. Au mois de septembre également, un *Te Deum* fut chanté dans la cathédrale de Pékin, avec accompagnement de musique militaire, pour fêter la délivrance des légations et de la mission. Les généraux et M. Pichon y assistaient. Notre ministre paraissait avoir beaucoup souffert des fatigues et du surmenage qu'il s'était imposés. Les militaires le saluaient respectueusement, car chacun avait reconnu en lui un homme énergique, courageux et plein de cœur. Mgr Favier recevait tout le monde à la porte de l'église avec beaucoup d'affabilité. Aux soldats, il tapait familièrement sur l'épaule avec un bon sourire. Au hasard, il leur distribuait quelques cigares, mais en cachette, car il n'en avait pas assez pour tous et ne voulait pas faire de jaloux.

En vue de l'hiver, qu'on savait très rigoureux, une fouille fut ordonnée dans les maisons abandonnées afin d'y chercher des couvertures. Il fut expressément défendu de toucher à d'autres objets, ainsi que de pénétrer dans les maisons habitées. Chaque corvée était accompagnée d'un officier qui en était personnellement responsable.

Vers le milieu de septembre, on demanda aux chefs de chaque unité de signaler, pour les rapatrier, les hommes qui ne paraissaient pas en état de supporter l'hiver en Chine. Un assez grand nombre se présentèrent.

Le palais impérial était gardé par les nations alliées avec une jalousie et une défiance réciproques dont les Chinois riaient à leurs dépens. Chacune y avait placé un poste et tous ces postes avaient la consigne de s'en interdire mutuellement l'accès. Un jour où j'y étais en sentinelle, une dame anglaise se disant la femme d'un consul en Chine, se présenta à moi et voulut à toute force pénétrer dans l'enceinte. — Madame, lui dis-je très poliment, je suis précisément ici pour vous en empêcher et je vous prie de vouloir bien respecter ma consigne. — *Aóh!* s'écria-t-elle, *je ferai piounir vó!* — Zut! répliquai-je. — Puis, j'appelai le chef de poste qui, avec quatre hommes baïonnette au canon, fit battre la consule en retraite. Elle nous montra ses grandes dents d'un air de menace, mais je n'en entendis plus parler.

L'indemnité de vivres était fixée pour les soldats à 35 centimes par jour; nous la touchions, mais il n'était pas possible d'acheter quoi que ce fût; tout était encore fermé.

Parmi les jeunes soldats qui venaient de France, le découragement s'accentuait. Ils demandaient avec effroi aux anciens combien de temps on allait rester sous ce régime. Pour toute nourriture, nous n'avions que deux cuillerées de riz et 100 grammes de pain noir chacun. Et, comme on travaillait péniblement toute la journée, quand arrivait le soir on tombait de fatigue et d'inanition.

Notre capitaine, M. Vautravers, le même sous les ordres duquel j'avais servi au Tonkin pendant les travaux de route, nous encourageait de son mieux. Nul mieux que lui ne connaissait notre mal, puisqu'il en souffrait lui-même. Mais il y avait dans sa compagnie trop de jeunes soldats qui pour un rien se déclaraient malades. Je me rappelle qu'un jour, sur vingt-neuf hommes inscrits pour la visite, six seulement furent reconnus par le médecin. Naturellement le capitaine était obligé de sévir; mais il le faisait avec indulgence et bonté, cherchant surtout à remonter les carottiers et à leur faire comprendre leur devoir.

Un jour il réunit la compagnie en mettant les jeunes soldats d'un côté et les anciens de l'autre. Puis, s'adressant d'abord aux jeunes, il leur dit : — Voyons, il faut raisonner. Ce n'est la faute de personne si nous sommes privés de vivres. Demandez à vos anciens qui ont fait d'autres campagnes, ils vous diront que c'est inévitable et qu'ils n'en sont pas morts. Et puis, il en est exactement de même pour les Anglais, les Allemands, les Russes et pour toutes les troupes des autres nations présentes à Pékin. Il faut donc se résigner. Je vous promets que dès que faire se pourra, je vous en récompenserai largement; d'ailleurs la compagnie a un gros boni et vous seuls en profiterez. Ayez du courage et patientez. — C'était bien parler, mais je me dis *in petto :* voilà ce que c'est que d'envoyer de trop jeunes soldats en campagne ! Et encore, nous étions pas mal d'anciens pour les encadrer...

A Pékin, le hasard me fit faire la connaissance d'un Chinois qui avait été témoin de l'assassinat du ministre allemand, le baron de Kettler. Je lui demandai de me montrer l'endroit du meurtre. Il m'y conduisit et me raconta la scène. Le diplomate se rendait à cheval au Tsong-Li-Yamen. Des soldats chinois se jetèrent tout à coup à la tête du cheval, firent tomber le cavalier et le tuèrent sauvagement à coups de baïonnette. A ce même moment, tous les ministres étrangers étaient réunis au consulat anglais.

Après la prise de Pékin, il fut établi que le prince Tuan était le principal auteur de l'insurrection des Boxers. Il avait réussi à persuader au généralissime Yung-Lu qu'il fallait s'emparer du gouvernement et que c'était le moment d'agir. Yung-Lu s'était laissé facilement convaincre; il avait mis en mouvement une partie de son armée où se trouvaient plusieurs princes et tous marchèrent avec les Boxers.

Jusqu'au 24 septembre, jour où je quittai Pékin pour participer à une colonne dans l'intérieur du Petchili, les Dames de France ne nous avaient encore rien envoyé. Nous étions un peu déçus, car leur générosité nous avait toujours comblés dans les autres campagnes. Il faut dire aussi que nous savions par cœur notre menu de tous les jours. Le matin, du riz cuit à l'eau, et le soir... de l'eau bouillie avec du riz. En revanche, on nous sustentait par la lecture appétissante des ordres généraux, où il était souvent question des droits aux vivres en campagne. On nous parlait de 24 grammes de café, de 30 grammes de sucre, de 50 centilitres de vin, de tafia, que sais-je encore? C'était à faire venir l'eau à la bouche, mais tout cela ne changeait pas l'ordinaire... l'eau et le riz, sans discontinuer.

Une nuit, une de nos sentinelles placée près de la mission fut attaquée par une petite bande de Chinois. Un Chinois allongeait vers elle un long coupe-coupe, mais à peine avait-il esquissé le geste qu'un coup de baïonnette à la tête l'allongeait à terre. Cinq individus de la bande purent être arrêtés. Interrogés, ils répondirent sans hésiter qu'ils voulaient massacrer les catholiques chinois de la mission. Le lendemain, tous furent passés par les armes. Je me suis demandé si les circonstances n'étaient pas vraiment propices alors aux troupes alliées pour mettre fin aux agissements et aux fourberies de tous ces Orientaux. Les Chinois ne pouvant évidemment nous opposer une résistance sérieuse, il eût été on ne peut plus facile de s'emparer des provinces du Petchili et de Canton, où les plus dangereuses intrigues s'étaient toujours tramées contre les Européens. Dans la première, c'était le gouvernement qui agissait; dans la seconde, un nombre considérable de mandarins formant une société secrète entretenaient des bandes armées dans l'unique intention de massacrer les blancs. Il valait évidemment mieux couper court à tout cela; il n'en a rien été cependant, et encore une fois on s'est laissé aller à ces sentiments de mansuétude et de sensiblerie déplacées que propageaient en Europe des gens qui ignoraient tout de la Chine et de ses habitants. Malheureusement l'Europe est exposée à payer cela plus tard et le péril jaune peut devenir très vite une réalité si on laisse à ce bloc oriental le temps de s'organiser.

Le 20 septembre, une colonne composée de Français, de Russes, d'Allemands et d'Italiens ainsi que d'une compagnie de débarquement autrichienne, attaqua le fort de Peï-Kiang, situé à 15 kilomètres de Takou, dans lequel des réguliers chinois s'étaient réfugiés après avoir malmené les missionnaires qui se trouvaient dans la contrée. Dans cette attaque, nous eûmes un tué et un blessé; les Autrichiens eurent quelques blessés. Les pertes des Allemands et des Italiens ne me sont pas connues. Les Russes, qui s'étaient chargés de détruire des mines creusées par les Chinois et communiquant électriquement avec le fort, eurent quarante tués et soixante blessés à la suite d'une explosion. Les Chinois s'enfuirent sur des pirogues que les canonnières des alliés ne purent poursuivre à marée basse. Le village était presque anéanti. Il fut immédiatement occupé par les troupes alliées.

Un ordre général défendait aux petits postes qui se trouvaient attaqués la nuit de répondre par la fusillade. Il leur recommandait de n'employer que les baïonnettes. A Pékin, le poste de la porte ouest était seul autorisé à répondre par des coups de feu. Cet ordre avait pour but d'éviter de tirer sur les Européens, fait qui s'était produit au mois de septembre.

Un jour, l'occasion me fut donnée de voir successivement manœuvrer à Pékin les Allemands, les Japonais et les Italiens. Le maniement d'armes des Allemands est superbe pour la parade et le coup d'œil. Chez les Japonais, l'ensemble est aussi très remarquable. On voit immédiatement que leur discipline est parfaite. Le commandement est bref et sec; chaque gradé reste bien à sa place. Pas de courses à droite et à gauche, pas de cris, ni d'interpellations inutiles pendant la manœuvre; une attitude naturellement correcte; la tête haute, aussi bien chez les officiers que chez les soldats. Je ne puis en dire autant des Italiens. Leur manœuvre était loin de me plaire; j'y trouvais trop de complication dans les mouvements, principalement à l'école de bataillon où les gradés sont continuellement en course, sans que l'ensemble en aille mieux. Les mouvements étaient exécutés avec une mollesse qui sentait l'habitude du *far-niente*. Enfin les gradés faisaient... comment dirai-je? trop de *volume*. La manœuvre de la cavalerie russe que j'ai eu également l'occasion de voir à Pékin, ressemblait beaucoup à une fantasia arabe; mais la propreté des armes, des chevaux et du harnachement laissait beaucoup à désirer.

Qui de nous aurait cru, un an seulement avant la guerre de Chine, que des soldats français pourraient être les convives de soldats allemands et choqueraient leurs verres avec eux? C'est cependant ce qui arriva à la porte principale de Pékin où nous étions de garde. Ils nous invitèrent à leur table où nous fîmes, pour la première fois en Chine, un repas relativement copieux. Je suis obligé de leur rendre cette justice que, pendant cette pénible campagne, ils ont souvent saisi les occasions de nous être agréables.

On avait en Chine une assez mauvaise opinion de l'infanterie américaine, car on savait que les hommes n'y servaient que pour l'argent. Les soldats des nations alliées ne parlaient d'eux qu'en les appelant « les mercenaires », surtout depuis qu'on avait appris par un ordre du général américain Chaffee que plusieurs d'entre eux avaient déserté en Chine. Un soldat espagnol qui avait vécu en Amérique me disait qu'ils en agissent de même dans l'Amérique du Sud, dès que la bonne chère commence à leur manquer.

L'allure des hommes de l'infanterie anglaise les faisait ressembler beaucoup à de grandes poupées mécaniques et prêtait passablement à rire. De tous les soldats présents en Chine, l'Anglais m'a paru de beaucoup le moins sympathique.. Chez lui, pas de camaraderie et par contre, de la raideur et de la morgue. Il ne parlait que rarement aux soldats des autres nations. Un jour, que nous étions de garde avec des Anglais, je demandai à l'un d'eux de me prêter son seau en toile pour aller tirer de l'eau au puits. Il fit d'abord la sourde oreille et lorsque je lui répétai ma demande, il esquissa une grimace sans répondre un mot. Puis, comme je haussais le ton, il s'exécuta avec un mouvement d'humeur. J'y allai de mon « Thank you », mais n'obtenant qu'un haussement d'épaules, je répliquai par un geste qui, bien que *shocking*, mit tous les rieurs de mon côté.

Le 22 septembre, on demanda dans les compagnies des volontaires pour former, sous les ordres du colonel Rondony, une colonne qui devait aller protéger la voie ferrée de Hankéou appartenant à une société franco-belge. Avec d'assez grandes difficultés, mon capitaine me permit d'en faire partie. Nous quittâmes Pékin le 24 septembre au matin, ayant pour tous vivres quelques morceaux de biscuit chacun. Quatre cents porteurs chinois environ nous suivaient. Le soir même, nous atteignions Lou-Kou-Kiao, à 24 kilomètres de Pékin, où se trouvait l'origine de la ligne. La gare était complètement rasée; une citadelle chinoise voisine et le pont de la voie ferrée étaient occupés par un détachement anglais (Cipahis indiens) qui y avait déjà planté son drapeau. Cette prise de possession n'était pas du goût du colonel qui avait été spécialement chargé de cette mission. Avec la plus grande courtoisie, il invita le commandant anglais à faire enlever son pavillon et sans attendre sa réponse y fit arborer le nôtre. Le lendemain, nous fîmes une reconnaissance dans les montagnes. Le pays semblait calme, mais partout nous voyions la trace des Boxers.

Les vivres et les médicaments nous faisaient complètement défaut; le pays semblait avoir plus de ressources que la région entre Tien-Tsin et Pékin, mais en attendant nous n'avions à manger qu'un peu de riz et beaucoup de sel. Pendant le séjour à Lou-Kou-Kiao, seuls, les sous-officiers touchèrent à plusieurs reprises un quart de vin parce que, nous dit-on, il n'y en avait pas assez pour tout le monde. Quelle qu'en fût la raison, cette mesure fit très mauvaise impression sur les soldats. Il en avait déjà été ainsi pendant la campagne de Madagascar où ces préférences avaient quelque peu choqué. Le général Metzinger s'en était d'ailleurs vite aperçu et y avait mis bon ordre dans sa brigade. Rien n'est en effet plus décourageant en campagne que de voir quelques-uns boire et manger pendant que les autres se serrent le ventre, sachant cependant qu'ils ont les mêmes droits. Au surplus, il est bien facile de régler les choses équitablement. Mettons qu'il y ait par bataillon six cents hommes et cinquante sous-officiers. On pourrait, ce me semble, conserver le vin pendant six jours, surtout lorsque l'on sait que le séjour sera d'une durée assez longue, et distribuer ensuite un quart de vin pour deux hommes. En procédant ainsi, on satisferait tout le monde et on éviterait cette chose fâcheuse qui consiste à favoriser cinquante hommes au préjudice de six cents. En campagne, quand les vivres manquent, les anciens soldats se font un devoir de remonter leurs jeunes camarades; ils leur font comprendre que dans une nouvelle colonie les moyens de transport sont autrement difficiles qu'en France pendant les manœuvres, et que la pénurie de vivres n'est nullement la faute des officiers. Mais quand ils voient les uns manger et boire (ne serait-ce qu'une bouchée de pain et quelques centilitres de vin) et les autres les regarder, les jeunes, encore peu aguerris, cherchent sous prétexte d'anémie à se faire diriger sur les ambulances, et celles-ci s'encombrent, malheureusement au préjudice des vrais malades. Les médecins, pour s'en débarrasser, les évacuent presque toujours. Qui en supporte les conséquences? Ceux qui restent, car le tour de service de garde et de corvée revient plus fréquemment, les fatigues augmentent et un jour arrive où, avec la meilleure volonté du monde, on n'en peut plus. Alors on est obligé de quitter la colonne et les effectifs fondent à vue d'œil.

Il faut dire aussi qu'en campagne, les troupes de l'arrière mangent et boivent trop volontiers à la santé de celles qui sont en avant.

Le colonel Rondony, en dehors de ce que je viens de

dire, nous encourageait de son mieux. D'abord, il nous tenait toujours au courant de ses actions. Dans un de ses rapports, il nous disait que nous devions être fiers de la mission qu'on nous avait confiée, d'être en première ligne. Il nous engageait à nous montrer dignes de la confiance placée en nous. A Lou-Kou-Kiao, presque la moitié du bataillon était atteinte de diarrhée ou de dysenterie. Mais, malgré quelques accès de découragement, les jeunes soldats obéissaient aux anciens. Je suis persuadé que plus tard ils nous en sauront gré. Nous les avons conseillés et guidés pendant toute la campagne, comme c'était notre devoir, comme c'est le devoir de tout gradé et de tout soldat expérimenté, pour peu qu'il tienne à l'honneur et à l'esprit du corps auquel il appartient.

Il était convenu qu'à Lou-Kou-Kiao, en cas de danger, les Français iraient rejoindre les Anglais qui occupaient la cité et qu'on se tiendrait sur la défensive. Pendant un mois nous fûmes au régime du riz et du sel, de sorte que je commençai à ne plus parler de l'alimentation dans mon journal de marche. Un jour cependant, des jeunes soldats de plusieurs compagnies allèrent réclamer verbalement chez le colonel contre le manque de vivres. Celui-ci les admonesta sévèrement. Il leur dit que cette réclamation était indigne de soldats d'une arme qui a l'honneur de porter le drapeau français aux quatre coins du monde. C'était parfaitement juste et tous les anciens furent d'accord là-dessus, sachant bien que le colonel ni aucun de nos chefs n'y pouvaient rien. D'ailleurs nous n'avions pas à rechercher à qui incombait la responsabilité. Dans chacune de mes campagnes, le manque de vivres a toujours eu la même cause : l'absence ou l'insuffisance des moyens de transport; et ces moyens, ce ne sont pas nos chefs qui peuvent les créer. Donc nous n'avions aucun droit de nous plaindre, car nous étions tous volontaires et quand on part en campagne, on ne va pas précisément à un banquet. Maintenant que je suis rendu à la vie civile, c'est mon honneur et mon orgueil d'avoir si longtemps bravé les privations et les dangers et d'avoir résisté quand même.

Le 3 octobre, nous fîmes une reconnaissance dans les montagnes, avec la mission de poursuivre et d'enlever un troupeau de bétail qu'on nous avait signalé chez les Boxers. Pendant cette journée, il fallut marcher du matin au soir, sans une seule pause, à travers des montagnes abruptes et sur des cailloux pointus qui nous meurtrissaient la plante des pieds. Le général Oudri, qui avait des mots à lui, aurait appelé cela une étape bien *activée*.

En chemin, nous rencontrâmes plusieurs mines de charbon à ciel ouvert sur lesquelles furent plantés des drapeaux improvisés. Dans les villages, nous affichions des proclamations invitant la population à venir à nous avec confiance. Enfin, à la tombée de la nuit, nous atteignîmes le troupeau que les Boxers abandonnèrent pour s'enfuir à toutes jambes. Alors nous fûmes métamorphosés en bouviers, y compris le lieutenant qui, un bâton à la main, faisait le chien de garde autour des bœufs. Tout le monde criait : hiii, et hooo. Nous ne revînmes à Lou-Kou-Kiao que tard dans la nuit; nous étions exténués de fatigue, mais nous avions de la viande fraîche pour plusieurs jours; depuis longtemps nous ne nous étions pas vus à pareille fête! Un bataillon étant arrivé de Pékin, on nous envoya occuper Liang-Siang-Shien, village que les Allemands avaient bombardé et où nous revîmes le même triste spectacle que sur la route de Tien-Tsin à Pékin. Nous y trouvâmes des cadavres un peu partout. Les Boxers agissaient en effet avec la dernière cruauté envers leurs propres compatriotes. Les valides qui refusaient de marcher sous leur bannière étaient emmenés de force. Ceux qui se disaient malades, ils les guérissaient en leur coupant la tête.

Le courrier venu de Pékin nous apporta des nouvelles assez tristes. Plusieurs camarades de notre bataillon, qui avaient été évacués récemment pour dysenterie, venaient de mourir. Tout le monde était également éprouvé. Les effectifs diminuaient à vue d'œil. Plusieurs compagnies qui comptaient un mois auparavant cent cinquante hommes, n'avaient plus au mois d'octobre que quatre-vingts hommes environ. Un pareil déchet devait évidemment être attribué au mauvais choix des hommes, car dans chaque compagnie on comptait presque la moitié de jeunes soldats ou de rengagés venant des régiments de la guerre. Les uns et les autres étaient à peine débarqués en Chine qu'ils avaient déjà la nostalgie, maladie qui mine l'homme et le rend morose, indifférent à tout et incapable d'une action énergique. A mon sens, il ne suffit pas de viser au nombre dans une expédition coloniale. Il vaut sûrement mieux réduire l'effectif des unités et choisir des hommes sur lesquels on puisse compter. Nous avons là-dessus assez d'exemples et de leçons. Il conviendrait d'en profiter.

Le 9 octobre, laissant un bataillon à Lou-Kou-Kiao, nous avançâmes jusqu'à Liou-Li-Ho, localité très importante, située sur la rivière du même nom, que les Allemands avaient également bombardée. Dès notre arrivée, on nous signala la présence d'un fort détachement de Chinois, des réguliers disait-on, qui étaient chargés par Li-Hung-Tchang de la répression du mouvement boxer. Notre colonel se tenait néanmoins sur ses gardes et faisait surveiller étroitement cette troupe. Ma compagnie fut envoyée sur le flanc droit de la colonne, avec mission de requérir des voitures, mulets, bœufs et porteurs. Vers midi, nous atteignîmes une localité entourée d'un mur formidable. C'était le premier village entièrement habité que je voyais sur le territoire du Petchili. A la porte d'entrée, nous fûmes reçus par les autorités chinoises en tenue de cérémonie. Les visages exprimaient la peur, mais conservaient le sourire aux lèvres. Ce sourire grimaçant, faux et traître des Chinois, combien de fois ne m'a-t-il pas exaspéré? Nous avions fait à Quang-Tchéou-Wan l'expérience des fourberies qu'il peut dissimuler. Quoi d'ailleurs de plus significatif que ce proverbe, courant dans le Céleste Empire et qu'un mandarin m'a cité : « En regardant la bouche qui sourit, on n'aperçoit pas le rasoir qui tranche! »

Par l'intermédiaire de notre interprète, notre capitaine expliqua le but de sa mission. Il demandait qu'on mît à notre disposition dix voitures attelées, quinze mulets, vingt bœufs et cent porteurs, le tout devant être payé à Liou-Li-Ho. Il prévenait en même temps qu'au premier mouvement d'hostilité de la part des habitants, les mandarins seraient passés par les armes. Des sentinelles doubles furent placées aux quatre coins du village. Vers quatre heures de l'après-midi, tout ce qu'on avait requis nous était livré. Nous quittâmes l'endroit sans incident et nous allâmes bivouaquer près d'un ruisseau. Le lendemain au point du jour, la compagnie fut fractionnée en deux groupes qu'on envoya réquisitionner encore des porteurs, des voitures et du bétail absolument indispensables à la colonne. Les prix étaient fixés par les mandarins et on ne marchandait jamais. Vers midi, les deux fractions se retrouvèrent au point de départ ayant réquisitionné en tout quinze mulets, quarante bœufs et trois voitures; quant aux porteurs, on n'avait pu en recruter qu'un petit nombre, tout le monde s'étant enfui à notre approche. On se mit alors en route pour rejoindre la colonne à Liou-Li-Ho où nous arrivâmes dans la soirée. En route, le capitaine s'était vu dans la nécessité de faire fusiller un porteur chinois qui excitait les autres à déserter. Ces exemples sont parfois inévitables en campagne, quand il s'agit du salut d'une colonne.

Peu après, on fut obligé de renvoyer au Tonkin tous les Annamites, tirailleurs et coolies, pour leur éviter les rigueurs de l'hiver. Cette partie de la Chine est complètement dépourvue de ces bambous qui, dans d'autres régions, rendent un réel service aux troupes en campagne. Au mois d'octobre, le froid commençait déjà à être très sensible. On supportait dans la journée la capote et la vareuse; la nuit, nous gelions dans nos cases dépourvues de portes et de fenêtres. Le 13, je vis pour la première fois un convoi de chameaux chinois à deux bosses, dont l'allure était plus lente et plus lourde que celle des chameaux d'Algérie. Les nouvelles que nous recevions de Pékin étaient de plus en plus tristes. La mort y continuait son œuvre néfaste en fauchant journellement des jeunes gens restés à la portion centrale des régiments. Ma compagnie qui au début de la campagne comptait un effectif de cent cinquante hommes, était réduite à soixante-dix au milieu d'octobre. C'était, dans l'espace de moins de trois mois, plus de la moitié du personnel hors de combat. Ces chiffres expliquent que si le départ de France pour une expédition se fait toujours avec un certain enthousiasme, il n'en est pas souvent de même pour le retour!

Le 13 au soir, une colonne internationale venant de Pékin, composée de Français, d'Allemands, d'Anglais, d'Italiens et commandée par un général anglais, arriva à Liou-Li-Ho. C'était une belle occasion de voir et de juger ces troupes en marche. Après une étape de 50 kilomètres tout d'une traite, les Italiens, et je le dis impartialement, me semblaient être les plus fatigués. Ils avaient le plus grand nombre de traînards et d'éclopés. Ces derniers, je les ai comptés par paquets de dix à quinze hommes. L'ajustage défectueux de leur tenue de campagne était probablement pour beaucoup dans cette débandade. Dans un couvre-pieds qu'ils portaient en bandoulière, tout leur linge et leurs vêtements de rechange étaient enveloppés. Ils y avaient attaché aussi leurs outils de campement et leurs chaussures, arrimage qui leur oppressait la poitrine et rendait la marche excessivement pénible.

En outre la qualité de leurs chaussures était détestable. Aussi un assez grand nombre d'hommes marchaient-ils pieds nus.

Autant que j'ai pu en juger, la cavalerie anglaise se tenait et marchait dans un ordre parfait. Ses chevaux étaient superbes, bien entretenus, harnachés en cuir jaune. L'équipement des hommes était de la même couleur.

La marche de l'infanterie allemande me fit également bonne impression; le pas était normal, les hommes ne montraient pas trace de fatigue. Ils portaient des havresacs en peau de chèvre et, comme chaussures, des bottes à courtes tiges. Mais je n'ai pas trouvé leurs ustensiles de campagne pratiques. Chaque homme avait sa marmite de cuisine. L'inventeur de ce système a oublié qu'en campagne un assez grand nombre d'hommes, surtout parmi les jeunes soldats, arrivant à l'étape exténués de fatigue, aimeront mieux se coucher que de préparer eux-mêmes leur repas; au contraire, lorsque le repas est fait par escouade, il se trouve toujours, ou on commande au besoin, un ou deux hommes pour faire la popote des camarades. En outre, la cuisine individuelle crée des difficultés de toute sorte aux chefs d'escouade pour la distribution des vivres, et franchement, les caporaux ont déjà assez à faire en campagne sans qu'on complique leur tâche.

Tous les officiers étrangers saluaient les nôtres du sabre en passant devant eux; de cordiales poignées de main s'échangeaient, signe qu'on avait déjà fait connaissance quelque part.

Le lendemain de l'arrivée de la colonne, ma section fut désignée pour aller occuper provisoirement un village nommé Cho-Ko-Tien, pendant que notre bataillon allait se concentrer à Tcho-Tchéou. Dans ce village se trouvait une mine de charbon sur laquelle notre drapeau fut hissé. Aucune troupe des alliés n'était avec nous. A propos de la colonne internationale qui passa une soirée à Liou-Li-Ho, j'ai constaté avec tristesse que, malgré les écriteaux que nous avions placés aux quatre coins de la ville pour indiquer que celle-ci était sous la protection des troupes françaises, les étrangers ont tout pillé et même tué quelques habitants qui avaient refusé de se laisser dévaliser. Il faut certainement attribuer au manque de vivres ces excès coupables. Mais les habitants conserveront sûrement une triste opinion de la civilisation et du progrès européens qu'on leur avait tant vantés. Il faut rejeter aussi la faute sur la mauvaise organisation du service de ravitaillement, qui était pitoyable au même degré pour les troupes de toutes les nations. Quant à l'humanité, ce sont toujours nos troupes qui en ont eu le plus de souci. Ce sont toujours elles qui ont empêché de piller et de tuer les indigènes en les plaçant sous leur protection.

Aussitôt arrivés à notre poste, notre premier soin fut d'entourer nos cases de tranchées. La nuit, tout le monde veillait. Nous allâmes aussi reconnaître tous les villages qui nous environnaient. La population nous accueillit avec une méfiance visible que ne parvenaient pas à dissimuler les sourires faux et sournois qu'on nous montrait. D'ailleurs sur notre passage on fermait toutes les portes. Quelques maisons étaient barricadées. Détail à noter, nous ne rencontrions jamais une jeune femme. Le sexe féminin était représenté par un lot de vieilles mégères ridées et édentées ou par des enfants en bas âge, même dans les localités où les habitants ne nous fuyaient pas.

Le 18 octobre fut une fête pour nous. Je l'ai noté comme journée mémorable parce que, pour la première fois en Chine, on nous donna du pain mangeable et la ration de vin entière! Quelle aubaine, après tant de mois de privations! Seuls, ceux qui avaient souffert comme moi purent se faire une idée de la joie que je ressentais. D'ailleurs, connaissant la bonté et le souci de notre capitaine pour ses hommes, j'étais presque convaincu qu'il nous avait envoyé la première fournée de pain, sans peut-être en avoir goûté lui-même.

Dans nos reconnaissances, nous prîmes les armes à la main deux Boxers qui furent envoyés à Liou-Li-Ho, condamnés à mort et exécutés. Entre temps, une colonne allemande poursuivit une autre bande de Boxers et lui enleva de vive force la ville murée de Liang-Sang-Shien. Quant à la colonne internationale, qui se concentrait à Chou-Tchéou et qui était commandée par un général anglais, elle détacha le colonel Lalubin qui commandait les troupes françaises pour s'emparer de Pao-Ting-Fou, où les Boxers régnaient encore en maîtres.

A Liou-Li-Ho, une ambulance fut installée avec un médecin français et des infirmiers allemands. Par un ordre général, nous apprîmes que le colonel Drude marchait avec les zouaves sur Chan-Haï-Quan que les Russes occupaient déjà. Ceux-ci prirent nos troupes pour des Boxers et tirèrent sur elles. Les zouaves ne sachant pas à qui ils avaient affaire répondirent par des feux de salve. Il y eut ainsi de leur côté deux morts et sept blessés et, du côté des Russes, trois morts et quatre blessés. Quand l'erreur fut reconnue, les Russes vinrent embrasser les zouaves en pleurant; les larmes coulaient, mais l'irréparable était fait. A la suite de ce triste événement, le général en chef prescrivit à toutes les colonnes de déployer le drapeau avant d'arriver à des endroits qu'on soupçonnait occupés par des troupes d'autres nations. Enfin, il était triste de constater que parmi six grandes puissances représentées en Chine, les Russes seuls ne connaissaient pas nos zouaves.

A cette occasion, je me permets de critiquer la tenue de ceux-ci. Il n'est pas admissible qu'on affuble un soldat d'une nation civilisée d'un vêtement qui lui donne l'apparence d'une femme excentrique et qu'on l'envoie aussi grotesquement et aussi incommodément habillé aux colonies. Avec son pantalon bouffant, qu'il traîne comme une jupe, le zouave marchant dans une forêt s'accroche partout. Son veston, trop court et échancré, ne peut l'abriter contre le froid; enfin le turban achève de le ridiculiser. En Chine, la tenue des zouaves a provoqué l'hilarité générale parmi les troupes des nations étrangères; les Chinois eux-mêmes s'esclaffaient en les voyant passer.

Au mois d'octobre, notre colonel supprima une ration de vin à tout le monde, pour l'exemple, parce qu'on avait brisé une statuette du culte bouddhiste dans une pagode. Peu après, le convoi venu de Pékin nous apprit que les Russes avaient donné une fête en l'honneur des zouaves qu'ils avaient blessés à Chan-Haï-Quan. A ce propos, des décorations russes furent décernées aux victimes de cette déplorable méprise.

Sur ces entrefaites, un ordre général nous annonça l'arrivée du maréchal allemand de Waldersee qui venait prendre le commandement supérieur des troupes internationales en Chine. L'utilité de ce maréchal en Chine était aussi justifiée que celle du maréchal-conseiller au Japon. Il sembla à tous que ce haut personnage n'était envoyé que pour éblouir le monde. C'était en effet toute une cour qu'il traînait avec lui, entre autres un cuisinier français qu'il payait 12 000 francs par an. Un prêt franc de 33 francs par jour! A ce compte-là, j'en connais beaucoup qui passeraient volontiers toute leur vie en campagne.

La mortalité à Pékin et à Tien-Tsin ne diminuait pas; les hôpitaux et ambulances étaient combles. Le 29 octobre, les Allemands livrèrent encore aux réguliers chinois, près de la Grande Muraille de Chine, un combat qui leur coûta trois morts et huit blessés. C'est cette muraille qui, avant l'annexion de la Mongolie à la Chine, formait la frontière de ces deux pays; j'aurai du reste encore l'occasion d'en parler. Dans le but d'activer les négociations et pour peser sur le gouvernement chinois, il fut décidé qu'on irait occuper les Tombeaux impériaux qui se trouvent à 180 kilomètres environ de Pékin, du côté de la Mongolie, et où sont inhumés les ancêtres de la dynastie actuelle. Le colonel Rondony fut chargé de s'y rendre avec sa colonne et de s'y établir jusqu'à nouvel ordre. Cette expédition dans l'intérieur du Petchili resta pour moi un véritable mystère. Dans mes autres campagnes, je savais toujours ce que nous faisions, où nous allions, mais cette fois je ne fus jamais renseigné sur rien. Qu'attendait-on de nous? Et pourquoi? Le colonel même ne le savait souvent pas. D'après les ordres reçus, nous marchions indéfiniment dans les montagnes; nous les contournions; nous faisions des marches et contre-marches. On formait à chaque instant de nouvelles colonnes; on changeait de direction sans jamais savoir exactement le but poursuivi.

Le 30, nous reçûmes l'ordre de rejoindre Liou-Li-Ho. Pauvre compagnie! De plus en plus elle allait en s'affaiblissant. Le capitaine avait une congestion du foie, le lieutenant avait la gale et le médecin-major... la fièvre. Je vis passer à Liou-Li-Ho plusieurs convois de malades anglais évacués en arrière. Le dernier comptait exactement trente hommes. Chaque malade était porté par quatre coolies indiens dans un hamac de toile verte, carré et hermétiquement fermé. Comme je l'ai déjà fait remarquer, les Anglais et les Américains avaient en Chine des moyens de transport beaucoup plus pratiques que ceux des autres nations, mais l'organisation elle-même de leurs services de transport et de ravitaillement était très mauvaise et même dangereuse. Leurs convois étaient d'une longueur interminable. On aurait dit qu'ils employaient un régiment du train des équipages pour ravitailler un bataillon d'infanterie; et ces convois sans fin n'étaient accompagnés que par quelques cavaliers qui, naturellement, ne pouvaient surveiller tout; je me suis demandé souvent comment tout ce monde s'en serait tiré en cas de surprise ou d'attaque.

Le 1er octobre, je vis, pour la première fois, notre

infanterie de ligne faire son apparition en Chine. Elle ne ressemblait pas, heureusement, aux jeunes gens du 200ᵉ pendant l'expédition de Madagascar. Les hommes avaient bonne mine. Il est vrai qu'ils venaient à peine d'arriver et qu'ils n'avaient encore subi aucune épreuve; je ne pouvais donc pas les juger à coup sûr, mais ils m'inspiraient beaucoup plus de confiance que ceux du 200ᵉ. Un grand nombre d'entre eux étaient âgés de vingt-cinq à trente ans et robustes. C'étaient des hommes de la réserve engagés pour la durée de la campagne, auxquels l'État allouait une prime de 200 francs.

On n'a jamais pu savoir exactement l'effectif des troupes alliées en Chine à cause de leurs déplacements continuels. Les uns arrivaient, d'autres partaient. Cependant, au mois d'octobre, on estimait l'effectif des Français à 17 500 hommes, des Allemands à 19 600, des Anglais à 14 500, des Russes à 15 000, des Japonais à 13 000, des Italiens à 2 000, des Américains à 1 600, et des Espagnols à 1 000; soit un total de 84 200 hommes. Après la campagne, une partie de l'armée russe regagna Port-Arthur. Des réserves furent laissées par la France, en Indo-Chine; par l'Amérique, aux Philippines; par les Anglais et les Allemands, à Hong-Kong et à Kiao-Tchéou. Les Russes eurent en outre des troupes mobilisées à Port-Arthur, prêtes à accourir au premier signal. Les Japonais prirent des mesures analogues. Enfin les Russes envoyèrent des troupes occuper provisoirement la Mandchourie. Nous savons ce que ce *provisoirement* voulait dire.

Pour qui n'a pas assisté à cette campagne, il serait difficile de se faire une idée de la rivalité qui régnait entre les alliés. Ainsi, au commencement du mois d'octobre, une colonne composée de Français, d'Allemands, d'Anglais, d'Italiens, et commandée par un général anglais, reçut la mission précise d'occuper Pao-Ting-Fou et les Tombeaux impériaux. Mais à Chou-Tchéou, les troupes des diverses nations se séparèrent sans crier gare du chef de la colonne; chacune prit une route différente avec l'intention d'éclipser le voisin, cherchant, par des sentiers plus ou moins praticables, à arriver la première, soit à Pao-Ting-Fou, soit aux Tombeaux; personne ne s'occupait plus du général anglais et le commandement de la colonne restait littéralement en panne. Le combat du 29 octobre, où les Allemands trouvèrent bon d'aller jusqu'à la Grande Muraille de Chine et où les réguliers les attaquèrent, fut la conséquence de cette rivalité singulière et conduisit du reste à verser du sang inutilement. Après ce combat, les Allemands reprirent le chemin de Pékin sans s'occuper de personne. Et voilà ce qu'on a appelé *le concert des puissances en Chine!*

Mon bataillon ayant réclamé les hommes qu'il avait prêtés pour la formation de la colonne de Lou-Kou-Kiao, je rejoignis ma compagnie. Le même soir j'arrivais à Tcho-Tchéou, ville entourée d'un mur très épais et crénelé. Je n'oublierai jamais le spectacle que j'eus à mon entrée dans cette ville. A la porte par où je pénétrai, quinze têtes humaines suspendues au mur par des cordes semblaient me regarder en faisant des grimaces épouvantables. A Tcho-Tchéou, j'appris avec beaucoup de tristesse le suicide du capitaine D... à Pékin; c'était mon ancien lieutenant au Dahomey, et j'en avais gardé un excellent souvenir.

Un jour, dans une marche, nous rencontrâmes deux journalistes, l'un anglais et l'autre américain. A eux deux, ils employaient trois voitures et embarrassaient toute la route. Il en est ainsi dans chaque expédition. Ces messieurs de la presse prennent des licences que le général en chef lui-même ne se permettrait pas. Je me suis souvent demandé quelle nécessité il y avait d'admettre dans une colonne des artistes qui ne rendent aucun service et encombrent tout le monde. Les deux que j'ai vus à l'œuvre, et je spécifie bien que c'étaient des étrangers, rapinaient presque autant que les Boxers, ce qui n'est pas peu dire. Sur leurs trois voitures, ils avaient empilé de tout : bibelots, armes, soieries, porcelaines, costumes de mandarins et autres objets de valeur. Après cela ils pouvaient, mieux que personne, raconter au public en termes indignés les scènes de pillage qu'on commettait en Chine. Tout de même, si j'avais été à la place du général en chef, je les aurais envoyés « suivre les opérations » ailleurs.

Le lendemain, la marche fut reprise et j'arrivai le soir à Laï-Shu-Siên, ville entourée d'un mur comme Tcho-Tchéou. Là également, des têtes chinoises suspendues à l'entrée faisaient la grimace aux arrivants. Dans cette ville, un médecin chinois fut chargé de soigner les soldats français malades et ces derniers n'eurent qu'à s'en louer. Le lendemain, j'étais à I-Tchéou. Encore une ville murée et des têtes suspendues au mur, renfermées dans de petits paniers tressés à jour. I-Tchéou était la résidence du plus grand mandarin de la province. Il commandait depuis Tcho-Tchéou jusqu'aux Tombeaux impériaux, inclusivement. Je vis flotter dans cette ville des drapeaux de plusieurs nations, mais j'y cherchai en vain le drapeau français. De là, je doublai l'étape et j'atteignis, à dix heures du soir, Si-Ling.

Si-Ling est l'entrée de l'enceinte des Tombeaux impériaux ; on y pénètre par une voûte qui traverse une épaisse muraille construite entre deux montagnes. En quittant Si-Ling, je me trouvai au milieu d'une forêt de sapins où je m'accrochais à chaque instant, car il y faisait noir comme dans un four. Plusieurs fois, je me suis perdu dans les mille sentiers qui la sillonnaient. Enfin, vers onze heures du soir, j'arrivai à Mou-Ling où se trouvait ma compagnie. Je fus reçu par des cris répétés de : Halte-là ! poussés par plusieurs sentinelles qui ne me reconnaissaient pas, car je portais un costume qui n'était guère celui d'un soldat français. Avec mes effets en lambeaux, j'avais plutôt l'air d'un brigand armé. A peine avais-je déposé

mon maigre bagage qu'on m'annonçait que la compagnie partait au point du jour en reconnaissance.
— J'en ferai partie, dis-je au sergent. — A cinq heures du matin, nous quittâmes Mou-Ling et nous entrâmes immédiatement dans les montagnes, par une température glaciale. Le sentier qui, d'après l'itinéraire adopté, devait nous conduire à une grotte, était tellement étroit qu'on ne pouvait même pas marcher à la file indienne. A chaque instant, on entendait un camarade pousser un… nom de Dieu! et en même temps, perdre l'équilibre et tomber à terre. Plusieurs hommes furent ainsi blessés aux mains ou aux jambes et trois eurent leurs fusils cassés. Mais quand nous arrivâmes à cette fameuse grotte, une bande de Chinois armés de sabres et de lances nous y attendaient dans une attitude qui ne nous laissait aucun doute sur leurs intentions. Il nous était tout à fait impossible de nous déployer. Le capitaine Vautravers qui marchait en tête les somma de déposer les armes et, voyant quelques Chinois s'approcher de lui, il crut que sa sommation avait produit son effet. Mais, subitement, deux grands gaillards se détachèrent de la bande et l'un d'eux lui allongea un coup de sabre qui l'atteignit en plein visage et lui fit une blessure assez profonde. En un clin d'œil, le capitaine qui était grand et robuste empoigna mon lascar de la main gauche et lui serra la gorge à l'étouffer, tandis que de l'autre main il dégageait son revolver de l'étui et tirait sur le second Chinois qui s'apprêtait à lui envoyer un coup de lance. La première cartouche rata, mais une seconde le tua net. Celui que le capitaine tenait toujours en respect avec la main gauche, voyant son camarade étendu par terre dans la position « ne bougeons plus », n'avait pas précisément envie de rire. Toute cette scène se passa en beaucoup moins de temps que je n'en mets pour la décrire. Un sergent et deux hommes qui se trouvaient en tête de la compagnie se précipitèrent au secours de notre courageux

capitaine qui, après ce coup, avait été entouré d'autres Chinois. Ils le dégagèrent par des mouvements d'escrime à la baïonnette. Pendant ce temps, la compagnie entière avait réussi à gagner le sommet de la montagne et, baïonnette au canon, courait sus au reste de la bande qui commença bientôt à exécuter un mouvement de repli qu'on ne peut cependant pas qualifier de retraite, puisque nous avions encore du monde en avant, à notre droite et à notre gauche. Il était impossible de se déployer sur ce terrain hérissé de rochers pointus. Il fallut se contenter d'envoyer des feux de salve en restant sur place. Le capitaine ne voulait pas risquer une poursuite sur un sol pareil et en l'absence de tout sentier. Il nous fit tirer sur les fuyards tant qu'ils furent visibles; après quoi on reprit le chemin de Mou-Ling en faisant un détour. Dans cet engagement de la grotte, ce fut certainement au courage presque téméraire et au sang-froid de notre capitaine que nous dûmes de n'avoir ni morts ni blessés. Coïncidence bizarre! Exactement un an auparavant, j'avais assisté à Quang-Tchéou-Wan au combat de Mac-Giang où l'adjudant Rozier et le soldat Pister avaient perdu la vie et où j'avais failli moi-même laisser la mienne. Arrivés au pied de la montagne, nous trouvâmes dix-huit cadavres chinois complètement nus. C'étaient probablement les morts du combat du 29 avec les Allemands? Je ne m'expliquai pas pourquoi on les avait ainsi allégés de leurs vêtements.

Le lendemain, j'eus hâte de visiter les fameux Tombeaux impériaux. Ce sont des pagodes immenses, d'un art chinois consommé, entourées d'un mur de 4 à 6 mètres de hauteur. Les dépouilles mortelles des empereurs, des impératrices, des princes et des princesses du sang impérial reposent dans des mausolées bâtis au centre d'une cour. Chacun d'eux est entouré d'un mur ovale d'une hauteur de 4 mètres environ. Les uns sont en briques, les autres en pierre ou en marbre. Tout est hermétiquement clos. Détail à noter, chaque membre de la famille impériale chinoise choisit de son vivant l'emplacement de sa sépulture. Ainsi l'empereur, décédé depuis, qui régnait au moment de l'expédition, avait, quoique très jeune, déjà choisi sa dernière demeure que marquait une énorme pierre enfoncée en terre. Deux ou trois fois l'an, toute la famille impériale fait un pèlerinage aux Tombeaux.

Notre prise de possession de la nécropole impériale fut marquée par un léger incident.

Le colonel Rondony avait reçu la délicate mission d'occuper les Tombeaux. Les Allemands, par jalousie, voulurent s'emparer de quelques groupes de sépultures (ces groupes sont distants de plusieurs kilomètres) et cherchèrent à dépasser notre colonne en s'avançant par des sentiers détournés. Le colonel était accompagné par un peloton monté sur des mulets et par un interprète chinois qui connaissait à merveille tous les chemins. Il arrivait partout le premier, et plaçait près de chaque groupe des sentinelles avec une consigne écrite, libellée ainsi : « Défense de laisser passer aucun militaire d'une nation étrangère sous peine de mort. » Cependant, arrivé au groupement de Taï-Ling, il trouva des Allemands qui le menacèrent de tirer sur lui et sur ses cavaliers s'il cherchait à s'avancer. Mais ils comptaient sans le courage et la ferme volonté de notre chef qui, pour toute réponse, piqua une charge avec ses cavaliers. Les Allemands n'osèrent pas faire feu ; d'ailleurs, le maréchal allemand de Waldersee, informé de l'incident, leur fit abandonner ce groupe de tombeaux et seuls les Français continuèrent à l'occuper.

Il existe treize groupes de ces tombeaux. Chacun d'eux, ainsi que le village qui se trouve à proximité, porte le nom du premier personnage qui y a été enterré. Dans les divers mausolées reposent quarante-sept dépouilles mortelles de sang impérial; ceux de six groupes sur treize restent vides, les morts ayant été exhumés parce qu'ils étaient isolés, et transférés dans d'autres parties de la nécropole. La maçonnerie de chaque caveau ressemble à s'y méprendre à un réservoir d'eau de nos stations de chemin de fer, avec cette différence que le haut est fermé. Chaque groupe de tombeaux a sa garde spéciale armée de lances et de sabres.

L'annonce d'un convoi de Pékin nous mit l'eau à la bouche; il était question de pommes de terre que les Dames de France faisaient parvenir au corps expéditionnaire. C'était une nouvelle et délicate attention de la part de ces Dames, si généreuses à l'égard des soldats. Dans nos troupes en campagne, elles sont justement populaires et leurs dons sont toujours appréciés... surtout quand ils parviennent. Cependant, notre ordinaire ne changea pas; malgré l'avis reçu, nous restâmes toujours à la demi-ration. Les pommes de terre des Dames de France étaient parfaitement arrivées, mais c'étaient ces messieurs de l'arrière qui les avaient consommées... à notre santé.

En novembre, un grand nombre d'hommes furent atteints de la gale. En outre, la dysenterie régnait parmi les troupes qui occupaient les Tombeaux.

Sur ces entrefaites, la température descendit à 14 degrés au-dessous de zéro. A Mou-Ling, nous étions à 18 kilomètres de la Grande Muraille, qui séparait jadis la Mongolie de l'Empire céleste. Cette contrée, malgré l'importance que lui donnaient les sépultures impériales, était très pauvre et très peu habitée. La culture y était presque nulle. Nous étions littéralement encaissés dans les montagnes, à peu près comme à Lang-Son au Tonkin. La Grande Muraille, couronnant presque constamment les crêtes, se développe sur un parcours immense. Sa construction cependant n'a demandé, dit-on, qu'une trentaine d'années. Dans l'espace de deux mois et demi nous avons parcouru tout le Petchili jusqu'à la Mongolie. La fièvre typhoïde avait fait des victimes parmi nous. Dans ma compagnie, un caporal-fourrier nommé Hennik mourut de cette terrible maladie. La cérémonie funèbre eut lieu dans une pagode des Tombeaux impériaux, célébrée par notre aumônier. Le catafalque et les candélabres en or qui avaient servi jadis pour les obsèques des empereurs ou des princes furent employés pour celles de notre pauvre camarade.

Sur l'indication d'un de nos missionnaires, parfaitement renseigné, nous avions découvert dans les tombeaux de Chan-Ling trente caisses qui contenaient de l'orfèverie et de l'argenterie d'une valeur estimée à 100 000 francs. Ces caisses étaient enterrées au milieu de la pagode et recouvertes de pierres.

Cette prise fut envoyée sous bonne escorte à Pékin.

Le 14 novembre, un convoi venu de Pékin nous annonça que les troupes de l'arrière touchaient les effets d'hiver envoyés par la métropole; ils se composaient de bérets, capuchons, bas et chaussettes de laine, gants, peaux de mouton, passe-montagnes et cache-nez. En Chine, comme dans toutes mes autres expéditions, ce furent encore les troupes de l'arrière qui profitèrent le plus de toutes les fournitures et de toutes les douceurs que la métropole faisait parvenir au corps expéditionnaire. Trop souvent, ceux qui triment à l'avant entendent bien parler de ces envois, mais n'en connaissent jamais la couleur; c'est ce qui nous est arrivé maintes fois pour les pommes de terre, le papier à lettres et beaucoup d'autres choses encore. J'ai pensé aussi que ces effets d'hiver, dont le besoin cependant se faisait grandement sentir, nous parviendraient peut-être avec un léger retard, pour la période des chaleurs, par exemple... En attendant, le thermomètre baissait de jour en jour. Le froid était devenu insupportable dans nos misérables cases, où les vents pénétraient partout et crevaient aux fenêtres les carreaux de papier qui remplaçaient les verres à vitre. Pas de bois pour nous chauffer; et pendant ce temps, ceux de l'arrière habitaient des palais hermétiquement clos, où des fourneaux bourrés de charbon entretenaient une température de serre chaude. Et voyez pourtant jusqu'où va l'esprit de contradiction! Dans aucune de mes campagnes, je n'ai voulu accepter de faire partie de ces troupes de l'arrière! C'est en effet à l'avant qu'on agit et, malgré les vicissitudes qu'on éprouve, ce n'est que là qu'on vit véritablement une campagne.

Notre capitaine fut cité à l'ordre du jour pour sa courageuse attitude à l'affaire de la grotte. Dans le même ordre, le général en chef nous engageait à nous méfier et à nous tenir constamment sur nos gardes contre les attaques imprévues et sournoises des Chinois. Tout le monde remarqua le silence complet de l'ordre sur tout ce qui se passait en dehors de notre colonne. Que faisaient les 16e et 18e régiments coloniaux? Mystère!

Le 18 novembre, nous touchâmes enfin les effets d'hiver, mais pas au complet. Le contraire eût été trop beau. On nous envoyait seulement les bérets et les capuchons. Quant aux autres effets, j'ai pensé qu'on avait envoyé nos mesures en France pour les confectionner. Alors je me suis dit : ce sera pour le mois de juillet, quand le Peï-ho sera dégelé.

A vrai dire cependant, tout commençait à aller mieux. Les convois de vivres nous parvenaient régulièrement. Nous avions du vin et du tafia. Certes, j'ai maintes fois « ronchonné » *in petto* quand il fallait faire de longues étapes sans nourriture, mais je ne me rappelle pas avoir jamais formulé une plainte à ce sujet. D'ailleurs, Napoléon n'a-t-il pas dit que « le vieux soldat ronchonne, mais marche quand même ». Puis en campagne, on doit savoir tout supporter. Le commandant de notre colonne m'avait désigné comme porte-fanion. J'avais reçu un mulet qui, le premier jour, m'avait fort malmené. Sans aucun égard pour mes fonctions, il m'envoyait des pétarades ou faisait le cabochard. Je l'avais appelé Taï-Ling, nom du village où il était né. Il était d'un entêtement peu ordinaire, même chez ses semblables. Ainsi, il s'arrêtait parfois subitement et refusait absolument d'avancer, juste au moment où je devais transmettre un ordre. A mon raisonnement ou à mes flatteries, il faisait une réponse muette, mais significative : une ruade bien sentie, répétée au besoin, et j'étais projeté à terre. D'autres fois, il m'emballait au grand galop, s'arrêtait net, faisait des écarts, se cabrait et à la fin... me déposait. Je finis cependant par le mettre à la raison, à tel point qu'il en vint à me suivre de lui-même quand je marchais à pied. Malheureusement, un jour il se cassa une jambe et à mon grand regret fut condamné à mort par le capitaine adjudant-major. Son exécution eut lieu le matin; le soir, nous mangions sa chair en pot-au-feu. On me donna un second mulet qui fut d'un dressage plus facile; aussi faisions-nous une paire d'amis.

J'escortais partout le commandant Fonssagrives. Une fois, nous allâmes à Tcho-Tchéou en trois étapes. Chemin faisant, le commandant me rappelait quelques épisodes du Dahomey où il avait joué un rôle important comme officier d'état-major et avait reçu une blessure grave. On l'avait décoré de la Légion d'honneur pour sa brillante conduite et la croix lui avait été épinglée sur la poitrine par le général Dodds. Le commandant était alors sur un brancard, à l'ambulance de Ouidah. Ç'avait été une petite cérémonie touchante dont je lui rappelai fidèlement les détails. Il souriait. Moi, j'éprouvais un réel plaisir, car le commandant Fonssagrives avait toujours été un chef juste et bon, soucieux du bien-être de ses soldats et très aimé d'eux.

A Laï-Su-Sien, le préfet nous reçut avec beaucoup de cérémonies, mais le commandant clignait de l'œil, en ayant l'air de dire : « Vieux malin, tu ne me tromperas pas. » A proximité de Tcho-Tchéou, nous rencontrâmes deux sœurs de charité françaises. Elles se rendaient à Pao-Ting-Fou pour y soigner des blessés et des malades. C'étaient les premières sœurs que je voyais dans cette colonne. Il serait bon que l'on sût en France avec quel dévouement absolu autant que modeste ces sœurs accomplissent leur mission aux colonies, s'exposant souvent aux plus grands dangers. C'était le cas de celles que je venais de rencontrer devant Tcho-Tchéou; elles voyageaient dans une misérable voiture à deux roues, sans escorte, sachant cependant combien la route était dangereuse. Elles se montraient là telles que je les avais vues dans d'autres campagnes, faisant le bien sans bruit, toujours dignes d'admiration et de respect.

A Tcho-Tchéou, on ne savait pas ce qui se passait en dehors de notre colonne. Après une entrevue avec le colonel, nous repartîmes pour les Tombeaux. A Laï-Su-Sien, nous fûmes reçus avec les mêmes cérémonies qu'à l'aller. A I-Tchéou, nous rencontrâmes les Allemands qui portaient des casques coloniaux à un moment où le thermomètre descendait à vingt-deux degrés au-dessous de zéro. Cette coiffure hors de saison me parut quelque peu ridicule. Les Français étaient partout bien accueillis, tandis que les Allemands inspiraient la peur. Les Chinois disaient que les *Fagoa* (Français) sont bons et que les *Togoa* (Allemands) sont méchants. Il est d'ailleurs probable qu'en présence des Allemands ils disaient le contraire. Le Chinois n'en est pas à une ruse près ! N'avais-je pas vu, précisément à I-Tchéou, lorsqu'un détachement français passait, le préfet faire hisser notre drapeau. Dans la même journée, passait un détachement allemand; alors, le drapeau français disparaissait comme par enchantement, pour céder la place au drapeau allemand. Et à Taï-Ling, j'ai trouvé sous le lit du fils du chef du village des drapeaux de toutes les nations présentes en Chine. Ils étaient soigneusement roulés dans du papier de soie, avec une inscription sur chaque enveloppe. Aussi suis-je bien affermi dans cette opinion :
« Ne nous fions pas aux Chinois! »

Le commandant Fonssagrives accomplit dans cette région une œuvre très efficace, et très humanitaire. Il protégeait ceux qui la veille étaient nos ennemis, les défendait contre le pillage des soldats alliés et surtout contre les Boxers que les Chinois de cette région craignaient plus encore que les étrangers. Il faisait afficher dans tous les villages de son territoire des proclamations de nature à attirer les indigènes vers nous. Enfin, ses efforts furent couronnés d'un succès dont il eut le droit d'être fier. Dans cette entreprise délicate et difficile il fut secondé par des officiers de haute valeur, tels que le capitaine Koch, le capitaine Vautravers et plusieurs autres qui, dans d'autres colonies, avaient été déjà chargés de missions semblables. Qu'il me soit permis aussi de présenter ici mon respectueux hommage au commandant Fonssagrives qui, pendant cette pénible campagne, a toujours été pour nous un véritable père de famille, ne cessant jamais de s'occuper de notre bien-être, prenant lui-même l'initiative de toutes les mesures intéressant la santé de ses hommes, et cela au milieu de multiples difficultés qui ne lui laissaient guère de loisirs. C'est grâce à lui personnellement, et cela sera toujours son grand honneur, que l'effectif de son bataillon s'est toujours maintenu le plus élevé du régiment, bien que ce bataillon eût subi les plus grandes fatigues et les plus dures privations. Je n'exagère pas en disant que bien des familles de France lui doivent d'avoir conservé leurs enfants.

En rentrant à Mou-Ling, j'appris le suicide du capitaine F... du 16e de marine à Pao-Ting-Fou, ainsi que la mort de mon camarade Pignard, enlevé par la fièvre typhoïde.

Je reviens aux tombeaux des empereurs. L'art que les Chinois y ont déployé est inimaginable. Autour de certains tombeaux s'élèvent, sortant de terre, des colonnes taillées de marbre pur, en forme d'obélisques, d'éléphants, de léopards, de chevaux et d'autres animaux d'une parfaite imitation, ainsi que des statues représentant les personnages défunts. Les auteurs de ces œuvres y ont mis tant de finesse et de science d'imitation qu'à une certaine distance toutes ces statues semblent non seulement naturelles, mais encore prêtes à se mouvoir. J'en fus émerveillé lorsque je vis ce spectacle pour la première fois.

Fort heureusement, on n'attendit pas le dégel pour nous donner le reste des effets d'hiver. Le 29 novembre, il faut être juste, cinquante chameaux nous apportèrent des jerseys, des bas, des chaussettes de laine, des gants, des cache-nez et des peaux de mouton. Ces effets nous ont rendu grand service, car le froid était tel qu'on ne savait pas où se fourrer. Mais je me suis demandé pourquoi les envois des Dames de France ne nous parvenaient plus? Avec quelle joie nous aurions vu arriver leurs cadeaux habituels : papier à lettre, plumes, tabac, savon, etc.! Bien des familles attendaient probablement avec impatience des nouvelles de leurs enfants, les traitant peut-être de négligents ou d'ingrats, sans se douter que les pauvres, complètement dépourvus du nécessaire, étaient bien empêchés d'écrire.

Le 1er décembre, j'accompagnais le lieutenant Javouhey (fils du général) à la Grande Muraille de Mongolie. Nous étions en tout huit cavaliers. A peine avions-nous fait deux heures de chemin, que nous voyions une bande de Boxers déboucher d'un tournant de montagne et s'avancer droit vers nous. Ils étaient une trentaine. Rapidement, nous mettons pied à terre et baïonnette au canon. Laissant nos chevaux sous la surveillance d'un homme, nous nous déployons en tirailleurs. Pendant ce temps, la bande oblique à gauche vers la montagne, probablement avec l'intention de nous prendre de flanc. Ce mouvement fit changer la tactique de notre lieutenant. Nous remontâmes à cheval, et nous avançâmes au pas, l'arme dans la main droite appuyée sur la jambe, prêts à faire feu. Lorsque nous arrivâmes au tournant de la montagne, plus rien! la bande s'était cachée ou enfuie. Nous continuâmes notre route au trot, tout en nous gardant par des cavaliers en avant, sur nos flancs et en arrière. Les sentiers étaient tellement mauvais qu'il fallut renoncer à dépister les ennemis et à les suivre. A chaque instant, un cheval s'abattait sur le sol rocheux et son cavalier avec lui. Nous arrivâmes enfin à la Grande Muraille sans autre accident que des écorchures, nos effets déchirés et nos armes dans un piteux état.

D'après le dire de notre aumônier, aucun Européen n'avait encore pu pénétrer jusqu'aux Tombeaux de l'Ouest avant l'arrivée du corps expéditionnaire.

Le lendemain de notre retour à Mou-Ling, le conseil de guerre se réunit sous la présidence du commandant Fonssagrives pour juger les Boxers qu'on avait capturés; deux d'entre eux furent condamnés à mort et passés par les armes séance tenante; les autres reçurent chacun cinquante coups de bâton. Deux jours après, nous fîmes une nouvelle reconnaissance à l'ouest de la Grande Muraille. Le commandant nous dit que nous étions les premiers Européens ayant mis les pieds sur cette partie du sol chinois. A notre approche, tous les indigènes s'étaient enfuis dans les montagnes, emportant avec eux leurs biens mobiliers sur des mulets. Sur une de ces montagnes, nous poursuivîmes un troupeau de bœufs et de chèvres; trois cavaliers, dont j'étais, chargèrent jusqu'au milieu de la montée, où nos chevaux à bout de souffle s'arrêtèrent et refusèrent d'avancer. Alors nous descendîmes pour courir en avant. Je tirai un coup de fusil en l'air. La détonation arrêta les fuyards qui restèrent comme pétrifiés et un spectacle peu commun s'offrit à nos yeux. Pendant que les femmes cachaient leurs figures dans leurs mains (quelques-unes étaient fort jolies et je ne pus me tenir d'en embrasser une qui, dans sa surprise, ne fit aucune résistance), les hommes entouraient les troupeaux. Parmi les femmes, plusieurs étaient, des pieds à la tête, habillées d'une étoffe de soie blanche ou de couleur tendre, qui moulait leurs formes et faisait davantage encore ressortir leur plastique et leurs charmes. La plupart avaient des pieds minuscules de poupée, et je me suis demandé comment elles pouvaient courir dans les montagnes avec des extrémités aussi délicates et aussi menues.

Voyant qu'on ne leur faisait aucun mal, elles levaient timidement vers nous des visages attendris. Je cherchai à les calmer par ces mots « Pô-so, Fagoa hâou » (n'ayez crainte, les Français ne sont pas méchants). J'ai pensé que si les Russes s'étaient trouvés à notre place, ils auraient fait main basse sur les richesses, car les fuyards avaient presque toute leur fortune dans des sacs et des caisses chargés sur les mulets. Quant aux femmes... Mais le soldat français, quoi qu'en disent les méchantes langues, n'a pas l'instinct du pillage. Je l'ai remarqué dans toutes mes campagnes. Il ne prend que ce qui lui est indispensable pour vivre. Il est vrai que les Chinois ne se montraient pas plus reconnaissants pour cela envers nous. Mais au moins ceux qui nous ont vus à l'œuvre ne peuvent nous reprocher certains actes vraiment répréhensibles qu'ont sur la conscience les soldats de telles autres nations. Dans cette affaire, nous nous sommes emparés de quatre-vingts bœufs, cent vingt-cinq chèvres et cinq moutons, mais en expliquant bien aux propriétaires de ce bétail qu'ils devaient venir à Mou-Ling où ils seraient immédiatement payés.

Nous rejoignîmes enfin la colonne et nous allâmes passer la nuit dans un village voisin dont toute la population s'était enfuie. Le jour suivant nous continuâmes la reconnaissance en laissant le convoi au village; tout se passa sans incident et le soir nous revînmes passer la nuit près de nos troupeaux. Mais le lendemain matin, en reprenant la route des Tombeaux, plusieurs petites bandes de Boxers cherchèrent à nous inquiéter. Elles nous suivaient sur des crêtes à l'altitude de 800 mètres. Chaque groupe avait un drapeau de couleur rouge. On faisait signe aux Boxers de descendre, mais ils ne nous écoutaient pas... et pour cause. Le soir nous fîmes notre entrée aux Tombeaux, bœufs, chèvres et moutons en tête. En même temps les premiers flocons de neige commencèrent à tomber et brusquement le thermomètre descendit à 15 degrés au-dessous de zéro.

Deux jours après cette reconnaissance, je me rendis à I-Tchéou pour affaire de service. J'y assistai à une quadruple exécution. Le préfet avait convié à cette cérémonie funèbre quelques officiers, ainsi que deux journalistes. Le spectacle que j'eus sous les yeux vaut la peine d'être décrit.

Avant l'exécution, les condamnés traversèrent la ville, entourés d'une garde sabre au clair, précédés du préfet et d'autres hauts fonctionnaires qui tous étaient habillés de rouge. Chaque condamné portait sur le dos une pancarte où son crime était indiqué en gros caractères. A la porte d'entrée de la ville le convoi s'arrêta. Le préfet, debout, signa le texte de la condamnation et jeta la plume au visage du condamné. Pour chaque condamné, il changeait de plume. Le prévôt d'armes, habillé de noir, donna le signal de l'exécution. L'exécuteur se mit alors en position, en levant avec les deux mains un large coupe-coupe qui brillait au-dessus de sa tête. Un aide avait au préalable fait mettre les quatre condamnés à genoux sur la même ligne, à un intervalle de 4 mètres environ et les mains solidement attachées derrière le dos. L'aide saisit brusquement la tresse du premier condamné et la tira à lui, de façon que le cou se trouvât penché. Aussitôt, le coupe-coupe tomba et la tête roula par terre. Les autres condamnés regardaient le sol sans sourciller. Cependant, quand le tour du troisième arriva, il essaya de se lever. Mais l'aide l'empoigna à la gorge, le remit à genoux et le coupe-coupe inexorable s'abattit. Aussitôt que le quatrième fut exécuté, le préfet quitta son habit rouge et s'éloigna, sans mot dire, laissant les cadavres (têtes et corps) sur place à la disposition des parents ou amis. Quelques spectateurs déshabillèrent alors les suppliciés et s'emparèrent de leurs effets sans que personne protestât. Ce jour-là le thermomètre marquait 17 degrés au-dessous de zéro.

Le lendemain, je rentrai à Mou-Ling en apportant le courrier de Pékin. Aux Tombeaux il était très difficile de s'approvisionner en légumes. Chaque homme versait à l'ordinaire 25 centimes par jour, ainsi que les 35 centimes d'indemnité de cherté de vivres. La compagnie possédait déjà un boni de plusieurs milliers de francs. Mais en pareil cas, qui en profite? Jamais les hommes de l'avant; en campagne, ils sont toujours négligés au profit de ceux qui restent dans les garnisons. Autre anomalie : les vivres dus et qu'on ne touche pas ne sont jamais remboursés. Enfin l'argent versé à l'ordinaire s'accumule et en fin de compte, lorsqu'on le dépense, ce sont les nouveaux venus qui, sans avoir rien versé, en bénéficient. Il en est de même pour les effets et chaussures qu'on laisse s'entasser en ballots au service de l'arrière et qui, dans chaque expédition, finissent par disparaître. Si encore l'Etat, responsable de l'ensemble, supportait la perte! Mais non, c'est à la masse individuelle qu'on impute les effets perdus, de sorte que l'homme non seulement ne reçoit pas ce qui lui est dû, mais paie encore de son pécule les fautes lourdes ou les négligences de l'administration. De pareils errements ne sont-ils pas la négation de tout principe de justice et d'équité?

A Mou-Ling, nous reçûmes un jour la visite d'un neveu de l'empereur, qui résidait à Si-Ling. Il traînait derrière lui une suite de soixante-quinze hommes environ et venait remercier notre commandant du tact et de la correction avec lesquels il s'acquittait de sa délicate mission. Il lui exprima sa gratitude de ce qu'il avait préservé de toute dégradation ou profanation les monuments sacrés dont il avait la garde. (Le commandant Fonssagrives fut plus tard décoré par l'empereur de Chine de l'ordre du Double Dragon.)

Enfin, nous eûmes quelques nouvelles des autres troupes. Les Russes occupaient la Mandchourie. (Pourquoi plutôt les Russes que les autres?) Une grande partie des Japonais et des Américains avaient quitté le Petchili; les Italiens étaient à Pékin; les Allemands hivernaient entre Takou et Chou-Chéou et y faisaient de nombreuses reconnaissances; les Anglais étaient en majeure partie à Tien-Tsin. Le général Bailloud occupait Pao-Ting-Fou avec les zouaves et le régiment de l'armée de terre. Le 16e régiment colonial était à Takou, et le 18e à Pékin. Le général Voyron résidait à Tien-Tsin et le général Bouguié dans la capitale. La flotte internationale était bloquée par les glaces en rade de Takou. Les convois entre Takou et Pékin s'effectuaient par le fleuve Peï-Ho sur des traîneaux. La couche de glace était très épaisse et supportait des charges fabuleuses. De notre côté, nous commencions à être mieux ravitaillés. Moins bien naturellement que les troupes de l'arrière, mais en première ligne on ne pouvait vraiment pas exiger mieux.

Ceux qui connaissaient le général Voyron, le père des marsouins, se doutaient bien qu'à son arrivée en Chine beaucoup de choses seraient modifiées à l'avantage du corps expéditionnaire et surtout des troupes de première ligne. Et en effet, il ne nous oubliait pas dans son palais de Tien-Tsin. Comprenant sa mission en Chine comme il l'avait comprise à Madagascar et partout ailleurs, il se consacrait corps et âme au bien des hommes qu'on lui avait confiés. Les troupes de l'avant lui étaient particulièrement reconnaissantes, car on sentait bien que, tout en étant loin de lui, nous étions son souci constant. Soldat colonial dans l'âme, il connaissait ses hommes à fond et avait confiance en eux; aussi était-il payé de retour et très aimé de ses soldats. Il me revient ici un passage de l'historien grec

Xénophon dont ont dû sûrement s'inspirer tous ces chefs sous les ordres desquels j'ai servi dans mes campagnes outre-mer : « On ne peut faire des hommes ce qu'on veut s'ils ne sont pas d'avance amis de leurs chefs; le moyen d'en être aimé, c'est de se montrer leur ami, de veiller à leurs intérêts et à la satisfaction de leurs besoins, de se préoccuper sans cesse de leur santé et de leur sécurité. » Dans notre bataillon, le commandant Fonssagrives, le capitaine Koch (adjudant-major) et le capitaine Vautravers étaient admirables de dévouement pour nous. Malheureusement, dans l'armée coloniale comme ailleurs, on trouve des hommes qui ne comprennent pas la bonté de leurs chefs et restent insensibles aux marques de sympathie qu'ils en reçoivent. Il y a également, en campagne comme en garnison, des soldats grincheux par tempérament, que rien ne peut jamais contenter.

Un de nos missionnaires qui remplissait les fonctions d'aumônier dans notre régiment et qui résidait en Chine depuis plus de vingt ans, nous prédisait dans la région des Tombeaux une température prolongée dépassant vingt degrés de froid. C'était pour nous une jolie perspective. En attendant, nous nous tenions toujours sur nos gardes contre les attaques imprévues. Notre commandant ne croyait pas à une agression des Boxers dans cette saison glaciale, mais il exécutait les ordres du général en chef.

Maintenant qu'on a vu les Chinois à l'œuvre dans la résistance qu'ils nous ont opposée et qu'on a pu apprécier ainsi certains traits de leur caractère, il convient de compléter quelques aperçus que j'ai déjà donnés sur les coutumes et les traditions de ce peuple.

Sous des dehors qui paraissent à certains points de vue presque barbares, la Chine possède une civilisation très réelle, dont l'origine se perd dans la nuit des temps et dont le caractère propre et tout à fait curieux est d'être restée stationnaire pendant des milliers d'années. D'ailleurs, il faut peut-être attribuer cet état de stagnation, on peut même dire de recul du progrès chez les Chinois, à leur conception particulière de la hiérarchie sociale.

La population comprend cinq classes, qui se succèdent dans l'ordre suivant d'après la considération, l'estime et l'influence dont elles jouissent dans le pays.

En premier lieu viennent les lettrés et mandarins de tous ordres. Seuls appartiennent à cette classe les Chinois pourvus de certains titres qui correspondent assez bien à ceux de nos bacheliers, licenciés et docteurs, mais avec cette différence pourtant qu'en France chacun peut obtenir ces diplômes en justifiant de certaines connaissances, alors qu'en Chine on ne les confère qu'au concours et en nombre très restreint, eu égard au chiffre des candidats. D'où ces concours de lettrés, qui tiennent une si grande place dans la vie de l'Extrême-Orient et qui ont lieu non seulement en Chine, mais aussi dans notre Indo-Chine française.

La seconde classe de la population est celle des agriculteurs qui, comme on dit là-bas, « nourrissent le corps, ainsi que les lettrés nourrissent l'esprit ».

En troisième lieu, vient la classe des manufacturiers.

La quatrième classe est celle des commerçants ; elle passe après les trois autres parce que, comme me le faisait observer un mandarin, « celui qui vend ne fait que gagner sans produire ».

Enfin, au dernier rang de l'échelle sociale, vient la classe des militaires, que le reste de la population a tenue en profond mépris jusqu'à ces derniers temps.

C'est parfait! diront sans doute quelques antimilitaristes, si ces pages tombent sous leurs yeux. Or, il est permis de se demander si cette mentalité chinoise qui a fait fi, pendant de longs siècles, de l'élément militaire et de l'esprit qu'il comporte, n'a pas été la principale cause du recul et de la décadence de ce vaste pays. En Europe, l'exemple de l'Allemagne et, en Asie, à proximité de la Chine, celui du Japon, peuvent et doivent donner à réfléchir. J'en conclus que, contrairement à ce que certains pensent, l'esprit militaire d'un pays est le principal facteur de sa force, de sa prospérité et de son influence dans le monde. Et si la Chine se désankylose, si elle prend quelque jour dans le concert des peuples une place qui peut être considérable, elle devra ce résultat à ce qu'elle aura créé et honoré chez elle l'esprit militaire au lieu de continuer à s'hypnotiser sur les stériles élucubrations de ses lettrés.

Le Chinois ne s'emporte que très rarement; il est très maître de lui, très froid de caractère; ses paroles sont toujours accompagnées d'un sourire... impénétrable. Le Chinois du nord est moins courageux que celui du sud; par contre, il est plus intelligent et plus commerçant. En Chine, les cadeaux de volailles, œufs, farines, fruits, etc., sont une coutume et même une règle en certaines circonstances.

J'ai constaté souvent que le Chinois du nord est presque aussi jaloux de sa femme que l'Arabe. Il ne la montre jamais aux étrangers. Aux Tombeaux, j'avais fait la connaissance du fils d'un mandarin. A force de passer journellement devant sa maison, comme chef de patrouille, j'avais fini par lui faire une visite quotidienne et bientôt nous étions devenus une paire d'amis. Il me présenta à toute sa famille du sexe masculin et lui fit beaucoup d'éloges sur mon compte. La veille de quitter les Tombeaux des Empereurs, il me donna sa photographie ainsi que celle de sa sœur. Je lui demandai alors de me présenter à sa femme et à sa sœur. — Impossible, me répondit-il, et il me pria de ne pas insister. J'ai vu bien d'autres exemples de cet état d'esprit.

Du fait de sa conception de l'état social, le Chinois est bon cultivateur; d'autre part, malgré la mauvaise tenue des villes, il aime individuellement la propreté. Extrêmement rusé, il rendrait des points à cet égard à tous les peuples du monde; pour jouer son jeu, il est flatteur, menteur, humble quand il le faut jusqu'à la platitude. Il sait, mieux qu'un diplomate de pays civilisé, cacher sa pensée ou l'envelopper dans une phrase à double sens (exemple : Li-Hung-Tchang).

La femme chinoise, à l'inverse de la femme annamite, ne fait pas de travaux pénibles. Elle est très soigneuse de sa personne et aime à se maquiller outre mesure, comme certaines actrices sur la scène. Les femmes chinoises du nord sont généralement plus jolies et mieux faites que celles du sud. Elles apportent un soin jaloux à leurs pieds, pour les rendre aussi minuscules que possible. A cet effet, elles les enveloppent de chiffons en les serrant fortement, et arrivent ainsi à en diminuer beaucoup les proportions. Certaines les ont tellement petits qu'elles ne peuvent marcher qu'avec peine. Mais plus la femme a les pieds petits, plus elle trouve facilement un époux. La dimension des extrémités de la future est une préoccupation de règle pour toute famille respectueuse des traditions qui marie un fils. La femme du nord est plus paresseuse que celle du sud, mais plus propre dans son ménage. Toutefois, les enfants sont, un peu partout, assez négligés.

La femme chinoise est sensible et... caressante. A l'encontre de ce que j'avais entendu dire en Europe, lorsqu'elle veut prouver son affection à l'homme, elle l'embrasse sur les lèvres et se suspend à son cou en lui faisant un collier de ses bras; elle a pour cela, et pour d'autres choses encore, tous les raffinements de la femme des pays civilisés. En Chine le nombre des femmes est partout de beaucoup inférieur à celui des hommes.

Chaque fois qu'un étranger entre dans la maison d'un Chinois, on lui offre invariablement une tasse de thé sans sucre; cette politesse est aussi obligatoire que celle d'offrir une chaise en Europe. Refuser le thé, ou du moins ne pas le goûter, serait froisser la personne qu'on visite. Quand un Chinois invite quelqu'un chez lui, il est aux petits soins et met à la disposition de son hôte toute sa maison et tous ses serviteurs (excepté ceux du sexe féminin).

En voici un exemple. Avant de quitter les Tombeaux je fus invité chez le fils du mandarin de Taï-Ling. Or, j'appris ensuite que plusieurs jours auparavant, le père et le fils avaient cherché, en questionnant mes camarades, à se rendre compte de mes goûts et de mes préférences en matière culinaire. Et je fus assez étonné, le jour du repas, de me voir servir des poissons dans cette contrée dépourvue de rivières, ainsi que d'autres mets que j'affectionnais.

Le Chinois semble être animé aussi d'un certain patriotisme. Il existe dans toutes les provinces des sociétés secrètes qui se donnent pour mission de protéger le sol céleste contre l'invasion des étrangers. Cependant le Chinois est patriote à sa façon; essentiellement égoïste, il tient surtout à son bien et la préoccupation de le sauver l'emporte sur tout.

J'avais passé le jour de Noël à patrouiller dans la forêt. D'ailleurs, il était écrit que ce jour-là je ne serais jamais libre. Depuis le début de ma carrière militaire jusqu'à la campagne de Chine, le bonhomme Noël m'a toujours trouvé, soit en campagne, soit pris par un autre service. L'année précédente j'avais, en manière de réveillon, passé la nuit en faction sur le toit d'une pagode en grignotant, pour remplacer le boudin, quelques morceaux de biscuit sec. Le courrier de Pékin nous apprit que le prince Tuan, principal instigateur du mouvement boxer, qui avait dirigé l'attaque des légations et du Pé-Tang et qu'on avait condamné à mort par contumace, était gracié, mais dégradé de toutes ses dignités — en réalité, il ne fut ni dégradé, ni même blâmé — et que le célèbre comédien Li-Hung-Tchang était nommé par l'impératrice président de la commission chinoise pour la paix. Mais, pendant ces négociations, on signalait d'un peu partout des engagements entre les troupes alliées et les Boxers. Enfin, les réguliers chinois de Chan-Si tentaient sans y réussir, de traverser nos lignes.

La famille impériale s'était réfugiée à Sin-Ngan-Fou,

à plus de 1 000 kilomètres de Pékin, et bien que la commission internationale de la paix eût formellement exigé son retour dans la capitale, elle persista à ne pas vouloir quitter la ville où elle s'était retirée. D'aucuns disaient que c'était sur le conseil même de Li-Hung-Tchang. Tout cela semblait bien louche, et il était évident que les Chinois, devant le désaccord des nations alliées, se moquaient résolument de tout le monde. En fait, d'où venait ce désaccord? De la presse d'Occident, disait-on, qui blâmait les exigences de nos commissaires. Ceux-ci n'étant pas les premiers venus savaient fort bien que les Chinois ne sont jamais embarrassés par les clauses d'un traité. Dans sa retraite de Sin-Ngan-Fou, la cour devait bien rire à l'avance de notre crédulité, quand elle annonçait qu'elle destituait ses hauts fonctionnaires pour nous donner satisfaction. Elle se disait qu'une fois de plus on mordrait à l'hameçon et qu'il suffirait pour cela qu'à Londres, Vienne, Paris et Berlin on envoyât quelques Chinois retors raconter des balivernes aux journalistes et distribuer des sourires aux diplomates. C'est le cas de le répéter une fois de plus : quand un Chinois sourit, méfions-nous!

Je reviens à ma journée de Noël. Depuis vingt-quatre heures la neige tombait. La prophétie de notre aumônier s'était accomplie et le thermomètre était à 23 degrés au-dessous de zéro.

Sur ces entrefaites, parut un ordre du jour dans lequel le général en chef citait : le général Bailloud, le lieutenant-colonel Drude, le sous-lieutenant Davout d'Auerstædt, ainsi que plusieurs autres militaires. Parmi ces citations, figuraient un M. X..., directeur des chemins de fer en Chine, et un M. Y..., journaliste. — Pourquoi? — Pour avoir « suivi les opérations ». Je m'incline, mais beaucoup de camarades disaient à ce propos que « suivre les opérations » ne devrait pas rapporter plus que de les exécuter. En revanche les citations du lieutenant-colonel Drude qui fut mon capitaine au Dahomey et sous les ordres duquel j'ai marché et combattu, de notre vaillant commandant Fonssagrives, du non moins brave capitaine Vautravers, du capitaine Aubé que j'avais connu comme lieutenant au Dahomey et comme capitaine à Madagascar, m'ont fait un profond plaisir. J'en étais très fier, comme si j'en avais partagé l'honneur. Tant il est vrai que lorsqu'on garde un bon souvenir de quelqu'un, on se sent tout heureux lorsqu'on apprend qu'un bonheur mérité lui arrive.

Le 7 janvier, on nous fit occuper les montagnes jusqu'à Si-Ling. Une bande de treize cents cavaliers armés de fusils Mauser nous était signalée. Elle voulait forcer notre ligne, mais prévenue de nos mouvements elle rebroussa chemin. Pour cette marche dans les montagnes, notre commandant avait ordonné de se noircir les sourcils et les paupières avec du charbon afin d'éviter les ophtalmies. Le froid devenait insupportable. Nous avions construit quelques fourneaux de campagne, mais il nous manquait le principal... le bois. Nos logements étaient pleins de fumée et noirs comme des fours. Tous les jours nous collions du papier aux fenêtres en guise de carreaux, mais le vent l'enlevait continuellement. Nous étions presque en plein air; les portes étaient démolies, tout gelait dans nos pitoyables chambres, l'eau, l'encre, le pain et même... les œufs frais. Le matin, nous ne pouvions mettre nos chaussures, qui étaient aussi dures que du bois. En un mot, ce fut un hiver comme je ne me rappelle pas en avoir vu dans mon existence; les cas de congélation se multipliaient et il ne se passait pas de jour sans qu'on entendît cette plaisanterie facile : aujourd'hui j'ai les pieds... nickelés!

Le 13 janvier, on nous communiqua la dépêche suivante envoyée par le président de la République au corps expéditionnaire : « Je suis très sensible aux souhaits du corps expéditionnaire et je désire ardemment qu'il ne soit pas trop éprouvé par les rigueurs de l'hiver. » Ces souhaits ne furent pas exaucés.

Un jour, par la voie de l'ordre, le général en chef prescrivit dans toutes les armes, de demander aux militaires de tous grades leur avis sur tout ce qu'ils avaient pu remarquer d'intéressant dans les troupes des autres nations et d'indiquer les moyens susceptibles d'alléger ou de modifier le service en campagne. Mon commandant m'invita, et j'en fus particulièrement flatté, à lui remettre mon appréciation par écrit. Et peu après, ma joie fut à son comble quand je sus que mon modeste avis avait retenu l'attention et que j'étais proposé pour la médaille militaire et pour caporal.

Malgré les minutieuses précautions prescrites par notre commandant, les cas de congélation devenaient de plus en plus fréquents. Ils provenaient surtout de l'absence de chaussures. Près de la moitié du bataillon en était dépourvue. Nous étions chaussés d'une sorte de savate chinoise que le commandant s'était procurée à grand'peine. A plusieurs reprises, il avait réclamé d'urgence à Pékin un stock de chaussures, mais aucun envoi n'avait suivi. Il y avait bien un magasin d'habillement à Pékin, mais il servait surtout à ceux qui, sous des prétextes futiles, quittaient la colonne pour entrer à l'hôpital et s'y tenir en lieu sûr à l'abri des coups de fusil, du froid et des privations. On a beau récriminer, il en sera toujours ainsi, pour quelques-uns, cela s'entend. Cependant, à leur rentrée en France, ces soldats de parade ne manquent jamais de proclamer qu'ils ont tout fait. Ils parlent haut de leurs campagnes, critiquent les chefs et considèrent comme des êtres inférieurs les camarades moins bavards qui ont fait leur besogne. Ils sont mûrs pour l'antimilitarisme.

Notre commandant reçut vers le 25 janvier de Li-Hung-Tchang, par l'intermédiaire du neveu de l'empereur, qui résidait à Si-Ling, une lettre lui annonçant sa nomination à la présidence de la commission chinoise pour la paix. Il ajoutait que les négociations étaient en excellente voie. Le commandant répondit que, jusqu'à l'arrivée de la notification officielle, il était obligé de considérer le territoire comme étant en état de guerre. En même temps, il nous invitait à nous méfier, maintenant plus que jamais, des Chinois; mais il nous défendait, sous peine de punitions sévères, de les molester.

Le 1er février, un ordre général énuméra des citations et des propositions de croix et de médailles militaires pour faits de guerre et blessures graves au cours des dernières opérations (celles qui avaient eu lieu au cours des négociations pour mettre fin à la guerre). La paix prochaine fut annoncée au peuple chinois par de formidables affiches. Mais je remarquai aussi que, dès l'apparition de ces proclamations, les Chinois augmentèrent tellement le prix de leurs marchandises qu'il en résultait entre les soldats et les marchands des discussions qui parfois dégénéraient en batailles.

Malgré la neige et la glace nous continuions nos marches et reconnaissances dans les montagnes. Et quelles marches! Il fallait se cramponner pour grimper; pour descendre c'était encore pis; peu d'entre nous revenaient indemnes de blessures ou d'accrocs quelconques. De plus, nos savates chinoises prenaient la neige et nous rendaient la marche très pénible. Au mois de février, les Allemands passèrent aux Tombeaux impériaux. Il fallut voir alors nos amis les Chinois! La peur s'était tellement emparée d'eux qu'ils empaquetaient tout dans des sacs et se tenaient prêts à fuir. Partout où les Allemands passaient, ils bombardaient, brûlaient et tuaient tout sur leur passage. Les Russes en ont fait autant. J'ai maintes fois vu les soldats de ces deux nations acheter chez les Chinois et ne pas payer même le quart du prix demandé. Les Chinois d'ailleurs acceptaient, leur éternel sourire aux lèvres, sachant ce qui les attendait en cas de refus. D'autres se gênaient encore moins et prenaient sans rien payer les objets à leur convenance. Mais, s'il arrivait par hasard qu'un soldat français en fît autant, le Chinois courait immédiatement chez un officier pour réclamer et une sanction sévère enlevait au coupable toute envie de recommencer.

A la fête du nouvel an chinois (le 19 février), les mandarins apportèrent au commandant les cadeaux d'usage qui furent aussitôt distribués aux troupes. Deux jours après, les Allemands battirent à 60 kilomètres des Tombeaux une colonne chinoise du Petchili. Ils eurent un mort et sept blessés contre deux cents hommes environ hors de combat du côté opposé. Trois jours après le nouvel an, quelques membres de la famille impériale vinrent, avec l'autorisation du général en chef, faire des cérémonies rituelles aux Tombeaux. A cette occasion, le commandant fit placer un poste de surveillance, avec la consigne la plus sévère, pour assurer l'ordre et empêcher que les soldats ne se livrent à des actes d'irrespectueuse curiosité. La cérémonie consista en prières à haute voix, en génuflexions et en une sorte de danse rappelant les entrechats d'un quadrille de barrière. Cette cérémonie quelque peu excentrique se termina par un discours d'un Prince aux assistants. Nous avons rendu les honneurs, c'était l'ordre; mais nous ne pouvions nous empêcher d'en faire des gorges chaudes.

A Liou-Li-Ho, un incendie s'étant déclaré dans les cantonnements, le capitaine Pujo et deux soldats périrent en voulant éteindre le feu. Qu'il me soit permis de rappeler ici le souvenir de l'officier à la fois énergique et bienveillant qu'était le capitaine Pujo, sous les ordres duquel j'avais servi pendant les débuts pénibles de cette campagne. Il nous avait souvent remontés dans les moments critiques par son exemple et ses encouragements. Homme d'une grande expérience, il avait une connaissance parfaite des hommes et des choses en campagne. C'était le vrai soldat colonial. Et quel cœur! Jamais je n'oublierai certain jour, à Lou-Kou-Kiao, où nous n'avions rien à manger. Il passait devant ma case noircie de fumée et m'adressa ces paroles : « Eh bien, mon brave Silbermann, ce n'est pas la première fois que cela nous arrive, mais nous n'en mourrons encore pas cette fois-ci, n'est-ce pas? » Le soir, vint un Chinois avec un panier qui contenait une douzaine d'œufs. C'étaient les premiers que nous voyions depuis fort longtemps. Le capitaine les acheta à un prix exorbitant et me dit : « Voilà pour vous et votre escouade. » Je protestai, mais il fallut accepter. Cet acte de généreuse bonté m'alla droit au cœur, car je savais que lui-même venait de dîner avec du riz cuit à l'eau. Pourquoi faut-il que la mort enlève de tels hommes aux affections dont ils sont entourés?

A I-Tchéou, j'assistai encore à une exécution de six Boxers, avec le cérémonial que j'ai déjà décrit. A Pékin, on exécuta aussi deux ministres chinois en présence des troupes alliées. Le 11 février, un mercanti français qui sûrement n'en était pas à son coup d'essai, s'était hasardé jusqu'aux Tombeaux. Il vendait ses marchandises, d'une qualité très inférieure, à des prix tellement extravagants que le commandant nous rappela dans un de ses rapports journaliers que l'argent des soldats en campagne n'était pas précisément destiné à enrichir les aventuriers. Là-dessus, ses affaires ayant périclité, cet individu, un nommé D..., fut autorisé par le commandant qui avait pitié de lui, à nous accompagner de Tien-Tsin à Pékin. Pendant la route, il fut nourri par les hommes de ma compagnie. Il était sans chaussures, avec des effets en guenilles sur le dos. Un homme de ma section lui donna une paire de souliers et une vieille vareuse. Quelques mois plus tard, notre homme menait la grande vie à Pékin. Il y avait fait fortune grâce au pillage qu'il avait largement pratiqué, à l'abri de toute surveillance; puis, il reprit son commerce et, pour nous témoigner sa reconnaissance, il chercha de nouveau à nous exploiter. Mais notre commandant, soucieux de tout ce qui concernait ses soldats, l'arrêta net en lui interdisant le cantonnement. De Pékin nous recevions journellement des dépêches contradictoires. Les unes nous ordonnaient de quitter les Tombeaux ; les autres nous enjoignaient d'y rester jusqu'à nouvel ordre. Sûrement, il se préparait quelque chose.

Selon l'avis du service médical, les troupes devaient évacuer Pékin au commencement du mois de mars et se concentrer entre Chou-Chéou et Si-Ling, en prévision de la peste qui, disaient les médecins, devait inévitablement éclater au printemps. En outre, le courrier de Pékin nous apprit qu'un conflit assez grave avait éclaté entre Anglais et Russes au sujet d'une concession dont ceux-ci avaient pris possession à Tien-Tsin. Les Russes ne semblaient d'ailleurs aucunement se soucier des cris poussés par les Anglais et continuaient à élever tranquillement des constructions sur le terrain en litige.

A Tien-Tsin, une véritable bataille s'était engagée aussi entre Anglais, Français et Allemands. Les Allemands étaient du côté des Français. Un officier anglais s'en était mêlé. Mal lui en prit, car il reçut un coup de sabre d'un Allemand. Le général Bailloud fut chargé de procéder à une enquête. Partout surgissaient des complications, et cela au moment même où tout le monde parlait de la paix. A propos de cette bagarre entre soldats à Tien-Tsin, j'avais souvent constaté, et cela avec un réel plaisir, qu'une véritable camaraderie existait malgré tout entre les soldats de toutes les nations, excepté avec les Anglais et les Américains Personnellement, je n'avais aucun grief contre eux, mais les soldats de ces deux nations se montraient égoïstes, insolents, sottement orgueilleux ; ils avaient vite réussi à indisposer tout le monde. Leur langage arrogant et hautain prenait des tons méprisants que personne n'était d'humeur à supporter. Ils montraient, cela va de soi, une excessive mauvaise volonté à rendre service. J'avais constaté aussi que les Anglais et les Américains avaient été les premiers à regimber contre le maintien du bon ordre. Mais parfois ils le payaient assez cher. C'est ainsi que l'officier anglais, provocateur des désordres de Tien-Tsin, ayant refusé de se laisser arrêter par les soldats allemands chargés de faire la police dans ce secteur, fut tué net par l'un d'eux. La même mésaventure arriva à Pékin à un soldat américain qui, ayant fait du tapage nocturne sur le secteur allemand, refusa de suivre la police. Sur cet article, les Allemands ne plaisantaient pas.

Le 26 février, un ordre général nous apprit que l'état des négociations permettait de renvoyer dix mille hommes en France, mais que la paix n'était toujours pas signée. L'indemnité de guerre due par la Chine aux puissances alliées était fixée à 200 millions de taëls payables en or.

En attendant, nous étions pieds nus. Nous avions acheté des chaussures aux Italiens, mais tellement mauvaises qu'on ne pouvait pas les réparer. Nos savates chinoises s'en allaient en morceaux, et un grand nombre d'hommes avaient les pieds gelés.

Dans une grande reconnaissance aux confins de la Mongolie, où une forte bande de Boxers nous était signalée par le préfet de I-Tchéou (ce préfet nous avait adjoint trente de ses cavaliers armés de fusils Mauser et Winchester), un incident qui mérite d'être raconté se produisit pendant une halte. Un détachement de cavaliers allemands, avec deux officiers qui portaient en pleine campagne des gants en cuir blanc glacés, accourut au grand galop vers nous; l'un des officiers demanda ce que nous venions faire en cet endroit. Le commandant, auquel je servis d'interprète, me fit répondre : « Vous n'ignorez pas, messieurs, que le territoire du Petchili a été partagé entre les troupes des nations alliées et divisé en secteurs pour le maintien du bon ordre et la répression des rebelles. Or, ici même, je suis sur le territoire pour le moment français, et j'en suis le chef. Jusqu'à présent, je vous ai, en Chine, toujours considérés comme des alliés, des camarades. Vos collègues et vos troupes de passage chez nous ont toujours été traités comme tels par mes officiers et mes soldats; mais au point de vue politique, je fais sur ce territoire mon devoir de chef; je ne me mêle pas de ce que vous faites sur le vôtre, agissez de même ». Tout en traduisant ces paroles en allemand, je ne cessais de fixer les deux officiers gantés de blanc. Et, dès que j'eus fini, je cherchai à me rendre compte de l'impression que ce petit discours avait produite. Ces messieurs étaient cloués sur place et se consultaient des yeux d'un air embarrassé, sans prononcer un mot et sans regarder le commandant. Mais je connaissais notre chef. Je savais qu'il n'était pas d'un caractère agressif et qu'il connaissait, autant qu'homme du monde, le savoir-vivre. Aussi, ajouta-t-il aussitôt : « Maintenant, messieurs, l'incident est terminé, n'est-ce pas? Souvenons-nous que nous sommes camarades. » Et il les invita à partager son frugal déjeuner. Dix minutes après, officiers français et allemands choquaient joyeusement leurs verres et le commandant buvait à la bonne entente qui a toujours existé en Chine entre les troupes des deux nations. Ses hôtes lui annoncèrent qu'ils avaient capturé une bande de Boxers et qu'une autre bande leur était signalée en embuscade près de Tong-An.

Sur ce, nous continuâmes notre route. Vingt kilomètres plus loin, nous atteignîmes un village dont tous les habitants avaient pris la poudre d'escampette. Nous savions qu'une bande avait passé la journée dans ce village et y avait tout dévasté. Prévenue de notre approche, elle s'était enfuie. Ce jour-là, nous parcourûmes plus de 50 kilomètres. Le lendemain, nous continuâmes notre route, croyant rejoindre la bande, mais elle fuyait à mesure que nous avancions; aussi se décida-t-on le jour suivant à reprendre la route des Tombeaux. Cette reconnaissance fut la plus longue et la plus pénible de toutes celles que j'ai faites en Chine. En trois jours, nous avions parcouru 140 kilomètres sur une route impossible : montées abruptes, descentes rapides, sable, rochers, rivières et torrents sans ponts et sans gués, en un mot un vrai musée de difficultés. Le lendemain, le général Bailloud arrivait aux Tombeaux des Empereurs. Il était accompagné du colonel Espinasse, son chef d'état-major, et du lieutenant Porte, son officier d'ordonnance. Le commandant me présenta au général au moment où il descendait de cheval. « Mon général, lui dit-il, permettez-moi de vous présenter le soldat Silbermann qui a fait la campagne du Dahomey sous mes ordres, celle de Madagascar où il vous a connu, et enfin, celle de Quang-Tchéou-Wan. Il a participé à toutes les opérations importantes en Chine et il est le seul soldat de son régiment qui compte quatre années de présence effective en Extrême-Orient, toujours en marche ou en colonne. » Le colonel Espinasse me reconnut. Il était capitaine dans mon bataillon pendant l'expédition de Madagascar, et j'avais eu souvent l'occasion de lui parler. Il me regarda en souriant avec bienveillance ; puis le général m'adressa des compliments, me donna quatre cigares, et, se tournant vers son officier d'ordonnance : « Monsieur Porte, dit-il, donnez un verre de bénédictine à ce gaillard-là ! »

Le 14 avril, nous eûmes enfin la première journée chaude après un hiver très pénible pour tous, surtout pour moi qui n'en avais pas vu depuis dix ans. Je me sentis en veine de lyrisme et je composai une ode qui débutait ainsi :

> Gai soleil, l'hiver est défunt !
> Sous ta chaude et douce caresse,
> Le Céleste Empire est en liesse,
> Les fleurs exhalent leur parfum.
>
> Et si partout, ailleurs qu'en Chine,
> Notre soldat colonial
> Te redoute, Astre tropical,
> Ce n'est pas ici qu'il te chine...

Je fais grâce du reste au lecteur.

Un télégramme optique qui nous était parvenu la nuit nous ordonna de quitter les Tombeaux impériaux et de rallier Chou-Chéou. Tout fut emballé pêle-mêle, et à dix heures du matin nous disions adieu à ces fameux Tombeaux, qui avaient bien failli être les nôtres. Tous les mandarins de la région s'étaient rassemblés à Chang-Ling pour nous souhaiter bon voyage. Ils nous offrirent des voitures attelées de mulets pour nos bagages; plusieurs d'entre eux nous accompagnèrent jusqu'à I-Tchéou.

A Laï-Su-Sien, où se trouvait la limite du territoire du commandant, les mandarins en habits de grande cérémonie vinrent le recevoir à l'entrée de la ville. Ils lui exprimèrent leurs remerciements et leur reconnaissance pour la protection qui leur avait été donnée contre les troupes des autres nations et contre les Boxers; mais, malgré leurs salamalecs, j'étais persuadé qu'ils ne pensaient pas un mot de ce qu'ils racontaient. A Chou-Chéou, nous prîmes le chemin de fer, oui, le chemin de fer! Et quelle différence entre la situation du mois d'avril 1901 et celle du mois de septembre 1900! Nous roulions en wagon, lentement il est vrai, mais que de fatigues nous étaient épargnées! Cette voie ferrée avait été reconstruite avec une rapidité étonnante par les soldats du génie français. Nous arrivâmes enfin au point qui avait été notre première étape en partant de Pékin, à Lou-Kou-Kiao, que la compagnie avait reçu l'ordre d'occuper. De là, je fus envoyé dans un petit poste (qui comprenait un adjudant et seize hommes) nommé Sang-San-Sien, en face de notre cantonnement et où se trouvait déjà un poste allemand (un sous-officier et quinze hommes). A peine installés, il nous fallut échanger des coups de fusil avec une bande chinoise montée qui fut facilement mise en fuite. Nous agissions toujours de concert avec le poste allemand. Le chef de ce poste nous avait même une nuit fourni spontanément une sentinelle double pour garder un wagon de munitions français de passage à Sang-San-Sien. La consigne était bien donnée; c'est ainsi que, vers minuit, notre adjudant qui faisait une ronde ayant voulu s'approcher du wagon, fut arrêté par une sentinelle allemande qui ne voulut rien entendre; il lui fallut recourir au chef de poste allemand pour se faire livrer passage.

Les nouvelles de Pékin nous parvenaient plus souvent qu'aux Tombeaux. Le 19 avril, nous apprîmes qu'un incendie avait éclaté dans le palais du maréchal allemand de Waldersee. Les premiers secours avaient été organisés par les Français sous les ordres du lieutenant-colonel Marchand qui se multiplia en cette circonstance. Nos soldats sauvèrent le maréchal d'une mort certaine en l'enlevant, en chemise, et en le faisant passer par une fenêtre. Il n'en fut pas de même de son chef d'état-major, le général Schwartzhoff qui, déjà hors du palais, y était retourné pour sauver les documents de l'état-major. Le feu lui barra le passage et on le retrouva carbonisé une heure plus tard. Il était le plus jeune général de l'armée allemande. L'incendie fut attribué à des fanatiques chinois. Trois jours après, un capitaine allemand fut tué à Pékin, en plein jour, par un autre fanatique. Le meurtrier fut arrêté et exécuté à l'endroit même du crime.

J'ai remarqué souvent que la population chinoise haïssait bien moins les soldats des autres nations que les Allemands et les Russes qui, partout où ils passaient, saccageaient et pillaient tout. En ce qui concerne les Allemands, le prédécesseur du maréchal de Waldersee avait ordonné à ses troupes de bombarder et de brûler tout sur leur passage, afin de venger, disait-il, la mort du baron de Kettler assassiné à Pékin pendant le siège des légations. Mais depuis l'arrivée du maréchal, ces procédés s'étaient un peu adoucis, sans doute par ordre supérieur. Quant aux Russes, je n'ai jamais compris leur acharnement contre les indigènes.

A Sang-San-Sien, nous vivions en très bonne harmonie avec nos voisins allemands. Un jour, leur chef de détachement nous invita à dîner. Les soldats allemands rivalisèrent de zèle pour organiser cette réception. Au dessert, ils nous servirent du champagne et nous portèrent un toast en assez bon français : « J'espère, nous dit le chef de détachement, que la campagne de Chine aura sur les relations entre l'Allemagne et la France une heureuse influence et je le désire ardemment. » Puis, se tournant vers ses hommes, il leur dit en allemand : « Quand nous rentrerons en Allemagne, nous dirons à nos parents que nous avons vu l'armée française de près; qu'elle est pleine de bravoure, d'endurance et de loyauté; que le Français est généreux et sait vivre en bonne harmonie avec tous les peuples; qu'en Chine les soldats de toutes les nations aimaient les Français et recherchaient leur camaraderie. Oui, s'écria-t-il, nous dirons à nos parents que les Français sont dignes du respect de tous. » Il est vrai aussi qu'à Takou, Tien-Tsin, Pékin, Pao-Ting-Fou et en colonne, les soldats des nations alliées liaient beaucoup plus volontiers connaissance avec nous qu'avec les troupiers des autres pays. On nous trouvait plus d'entrain et de gaieté et toujours le mot pour rire sur les lèvres. En marche, nos soldats aimaient à aider tout le monde, sans distinction de nation. Quand un mulet tombait avec sa charge, lorsqu'une voiture se cassait, ou que tout autre accident de route se produisait, les Français étaient toujours là pour offrir spontanément un coup de main.

Le 1er mai, on nous communiqua un télégramme venant d'Allemagne et signé de Guillaume II, qui contenait la phrase suivante : « J'exprime aux troupes françaises ayant combattu l'incendie du palais du maréchal de Waldersee mes sincères remerciements pour le courage et le dévouement qu'elles ont montrés à cette occasion. »

Le 2 mai, reconnaissance de nuit (Français et Allemands sous les ordres de notre capitaine). Une bande de Boxers nous était signalée. Près d'un village, nous reçûmes quelques coups de feu et nous entendîmes en même temps des cris d'épouvante poussés par des voix féminines. Malgré la nuit complètement noire, le village fut entouré et nous fîmes six rebelles prisonniers; les autres avaient réussi à s'enfuir, grâce à l'obscurité profonde et à la proximité d'une forêt.

En ce moment-là, des bandes se reformaient partout et nous faisaient courir plus que jamais, alors que nous croyions la campagne terminée. Le plus souvent elles réussissaient à nous échapper. Je me suis demandé si ces bandes, à cheval et bien armées, n'étaient pas clandestinement équipées par le gouvernement chinois, pour nous occuper en attendant la signature de la paix. Après ce que j'ai vu, rien ne peut me surprendre de la part de ces faux bonshommes de Chinois, et surtout de ce fameux Li-Hung-Tchang qui tantôt ressuscitait pour brouiller les négociations, tantôt agonisait pour les ajourner, croyant sans doute lasser ces diables d'Occident et les faire repartir comme ils étaient venus. On peut dire, en fin de compte, que tous ces Orientaux nous ont joués avec une rare désinvolture et qu'à notre grand préjudice et au prix de bien des vies de soldats, nous avons montré une singulière bonté d'âme à leur égard. Et cependant, il n'y avait pas bien longtemps que, dans un pays qui m'intéressait toujours, à Madagascar, le général Gallieni avait montré la bonne méthode à suivre en pareil cas. Au moment voulu, il avait résolument frappé à la tête et tout n'avait pas tardé à rentrer dans l'ordre.

Au lieu de cela, que s'était-il passé en Chine?

Au début de la campagne, les nations alliées avaient marché la main dans la main. Si elles avaient continué, si immédiatement après la prise de Pékin on avait poursuivi la famille impériale dans sa fuite, si on l'avait arrêtée et gardée jusqu'à la conclusion de la paix, le traité aurait été signé dans l'espace d'un mois. Mais après la prise de la capitale, le système des alliés fut du dernier ridicule. La plupart des puissances avaient retiré leurs troupes de Pékin, les envoyant, les unes en Mandchourie, les autres au Japon, ou ailleurs; d'autres les avaient rappelées en Europe. Et cela, au moment où un grand nombre d'Européens et de Chinois suspects de sympathies pour nous étaient menacés d'être massacrés dans l'intérieur du Petchili. Il est donc permis de supposer que les puissances avaient envoyé des troupes en Chine, non pour accomplir une œuvre humanitaire, mais pour se partager éventuellement le territoire. Chacune cherchait naturellement le plus gros morceau. Mais les Chinois, auxquels on n'en remontre pas en fait de malice, eurent vite fait de percer à jour ce petit jeu des puissances et de tirer tout le parti possible de leurs rivalités. Et, ma foi, il est bien difficile de leur en vouloir.

Quoi qu'il en soit, les dix mille hommes dont le départ pour la France était décidé et fixé au 6 avril, étaient encore en Chine le 2 mai.

En attendant la signature de la paix, le sang européen continuait de couler. Témoin les convois de malades et de blessés que nous voyions passer, venant de la colonne du Chan-Si et se rendant à Pékin. Et combien de centaines de jeunes gens, depuis la prise de Pékin jusqu'à la signature du traité de paix, se sont endormis pour jamais sur la terre chinoise, les uns tués par les balles ou traîtreusement assassinés, les autres morts de maladies ou de privations! A qui la faute? Pas à nous, assurément. Car depuis le commencement jusqu'à la fin de la campagne, nous n'avons eu d'autre pensée que de nous dévouer pour la cause de la civilisation qu'on nous disait en péril. Et l'on chercherait vainement à prouver que nos chefs ou nous-mêmes ayons tiré un avantage quelconque de cette coûteuse et douloureuse aventure. Comme trop souvent, c'est la direction politique qui seule a fait défaut.

Le 10 mai seulement, le régiment de la Métropole

embarquait pour la France. Ce régiment, j'ai été très heureux de le constater, a montré en Chine une endurance qui mérite tout éloge. Je n'avais pas eu la même opinion, pendant la campagne de Madagascar, des hommes du 200e. Il est vrai que le régiment envoyé en Chine fut réparti sous les ordres de chefs de la plus haute valeur, ayant une expérience approfondie des campagnes coloniales; je citerai, par exemple, le général Bailloud, qui, exigeant beaucoup du soldat, s'entend à merveille pour le ménager, et s'occupe de tous les détails intéressant sa santé et son bien-être; le colonel Drude, colonial intrépide, expérimenté autant que brave; le lieutenant-colonel Espinasse, chef énergique et bienveillant.

Le 11 mai, je fus envoyé par mon capitaine à Pékin pour y faire diverses courses. Comme à l'époque de notre arrivée, rien n'indiquait, même à un kilomètre de la ville, du côté nord ou du côté sud, qu'on approchait de la capitale céleste, de la cité réputée la plus vaste de l'univers. Les mêmes ruelles obscures, étroites et sordides, les mêmes misérables cases remplissaient les faubourgs jusqu'à l'enceinte elle-même. Enfin, après neuf mois d'absence, je revis Pékin. Mais quelle différence entre le mois d'août 1900 et le mois de mai 1901! On arrosait les rues! Elles étaient aussi tortueuses qu'autrefois, mais moins sales. Je traversai successivement les quartiers japonais, américain, anglais. Les Cipahis du Bengale me firent l'effet de vraies caricatures. Longs comme des poteaux télégraphiques, maigres comme des squelettes, avec leurs jambes en manches à balai, leurs turbans d'une hauteur démesurément ridicule, ils étaient d'un cocasse achevé. Le quartier russe n'existait plus. L'arsenal que les Russes occupaient à mon départ de Pékin était maintenant occupé par les Allemands. On peut bien dire que ce poste leur revenait de droit, car l'arsenal contenait des canons, des fusils et des munitions dont une grande partie provenait d'Allemagne, et pendant cette campagne plus d'un Allemand fut tué par des obus et des balles fabriqués dans son propre pays. Le quartier italien n'était pas très étendu, mais se distinguait par une propreté irréprochable.

J'arrivai enfin au quartier français. Je ne fus pas peu surpris d'y voir un boulevard admirablement tracé. Des soldats construisaient un arc de triomphe sur le pont impérial. Ils pavoisaient partout et une multitude de drapeaux tricolores flottaient au vent. Je demandai ce que cela signifiait. On avait l'air de me regarder avec étonnement. — Ah! tu viens de France? me dit un soldat en me toisant des pieds à la tête. — — Non, pas précisément. — Alors, tu as fait un petit séjour de quelques mois à l'hôpital? — Pas davantage. — Comment! s'écria l'homme, tu ne viens ni de France, ni de l'hôpital, et tu ignores qu'on inaugure demain le boulevard Voyron! D'où sors-tu donc? — Mon Dieu, oui! je l'ignorais. J'ignorais également qu'on avait accordé aux troupes en garnison à Pékin des rations de vin supplémentaires et deux jours de repos à l'occasion des fêtes de l'inauguration. Les camarades que j'avais laissés dans les montagnes l'ignoraient encore plus que moi. Voilà bien les hasards de la guerre! Pendant que les uns sont sans cesse en marche, livrant des combats, couchant à la belle étoile, mourant presque de faim et souffrant mille misères, les autres, qui font partie du même corps expéditionnaire et obtiennent le bénéfice de la campagne, organisent des fêtes dans la capitale, reçoivent du vin en supplément et s'octroient des journées de repos. Je savais le général Voyron à Pékin; je cherchai à le rencontrer, car dans mes campagnes antérieures j'avais toujours tenu à voir le général en chef; cependant, j'en fus pour mes frais, je devais quitter la Chine sans réaliser mon désir.

Je laissai mes camarades à leurs plaisirs, pour prendre le chemin de la mission. J'étais porteur d'une lettre pour Mgr Favier, évêque de Pékin. Je le trouvai assis dans un large fauteuil en cuir, un gros et long cigare dans la bouche. En me voyant, il se leva, vint vers moi, et me tendant familièrement sa main très blanche, il me dit avec un bon sourire : — Eh bien! quoi de nouveau, dans l'intérieur? — Monseigneur, répondis-je, ça va moins bien qu'à Pékin, car je vois qu'ici on prépare des fêtes, tandis que dans l'intérieur on continue à marcher. — Il me versa un verre de vin, m'offrit un cigare, puis se rassit dans son fauteuil pour prendre connaissance du pli. Pendant cette lecture, je le regardais attentivement. A le voir aussi bien rétabli, aussi dispos, je n'en croyais pas mes yeux. Il avait plutôt l'air d'un riche propriétaire que d'un évêque *in partibus*. Les traces de fatigue avaient disparu de son visage, mais il conservait un air préoccupé. Je vis aussi qu'à son habitude il n'avait pas perdu son temps, car en visitant l'intérieur du quartier de la mission, on n'aurait pu se douter de la misère qui y régnait et des ruines qui y étaient accumulées quelques mois auparavant; tout était reconstruit, réparé, et même embelli.

La ville de Pékin présentait une animation extraordinaire. A chaque pas, on se heurtait à quelqu'un ou à quelque chose. Des milliers de voitures à deux roues circulaient dans tous les sens. Je remarquai aussi une voiture à quatre roues attelée de quatre chevaux dans laquelle un colonel russe se prélassait en tenue de gala. Trois cosaques accompagnaient ce personnage fort chamarré. Il m'a semblé que cette exhibition détonnait un peu en pleine campagne.

Partout on construisait. Dans le quartier européen, on édifiait des casernes destinées aux troupes qui devaient rester après la signature de la paix. On réparait les églises que les Boxers avaient démolies. Les bâtiments des diverses légations étaient presque entièrement reconstruits. Ce quartier était le plus beau et le plus animé de Pékin. Le sexe féminin, au lieu de nous éviter comme autrefois, accusait des dispositions marquées à la fusion des races; pour tout dire, les Européens semblaient être chez eux, et les Chinois en pays étranger. C'était le renversement des rôles.

Il n'en était pas de même dans l'intérieur, car à mon retour à Lou-Kou-Kiao, j'appris qu'un commerçant français qui se rendait avec des marchandises à Chou-Chéou avait été, non loin de notre poste, attaqué par une bande armée de fusils Mauser. Ayant pu s'échapper par miracle, il nous raconta que cette bande exhibait un étendard avec cette inscription : « Ceux qui meurent de faim, venez à nous; vous aurez à manger, un cheval et un fusil ». La nuit du lendemain nous entendîmes une fusillade à proximité de notre poste. C'était très probablement la même bande qui, après l'agression contre le commerçant français, cherchait maintenant à dévaster les villages. Nous vécûmes plusieurs jours sur le qui-vive, car malgré toutes les ruses possibles, nous n'arrivions pas à la dépister. Le jour comme la nuit, elle nous échappait. Enfin la diminution constante de notre ration de vivres (pour augmenter peut-être celle des pauvres soldats qui s'étaient trop fatigués pendant les fêtes de Pékin) contribuait encore à nous aigrir le caractère.

Une nuit, pendant une patrouille, nous trouvâmes démolie une partie de la voie ferrée qui passait près de notre poste; les éclisses avaient été dévissées et emportées. Le lendemain une embuscade fut tendue, mais sans succès. Le même jour, un ordre général fut porté à notre connaissance disant que tout homme qui sortirait sans autorisation de son cantonnement serait puni de prison. Cette mesure avait été prise à la suite des assassinats qui se multipliaient aux environs de certains postes. D'autre part, nous apprenions que plusieurs camarades s'étaient suicidés. Cette façon d'en finir avec l'existence semblait être contagieuse, car à mon retour à Takou j'appris qu'il en avait été de même dans toutes les troupes des nations alliées.

Le 20 mai, nous fîmes une reconnaissance de nuit digne d'être rappelée en raison de l'effort qui fut fourni. Elle avait pour but de poursuivre une forte bande, montée et bien armée. Le départ eut lieu à neuf heures du soir, sous une pluie qui dura jusqu'au lendemain matin, et dans une obscurité complète. Après avoir marché toute la nuit sans une minute d'arrêt, tant il est vrai que la perspective d'un engagement surexcite les forces, nous arrivâmes à six heures du matin dans un village où nous trouvâmes les cadavres encore chauds de deux Chinois allongés sur le chemin.

Le capitaine fit interroger par son interprète un habitant qui s'obstinait dans un mutisme complet. Il employa alors les grands moyens et eut recours au châtiment corporel de règle. Mais toujours pas de réponse. Il songea alors à lui promettre des taëls s'il voulait se décider à parler. Cette fois, le procédé eut un succès immédiat. Je n'en fus pas autrement surpris, sachant que le Chinois, comme l'Arabe, tuerait son plus proche parent pour de l'argent. Sa langue s'étant donc déliée, notre homme raconta que la bande s'était arrêtée pendant vingt-quatre heures, après avoir pillé et dévasté plusieurs villages. Mais, ayant été prévenue de notre mouvement par ses émissaires, elle s'était enfuie dans une direction qu'il ignorait. Les cadavres étaient ceux du chef, un véritable colosse, et de son fils, tués par leurs propres hommes pour avoir mal partagé le butin. En fuyant, cette bande avait laissé dans le village deux chameaux chargés d'alcool, de riz, un mulet chargé de vermicelle et un cheval. Nous nous emparâmes de ces approvisionnements et, en ramenant notre prisonnier, nous rebroussâmes chemin pour regagner le poste.

Quelques jours plus tard, nous eûmes l'humiliation de voir déserter un homme de la compagnie. On peut dire toutefois à la décharge de ce malheureux, parti sans armes, qu'il dut être atteint de folie subite pour risquer ainsi sa vie au milieu des montagnes et d'une population hostile, n'ayant d'autre alternative que d'être assassiné ou de mourir de faim. J'avais d'ailleurs toujours considéré ce soldat comme un déséquilibré; à ce propos, je ne puis m'empêcher d'insister une fois de plus sur l'absolue nécessité de choisir avec un très grand soin les hommes destinés aux corps expéditionnaires coloniaux et de refuser des jeunes gens de vingt ans qui ne rêvent de partir pour les pays lointains qu'afin d'y gagner croix, médailles et autres avantages. Et, comme il y a mille chances contre une pour que leurs espoirs soient déçus, ils changent bientôt du tout au tout. Les uns se font évacuer sur un hôpital, d'autres se suicident, d'autres encore désertent, et font ainsi le désespoir de leur famille et le déshonneur du corps auquel ils appartiennent. La mauvaise répartition des hommes qui place tous les jeunes soldats dans les mêmes compagnies ou batteries et tous les anciens dans les autres, est également une faute grave de la part de l'autorité chargée des affectations. Ce sont là des détails qui semblent insignifiants en garnison, mais qui en campagne prennent une grande importance Or, dans toutes mes expéditions, et plus particulièrement en Chine, j'ai vu le même fait se reproduire.

Le 22 mai, à cinq heures moins dix du matin, un courrier spécial nous apporta de Lou-Kou-Kiao l'ordre de nous mettre aussitôt en route dans la direction de Lang-Sien. En moins de dix minutes, nous étions habillés, équipés, armés et, à cinq heures précises, nous quittions notre poste à jeun. Après une heure de marche, nous rencontrions notre capitaine avec le reste de la compagnie et un peloton monté. Une demi-heure plus tard, ce fut notre commandant qui, avec trois compagnies venant de Chou-Chéou, opéra sa jonction avec nous. Nous commençâmes à battre la brousse en faisant une véritable chasse à l'homme. C'était toujours la même bande que nous poursuivions;

on nous l'avait signalée un peu partout, mais elle restait toujours insaisissable. Tout à coup, nous tombâmes sur un groupe d'une cinquantaine de femmes cachées dans la haute brousse au fond d'une vallée; c'étaient les femmes de la bande, que les rebelles avaient abandonnées pour fuir plus vite. Elles restèrent muettes à nos questions et il fallut renoncer à obtenir d'elles le moindre renseignement. Dans le nombre, il y en avait de fort jolies, bien faites, avec des costumes qui mettaient leurs charmes en valeur. Le commandant nous disait : « Regardez, mais ne touchez pas. » J'en connaissais parmi les camarades qui, sans cette consigne... mais, passons. Le soir nous rentrions à Lou-Kou-Kiao sans avoir rencontré la bande. En revanche, nous avions enlevé un harem. Ce fut un spectacle curieux; toutes ces femmes dans le cantonnement, cela rappelait *le Petit Duc !*

Sauf ce régal des yeux, la journée avait été des plus pénibles. Nous avions marché, en effet, de cinq heures du matin à six heures du soir, avec une seule halte d'une demi-heure, tantôt avançant à peine dans une vase profonde, tantôt au pas de course, battant les grandes herbes et tombant souvent dans des trous; enfin nous avions eu pour toute nourriture quelques morceaux de biscuit et une boîte de « singe » pour quinze hommes. Le matin, comme je l'ai déjà dit, nous étions partis à jeun.

Et, pendant ce temps, les petits camarades en garnison à Pékin continuaient sans doute à donner des fêtes dans la capitale céleste !

Un convoi de Pékin nous apprit que trois princes chinois allaient à Sin-Ngan-Fou pour ramener la famille impériale dans la capitale. Cette comédie se jouait déjà pour la deuxième fois. J'aurais été fort surpris de voir cette famille, maîtresse en fait d'astuce, céder au désir des représentants des nations alliées. Elle savait en effet très bien que, de loin, elle pouvait impunément continuer à nous berner par de vagues promesses, en un mot à se moquer royalement et même... impérialement de nous.

Le même jour, on nous communiqua une dépêche adressée par la Ville de Paris au corps expéditionnaire et lui souhaitant un prompt et heureux retour en France.

En attendant, les négociations pour la paix n'aboutissaient toujours pas. Néanmoins, les dispositions étaient déjà prises pour occuper le Petchili après le départ des troupes alliées. La France et l'Allemagne devaient laisser chacune une brigade d'occupation. J'avais conclu de tout cela que la campagne proprement dite était terminée et que la diplomatie ferait le reste en se laissant rouler le moins possible.

Le 28 mai, je reçus de Pékin l'ordre de me rendre à Tien-Tsin et de là à Takou, afin d'être rapatrié en fin de séjour colonial. J'étais le seul du bataillon dans ce cas. Cette fois, je ne protestai pas, car j'étais à la limite de mes forces.

Il y avait en effet quatre ans que j'errais en Extrême-Orient : au Tonkin, où j'avais travaillé sur les routes ; à Quang-Tchéou-Wan où, pendant vingt-deux mois, j'étais resté presque continuellement en marche ; au Petchili, où j'avais assisté à toutes les opérations de mon régiment. Physiquement, j'avais besoin de repos, et au moral, je n'était pas fâché d'avoir quelque loisir pour réfléchir à tout ce que j'avais vu. D'ailleurs, les hostilités étaient considérées comme terminées et on ne signalait plus que quelques bandes, qui s'étaient formées indépendamment des Boxers. Elles parcouraient certaines régions et pillaient leurs compatriotes pour ne pas mourir de faim.

Donc, le 29 mai, je quittai mon capitaine, sous les ordres duquel j'avais déjà servi dans la haute région du Tonkin où nous avions ensemble connu la misère. Il me fit appeler chez lui et m'adressa des paroles qui me remuèrent le cœur. J'avais envie de pleurer et de rire à la fois. « Je tiens, dit-il, à vous montrer les notes que j'ai inscrites sur votre livret », et, en me serrant la main, il me lut ceci : « est rapatriable pour fin de séjour de quatre ans; s'est montré soldat modèle pendant toute la campagne; est proposé pour caporal et pour la médaille militaire ».

La dernière poignée de main aux camarades dont j'avais tant de fois partagé les dangers et les souffrances me serra réellement le cœur! Ce n'était pas la première fois que j'éprouvais cette sensation au moment douloureux où il faut se séparer de ses compagnons de misère et de joie. Je me suis rappelé de ce que dit le général Dragomiroff dans son fameux *Memento militaire* : « A vivre côte à côte, en communauté de situation et de sentiment, alors qu'on a besoin d'expansion, d'affection et qu'on a la foi, la confiance de la jeunesse, comment ne se lierait-on pas bien vite de franche amitié? La camaraderie en face du danger est la condition indispensable et suprême pour atteindre un but quelconque à la guerre. Tout ce qu'on apprend aux troupes en temps de paix n'a qu'un seul but : préparer les hommes individuellement, aussi bien que les différentes unités, à s'entr'aider avec un entier dévouement et une juste entente de la situation. La camaraderie est nécessaire du haut en bas de l'échelle. Qu'on se rappelle les lieutenants d'Alexandre et ceux de Napoléon. »

Je me rendis à la gare de Lou-Kou-Kiao, accompagné de nombreux camarades et portant mon ballot que la parcimonie du service de l'arrière avait rendu si maigre; puis le train m'emporta vers Pékin. J'avais l'air d'un mendiant ou d'un déserteur. Il ne me restait rien de passable à me mettre sur le dos; mes effets et mes chaussures étaient dans un pitoyable état. De Pékin, je descendis à Tien-Tsin, toujours en chemin de fer. Dans le même wagon, très vaste du reste, se trouvaient des soldats de presque toutes les nations alliées. On chercha aussitôt à lier conversation en employant le « sabir » chinois que chacun avait plus ou moins appris pendant la campagne; à l'aide de quelques gestes expressifs, on réussissait à se faire comprendre à peu près. Cependant, il arrivait parfois qu'à une demande de tabac on vous répondait en vous passant des allumettes et *vice versa*.

La ville de Tien-Tsin avait complètement changé d'aspect depuis le mois d'août 1900. Elle n'était alors qu'un tas de décombres, et cependant dix mois plus tard, en juin 1901, toutes les maisons avaient été réparées ou reconstruites. D'immenses bâtiments avaient été élevés, la gare était refaite à neuf, les rues et les boulevards étaient bien entretenus. L'élément civil européen y était plus nombreux qu'à Pékin. Comme dans la capitale, chaque nation s'était réservé un secteur où elle assurait l'ordre et la sécurité. Le plus agréable de beaucoup était celui des Anglais avec ses maisons du dernier style européen, son jardin public et ses allées splendides.

Je visitai le cimetière français où je comptai quatre-vingt-quatorze tombes renfermant les morts du 13 et du 14 juillet. Dans deux de ces sépultures, reposaient vingt-deux et quatorze cadavres qui n'avaient pas été reconnus. Tout d'abord, les corps avaient été enterrés pêle-mêle dans plusieurs endroits; puis ils avaient été exhumés et transportés dans un cimetière réservé. A cette occasion, notre ministre à Pékin, M. Pichon, à qui son énergie et sa largeur de vues avaient valu le respect et l'admiration de tous, prononça, dans un langage d'un patriotisme élevé, un discours très émouvant, où il laissa percer avec juste raison le regret de voir certaines puissances prêtes à abandonner, pour cause de rivalités byzantines, l'œuvre humanitaire entreprise en Chine.

Sur les places de Tien-Tsin on voyait des tas de sel qui représentaient la part de prise de nos troupes après l'enlèvement de la ville. Il y en avait près d'un millier, hauts comme des maisons à deux étages. Un jour, je rencontrai le capitaine faisant fonctions de major de garnison. Pour un revenant de la brousse c'était jouer de malheur. Je reçus en effet l'observation que j'étais misérablement habillé et encore plus misérablement chaussé. Le capitaine m'engagea à regagner le dépôt au plus vite. « Avec votre affublement, vous avez l'air d'un chanteur des rues », me dit-il. Naturellement, pensai-je, ceux qui n'ont jamais quitté Tien-Tsin n'ont pas de mal à être proprement habillés et tirés à quatre épingles. Ce n'est cependant pas une raison pour me regarder avec pitié et me reprocher mon dénuement.

De Tien-Tsin, je me rendis à Takou. Là également je remarquai une multitude de nouvelles constructions. L'animation y était très grande; c'était à se croire dans une foire. Les villages entre Tien-Tsin et Takou, détruits au mois de juillet, commençaient à se reconstruire. Le Peï-Ho ne charriait plus de cadavres. Enfin la campagne, qui avait coûté tant de vies humaines et dont les Chinois se souviendront longtemps, semblait cette fois, bien terminée Je ne pouvais m'empêcher cependant de revenir par la pensée à dix mois en arrière, à cette époque où je ne voyais partout que misère et désolation. Takou nous ayant offert la première scène tragique de ce long et effroyable drame, c'était une émotion pour moi de retrouver la ville pacifiée et de voir couler, plus limpide et plus calme, le Peï-Ho naguère encore rougeâtre de tout le sang qui avait été répandu.

Avant de rentrer en France, je cherchai à mettre un peu d'ordre dans les notes que j'avais recueillies, afin de conserver un souvenir intact de la campagne. Pour leur part, les soldats coloniaux y avaient certainement vu du nouveau, puisqu'aucun d'entre nous n'avait encore assisté à une expédition pendant laquelle le thermomètre fût descendu aussi bas, 23° au-dessous de zéro. Nous y avons horriblement souffert, sauf bien entendu ceux qui sont restés dans les grands centres. Quant à moi, je n'oublierai jamais nos longues et tristes journées d'hiver dans de misérables cases noircies de fumée et ouvertes à tous les vents; ni les longues marches forcées dans les montagnes, dans la vase ou dans la brousse couverte de neige. En dehors des Boxers, qui étaient l'adversaire principal, nous avions à combattre à la fois les populations qui nous étaient hostiles et la rigueur de l'hiver. Or, contre ces deux derniers ennemis, nous ne pouvions rien, ou presque rien. Les indigènes étaient animés contre nous d'une haine féroce mais ils étaient... nos protégés et on n'y pouvait toucher, sous peine de sévères punitions. Et cependant, ils assassinaient nos camarades dans les centres mêmes que nous protégions. L'impunité dont-ils étaient assurés nous paraissait absolument exorbitante. Comme tant d'autres, malgré l'expérience de mes campagnes antérieures, je ne savais vraiment plus quelle attitude prendre vis-à-vis de ces gens qui pendant très longtemps refusèrent de nous vendre quoi que ce soit, et qui attiraient nos camarades dans des guets-apens, pour les massacrer sans merci et leur faire subir les plus horribles mutilations. Il fallait traiter ces misérables avec égards, ne pas les molester, ni les obliger à vendre, alors que nous mourrions presque de faim. Notre situation n'était vraiment pas enviable sous ce régime de sentimentalité à rebours qui se pratiquait à nos dépens. Nous obéissions strictement aux consignes reçues, mais que de fois nous aurions voulu voir à notre place ces humanitaires en chambre, qui vaticinent au coin de leur feu, loin des risques et des coups de chien, et qui, préconisant la mansuétude, la solidarité des peuples, etc., se montrent souvent d'une intransigeance rare dès que leurs petits intérêts personnels sont en jeu.

Après l'inévitable désordre des débuts de l'expédition, l'arrivée du général Voyron avait marqué le commencement d'une réorganisation de tous les services. Hôpitaux et centres de ravitaillement furent assez vite installés. La voie ferrée fut rapidement réparée. Des convois réguliers de chameaux reliaient les détachements les plus éloignés. Des services d'estafettes organisés d'étape en étape transportaient chaque jour le courrier à Pékin. Malheureusement l'hiver survint. Les routes devinrent impraticables, les chameaux portant les vivres et les effets pour les hommes en première ligne furent retardés dans leur marche; c'est pour cela que, pendant la moitié de la saison froide, nous sommes restés privés des effets indispensables. Les maladies qui ont le plus sévi pendant cette campagne sont la diarrhée, la dysenterie et la fièvre typhoïde. Vers le mois de novembre, apparut le typhus de la mouche charbonneuse. Pas un militaire atteint n'en guérit. Le service médical de première ligne laissait à désirer; aussi bien chez nous que chez les autres nations, on manquait sans cesse de médicaments. Je ne sais à qui en attribuer la faute. Il se peut qu'elle soit due au retard constant des convois; mais, quoi qu'il en soit, cette pénurie de remèdes augmenta considérablement la mortalité.

Si tout ne marchait pas à souhait chez nous en première ligne, nous eûmes du moins la consolation de constater que c'était encore pis chez les autres nations. Combien de fois avons-nous entendu les Allemands et les Italiens en colonne se plaindre de ce qu'ils n'avaient rien à manger. Chez eux, la conséquence était le plus souvent un pillage général, comme à Liou-Li-Ho, par exemple. Nos officiers seuls empêchaient leurs hommes de dévaliser et de molester les Chinois; ceux des autres puissances ne s'en inquiétaient guère. Cela n'empêcha pas d'ailleurs quelques journaux de la métropole de nous présenter au public comme des pillards, des malfaiteurs et des assassins. Je suis certain que bien des militaires étrangers devaient rire dans leur barbe en lisant ces accusations. Et, je ne saurais trop le redire, j'aurais voulu voir à notre place les auteurs de ces articles, qui, au moment où nous manquions de tout, déjeunaient peut-être copieusement dans quelque restaurant du boulevard.

Nos marches ont été souvent très pénibles. Les étapes de 30 à 50 kilomètres avec un havresac très chargé n'étaient pas rares. Les premières troupes françaises débarquées en Chine furent celles de l'Indo-Chine; à Tien-Tsin, elles eurent à soutenir plusieurs combats acharnés. Vint ensuite la marche sur Pékin que le manque de vivres rendit particulièrement dure. Mais, arrivée dans la capitale, la colonne y trouva des soulagements. Un grand nombre de malades furent envoyés au Japon, dont l'excellent climat leur permit de se rétablir promptement; les autres embarquèrent pour la France.

Le rôle le plus important ensuite fut joué par le 17e régiment colonial. Ce corps reçut notamment la mission d'ouvrir la marche et de préparer la route pour la colonne internationale de Pao-Ting-Fou, d'organiser les gîtes d'étapes, d'occuper la ligne des Tombeaux impériaux et d'assurer la tranquillité de la partie la plus agitée du Petchili. J'ai déjà dit que dans cette dernière région, nos chefs, principalement le lieutenant-colonel Rondony et le commandant Fonssagrives se sont montrés d'une bravoure, d'une habileté remarquables, aussi bien comme soldats que comme administrateurs. Du côté de Pao-Ting-Fou, le général Bailloud opéra avec la dernière vigueur. Il mit vite les rebelles à la raison, mais ses actes les plus énergiques étaient toujours tempérés par l'humanité. Il jouissait d'un grand prestige parmi les militaires des nations étrangères; sa grande courtoisie, son esprit de conciliation et sa justice impartiale le firent choisir souvent comme arbitre dans des affaires compliquées.

L'artillerie n'a pu jouer, sauf au début de la campagne où son influence fut considérable, qu'un rôle relativement secondaire. Ses conducteurs annamites ainsi que les coolies du même pays furent rapatriés en novembre, car ils n'auraient pu résister à la température de l'hiver. Les coolies n'ont d'ailleurs pas servi à grand'chose. J'en ai vu maintes fois suivre la colonne, ne portant presque rien. A Pékin, on ne les a employés qu'à des besognes secondaires, telles que balayages ou corvées de cuisine, alors que les soldats européens portaient des sacs de riz pour la nourriture de ces mêmes coolies. Cette répartition tout de même un peu bizarre du travail, fut pour quelques-uns une bonne occasion de « ronchonner ».

Les soldats du génie ont rendu de réels services dans la reconstruction des voies ferrées. Ils y ont mis du zèle, de l'amour-propre et une véritable compétence. J'ignore comment le service sanitaire a fonctionné à l'arrière, mais à l'avant il était bien mal outillé. Les instruments pour couper bras et jambes abondaient, mais les médicaments manquaient souvent.

Que dire du service de ravitaillement? — Dans son ordre général demandant des avis aux militaires compétents sur l'amélioration des différents services en campagne, le général en chef visait particulièrement les moyens de transport en colonne. J'ai bien réfléchi à la question et, quoi qu'on dise et qu'on fasse, ces moyens ont manqué et manqueront dans les campagnes coloniales de quelque importance. L'expérience de nos expéditions antérieures et de celle de Chine, celle-ci aussi bien pour nous que pour les autres nations, a amplement prouvé que ravitailler les troupes en colonne pour une longue période, constitue un problème qui n'a pas encore été et ne sera pas de sitôt résolu (excepté par les stratégistes en chambre). Mais il faut convenir cependant, et cela à l'honneur du général Voyron et de son état-major, que ce difficile service avait, dès le mois de novembre, beaucoup mieux fonctionné chez nous que chez certaines autres puissances. Il est vrai que nous profitions en cela de l'expérience de nos expéditions antérieures. Je remarquai enfin, avec déplaisir, et cela pour la première fois en campagne, que les militaires stationnés dans les grands centres où on pouvait facilement se procurer tout, étaient les seuls à bénéficier des envois des Dames de France. J'ai, par curiosité, demandé aux camarades des zouaves, du génie, de l'artillerie et d'autres troupes de l'avant s'ils avaient été plus heureux que nous; ils m'ont tous répondu négativement.

Les troupes qui ont eu le plus d'engagements furent celles de la nation allemande. Sur la route de Pékin jusqu'à la Grande Muraille, ses détachements ont usé sans restriction de la plénitude des droits de la guerre. Dans chaque localité importante, ils exigeaient catégoriquement et sans discussion possible, des vivres, des moyens de transport et de l'argent. Les autorités chinoises se mettaient en quatre pour tout leur fournir, car quelques exemples avaient montré ce qui les attendait en cas de refus. Aussi, les Chinois éprouvaient-ils un véritable malaise lorsqu'on leur annonçait les Allemands. Les Anglais affectaient de ne pas prendre part directement aux combats livrés par les troupes internationales. Mais une fois l'affaire terminée, ils apparaissaient subitement, avec un large pavillon britannique et le hissaient bien en évidence au milieu des autres. Cette façon d'agir ne plaisait guère et on le leur fit sentir à diverses reprises. Cependant, il faut être juste et dire qu'au début des hostilités, surtout à Takou, les marins anglais se sont particulièrement distingués.

Les Italiens, après avoir participé à la colonne de Pao-Ting-Fou où ils n'ont joué qu'un rôle très effacé, sont rentrés à Pékin d'où ils n'ont plus bougé. L'impression générale était que l'Italie avait envoyé en Chine quelques milliers d'hommes uniquement dans le but d'étonner les autres puissances par les progrès les plus récents accomplis dans son armée. Je n'ai pas à dire si ce but a été réellement atteint.

Les Américains, les Japonais et les Russes n'ont, après la chute de Pékin, pris part à aucune opération.

Les Russes allèrent occuper « provisoirement » la Mandchourie, préludant à la politique qui a amené la dernière guerre. La conduite des soldats russes n'a pas été toujours irréprochable et j'ai été le témoin de certaines de leurs actions vraiment répréhensibles. L'attitude des Japonais était très correcte; leur discipline était ferme, sans exagération; les hommes semblaient aimer leurs chefs. Il m'est difficile de porter un jugement sur l'armée américaine. Je ne l'ai jamais vue marcher ni combattre. Mais j'ai pu conclure de différents ordres du général en chef américain Chaffee, que les hommes étaient tenus en assez médiocre estime par leurs chefs.

Au point de vue du matériel de transport, les Anglais, les Américains et les Japonais se sont spécialement distingués. Leurs animaux, leurs voitures, leurs harnachements, leurs porteurs et leurs hamacs ambulants étaient pratiques, solides, très simples et fort commodément aménagés pour éviter les fatigues aux malades. Mais je reprochais aux Anglais d'encombrer et d'allonger indéfiniment leurs convois sans leur donner une escorte sérieuse. Une attaque dans de telles conditions eût rendu une panique inévitable; enfin, en campagne, il faut savoir se restreindre et ne pas suivre l'exemple des Anglais qui allouent presque à chaque soldat une voiture et deux ou trois porteurs.

Les chevaux de la cavalerie anglaise (cipahis) étaient superbes, mais montés par de pitoyables cavaliers; les voitures japonaises à deux roues, très légères et solides, attelées de petites mules (elles ressemblaient aux mulets kabyles), bien harnachées et bien entretenues, constituaient un moyen de transport très pratique et bien plus facile à manier que nos fameuses voitures Lefebvre à Madagascar en 1895.

J'ai trouvé l'organisation de l'armée russe très en retard sur celle des autres nations. Les chefs de cette armée semblent surtout avoir confiance dans le grand nombre d'hommes qu'ils peuvent mettre en ligne. Ils ne paraissent guère s'inquiéter de l'instruction et, à ce point de vue, l'armée russe n'est certainement pas capable de se mesurer avec les autres. Le soldat russe craint son chef, mais ne l'aime pas; il est soumis à une discipline très rude, mais dépourvue de toute intelligence. Je puis me tromper, mais si j'ai jugé ainsi l'armée russe, c'est après l'avoir bien observée et avoir été souvent à son contact. Je dois pourtant citer la seule chose que j'ai trouvée pratique chez les Russes : leur voiture-cuisine à deux roues où les aliments se préparent pendant la marche. Cette voiture a cependant besoin de perfectionnement. Ainsi, la marmite n'a qu'un seul compartiment au lieu des deux qui seraient nécessaires : un pour la soupe et un second pour les légumes.

Les Français, Allemands, Russes et Italiens, employaient comme moyen de transport des voitures chinoises couvertes de toile, à deux roues, trouvées ou achetées sur place. Ces véhicules étaient très lourds et ne pouvaient porter un grand poids. Nous avions également des chameaux et des mulets requis ou achetés dans la région.

Le plus grand nombre des éclopés pendant les marches m'a paru être du côté des Italiens. J'attribue cette particularité aux raisons suivantes : 1° leurs chaussures étaient de qualité très inférieure. Je me suis demandé comment un grand État comme l'Italie pouvait chausser ainsi ses soldats; 2° leur façon de porter le paquetage en marche était défectueuse et tout à fait d'un autre siècle. Tous leurs effets étaient roulés dans un couvre-pieds porté en bandoulière, qui leur coupait forcément la respiration. Les Russes portaient bien leur paquetage de la même façon; mais il faut croire qu'ils sont plus vigoureux ou mieux exercés, car ils avaient beaucoup moins de traînards. Les Allemands étaient pourvus de havresacs en peau de chèvre d'un poids presque égal aux nôtres. Leurs petits bidons étaient attachés aux musettes, faciles à décrocher pendant la marche, et leurs souliers de repos en toile imperméable avaient des semelles en cuir très souples.

Comme armes, toutes les nations, excepté les Français et les Japonais, avaient un fusil à chargeur. Les Allemands se plaisaient à nous faire admirer leur fusil nouveau modèle 1898 avec chargeur de cinq cartouches. La principale différence avec l'ancien modèle consiste dans l'éjection du chargeur qui se fait par le haut de la culasse mobile et non plus en dessous. Mais, d'après quelques sous-officiers allemands, cette arme ne satisfaisait pas encore les officiers et un nouveau modèle était déjà à l'étude. Les Allemands étaient pourvus de deux bicyclettes par compagnie. Loin de leur servir en colonne, elles les embarrassaient plutôt, car il ne faut pas songer à circuler à bicyclette sur les routes chinoises.

Je m'en tiens à ces quelques aperçus. Il y aurait bien un volume à écrire sur chacune des troupes alliées en Chine; mais je laisse ce soin à d'autres, m'étant contenté de noter ce qui était en rapport avec ma possibilité de voir et ma capacité de juger. Je m'en voudrais cependant de ne pas parler de nos chaussures et de ne pas proclamer *urbi et orbi* qu'elles étaient abominablement médiocres. Personnellement, j'en ai usé trois paires en trois mois; il m'a fallu ensuite marcher en savates comme les camarades, et à un moment donné, pieds nus; aussi n'ai-je jamais autant vu d'éclopés qu'en Chine. Les fournisseurs y ont peut-être gagné gros, mais après le contribuable, c'était le soldat qui, en fin de compte, avait à en souffrir.

Les relations entre les militaires des différentes nations ont été correctes et amicales au début de la campagne et c'était là le fait des misères et des dangers supportés en commun. On ne se comprenait pas, mais on se rendait service mutuellement, en s'expliquant par gestes, qu'en pareil cas l'imagination rend toujours significatifs. Puis, les Anglais commencèrent à soulever quelques difficultés au fond desquelles on retrouvait toujours le souci de leur confort personnel. Leurs procédés à propos de tout leur valurent l'animosité des soldats des autres nations. Les soldats américains étaient généralement assez mal vus, surtout après que leur général en chef Chaffee eut demandé aux autres commandants des troupes internationales d'arrêter ses déserteurs, dont quelques-uns avaient aggravé leur cas par des crimes de droit commun.

Au point de vue de la solde, les soldats des États-Unis et d'Angleterre étaient les plus favorisés. Les militaires non gradés et non rengagés ou non commissionnés de ces deux pays, touchaient 5 francs par jour. La nourriture était il est vrai à leur charge, mais il leur restait, tout compte fait, 2 francs d'argent de poche. Dans les mêmes conditions de grade et d'engagement, le soldat allemand touchait 50 centimes par jour d'argent de poche, le soldat russe de 50 à 60 centimes, le soldat italien de 40 à 50 centimes. Le soldat japonais touchait 6 piastres (15 francs) par mois; enfin, le soldat français... bon dernier, recevait 30 centimes par jour d'argent de poche.

Les récits d'actes de pillage, tels qu'ils ont été rapportés par certains journaux français, nous ont présentés comme des êtres dénaturés. Or, il n'y a pas un mot de vrai dans toutes ces inventions élucubrées. avec un parti pris de mensonge et de dénigrement. Les premières troupes débarquées en Chine arrivèrent à Pékin après une marche forcée très pénible, sans vivres et mourant de faim; elles allèrent, en vertu des ordres de leurs chefs, chercher l'indispensable dans les maisons inhabitées, où elles trouvèrent même parfois des objets de valeur. Toutes ces corvées de vivres étaient régulièrement organisées et surveillées par les officiers; aucune soustraction n'était tolérée et les gradés rendaient compte de tout; enfin il était sévèrement interdit de pénétrer dans les maisons habitées. Ensuite on ordonna une perquisition par secteur, afin de rechercher les armes cachées et aussi des couvertures pour les troupes, en prévision de l'hiver que l'on savait très rigoureux. Voilà comment cet exercice légitime et indispensable du droit de la guerre a été pratiqué; nous sommes loin, on le voit, de l'histoire de pillage ne reposant sur rien et imaginée de toutes pièces par des publicistes sans bonne foi,

On ne saurait trop répéter aussi que les troupes françaises ont protégé les Chinois et les ont souvent empêchés d'être molestés. Je me permets même d'ajouter que l'autorité supérieure a montré une indulgence et une bonté d'âme que je n'ai pas toujours comprises. Tandis qu'en plein jour on assassinait nos camarades, nous distribuions du riz à des indigents ou soi-disant tels, qui pouvaient être les complices des meurtriers. On avait l'ordre formel de toujours payer le prix demandé par les marchands, même quand ce prix était indécemment exagéré. Toute réclamation faite par un Chinois était bien accueillie *a priori* et l'on punissait sévèrement celui qui en était l'objet. Dans les cantonnements tout le monde était rigoureusement consigné; pour sortir, même en service commandé, il fallait se munir d'une autorisation écrite. Et si, par exception, quelques hommes ont pu enfreindre cette consigne, ils l'ont toujours chèrement payé; les listes des condamnations prononcées par le conseil de guerre du corps expéditionnaire sont là pour en témoigner.

Le 2 juin, j'embarquai sur le *Tanaïs* qui nous conduisit jusqu'à Nagasaki (Japon) où le paquebot *Natal* devait nous attendre pour nous ramener en France. L'amiral Pottier vint nous faire une visite d'adieux, pendant que le *Redoutable* (navire-amiral) nous saluait par des coups de canon. Ce fut le tapage d'un bombardement général, car à peine ce navire eut-il terminé son tir de salut et hissé le grand pavillon, que tous les navires étrangers en rade arborèrent nos couleurs au grand mât et nous saluèrent de même. Notre paquebot n'ayant pas d'artillerie, le *Redoutable* répondait pour nous. Quand nous passâmes devant lui, sa musique joua la *Marseillaise* et les matelots chantèrent l'hymne de l'infanterie de marine. L'amiral Pottier nous cria : « Bon voyage, mes enfants. »

Le lendemain, nous faisions escale à Tchefou, où une vingtaine de navires de guerre étaient en rade. De Tchefou jusqu'à Nagasaki, la mer fut des plus dures. Le bateau dansait comme une coquille de noix. Le brouillard était tellement épais qu'on ne voyait absolument rien autour de soi. La sirène sifflait sans cesse et le temps était aussi froid qu'au mois de décembre en Chine. Le 6, nous passâmes devant une île qui appartient aux Japonais depuis la guerre de 1895 ; le 7, nous arrivâmes à Nagasaki par un temps superbe.

L'entrée du port offrait un coup d'œil féerique. Sur les deux rives, s'étageaient des mamelons couronnés de verts bosquets, d'où émergeaient d'élégants chalets et de magnifiques habitations de plaisance. Ce décor aux styles et aux couleurs multiples formait avec le ciel lumineux de l'Orient et la mer bleue qui battait le rivage un tableau vraiment enchanteur. Celui qui a dit : « Voir Naples et mourir », n'avait certainement pas vu Nagasaki, car il est impossible d'imaginer un panorama aussi merveilleux que celui que nous avions devant nous. Le port témoignait d'une grande activité commerciale. J'y ai remarqué un vaste chantier où plusieurs navires étaient en construction. En ville, on sentait que la civilisation et le progrès européens avançaient à pas de géant. Les usages de l'Occident semblaient s'acclimater rapidement partout. Comme dans bien des régions du globe, c'est l'Anglais qui paraît exercer une action prépondérante sur le mouvement maritime et commercial. Avant le débarquement, un médecin militaire japonais, galonné jusqu'au cou, nous fit passer une visite médicale. Pendant qu'il me tâtait le pouls, je ne pouvais m'empêcher de pouffer de rire ; son visage glabre, ses yeux de travers sous des lunettes énormes et ses innombrables galons sur sa personne minuscule, me firent malgré moi perdre mon sérieux.

Le 9, nous quittâmes Nagasaki après avoir été transbordés sur le *Natal*. Trois jours après, nous remontâmes le Yang-Tsé jusqu'à Shanghaï. Dans cette dernière ville, on débarqua quelques malades jugés incapables de continuer la traversée. A Shanghaï, toutes les puissances alliées étaient représentées chacune par un assez fort détachement. Nos camarades restés en garnison dans cette ville nous racontèrent qu'à plusieurs reprises de véritables batailles avaient eu lieu entre les soldats anglais et ceux des autres nations; les Anglais, paraît-il, « écopaient » toujours. Un camarade qui ne manquait pas d'esprit appelait cela : se faire la main sur les... *boxeurs*. Évidemment, c'étaient là de tristes exemples qu'on donnait aux Chinois, mais je répète, tout en le regrettant, qu'en Chine le soldat anglais s'est attiré une véritable antipathie par sa morgue, son sans-gêne et son égoïsme. Pour tout dire, s'il a fait preuve en maintes circonstances de qualités indiscutables, il a par contre ignoré ou affecté d'ignorer cette vertu primordiale du soldat en campagne : la camaraderie.

Le 13, nous reprîmes la mer, toujours aussi agitée. Avec cela, le brouillard était si épais que nous faillîmes aborder un bateau anglais, puis nous échouer sur un rocher. On avançait très lentement, en tirant de temps à autre des coups de canon à blanc. Trois jours après ce voyage extrêmement pénible, nous arrivâmes à Hong-Kong où la peste bubonique battait son plein. Nous ne pûmes donc pas descendre à terre, et cela à notre grand regret, car la ville avec toutes ses lumières électriques offrait le soir un panorama éblouissant.

Le 20, nous étions à Saïgon. Entre Hong-Kong et Saïgon, nous eûmes à déplorer la mort d'un second-maître qui avait participé à la prise de Takou et de Tien-Tsin. Il succomba à la suite de fièvre et d'anémie.

Maintes fois, j'ai vu des camarades tués au feu, mais cette mort sur le champ de bataille ne m'a jamais impressionné aussi douloureusement que celle qui enlève un homme jeune, ne demandant qu'à vivre, à la suite de quelque maladie contractée en campagne. Et je ne me suis jamais expliqué pourquoi la mort des uns est plus honorée que celle des autres. Tous ne sont-ils pas également victimes de leur devoir? Et même celui que la maladie emporte ne souffre-t-il pas plus que ceux qui sont frappés par les balles?

A Saïgon, nous laissâmes encore plusieurs malades. Le 23 nous étions à Singapour, le 26 à Sumatra, et le 29 à Colombo, où l'on fit entrer quelques hommes dans un hôpital anglais.

Au départ de Colombo, la mer fit encore des siennes. La plupart des camarades se plaignaient de fatigue dans tous les membres. Ceci est le dessert de chaque campagne. Toutefois, il y avait une différence énorme avec ce que j'avais vu à mon retour de Madagascar, où, pendant la traversée, on jeta à la mer plus de quarante hommes morts de fièvre ou de cachexie générale. A bord du navire nous étions considérés comme des voyageurs, et non plus comme des bêtes de somme ainsi que cela avait eu lieu sur les cargos de la Compagnie Nationale. La nourriture était convenable et on ne nous demandait pas de travaux pénibles; aussi le contentement était-il général et les soldats aidaient-ils spontanément les hommes de l'équipage.

Le 3 juillet, nous eûmes encore à déplorer la mort d'un matelot. Au cap Guardafui, la mer devint si dure que le bateau n'avançait plus. On fut obligé de faire un détour de cent milles pour trouver une route moins mauvaise. La vergue du grand mât était cassée, les voiles déchirées et le gouvernail obéissait mal à la manœuvre. Cependant, le 14 juillet, nous atteignions Port-Saïd où des navires anglais et allemands étaient pavoisés aux couleurs françaises à l'occasion de notre fête nationale. Notre drapeau flottait aussi en ville sur plusieurs maisons. Une musique municipale parcourait les rues en jouant la *Marseillaise*. Enfin, le 19 juillet, nous arrivâmes à Marseille après une traversée de quarante-neuf journées, parfois bien longues et bien tristes.

Un mot à ce sujet. Dans mon *Journal de marche en Chine*, j'avais exprimé le vœu qu'il soit créé des bibliothèques sur les navires destinés à transporter des militaires aux colonies. Ces bibliothèques, analogues à celles que le général Borgnis-Desbordes avait organisées dans les postes du Tonkin, rendraient de véritables services aux hommes. Il est impossible en effet, pour qui n'a pas fait de traversée, de s'imaginer l'ennui des soldats pendant le voyage. Je suis très heureux d'avoir vu depuis mon vœu exaucé, et je me permets d'adresser ici, au nom de plusieurs milliers de soldats dont je suis sûr d'être l'interprète, mes très respectueux remerciements aux généreux organisateurs de cette œuvre bienfaisante. Je sais que dans les bureaux du ministère de la guerre (direction des troupes coloniales) se trouvent des chefs dont la préoccupation constante est d'améliorer le sort des soldats, mais il est évident qu'ils se heurtent à des difficultés matérielles dont la principale est le manque d'argent. Si le dévouement et l'esprit de sacrifice de nos troupes coloniales étaient suffisamment connus de la masse de la nation, je suis convaincu que leur sort serait de beaucoup amélioré. Mais il en est d'elles comme de certaines autres catégories de serviteurs du pays qui, travaillant avec modestie et sans bruit, ne se plaignent jamais de leur sort et restent trop ignorées.

En mettant pied à terre à Marseille, il me sembla rêver. Je me trouvais enfin en pays civilisé. Je me sentais très fatigué, mais comme après mes autres campagnes, je fus vite rétabli. Aucune réception ne nous attendait; au fond j'en fus enchanté, car une réception impose toujours un supplément de fatigues qui n'est guère du goût des soldats.

Le lendemain de mon débarquement, je me promenais avec un camarade sur la Cannebière, chère à tous les cœurs marseillais et, comme toujours, grouillante de monde. Nous fûmes accostés par un monsieur qui nous demanda fort poliment si nous n'avions pas quelques achats en vue ou quelques besoins à satisfaire. Il nous conduirait, disait-il, dans des maisons... de tout repos, où on nous ferait un rabais considérable. Je ne me fis pas la moindre illusion, car je savais depuis longtemps que tous ces racoleurs de Marseille et des autres ports sont affiliés à des souteneurs et à des filles de la pire espèce. — Oui, dis-je au bonhomme; je dois faire quelques achats, mais auparavant j'ai une course pressée. Je savais qu'il ne me lâcherait pas, et instinctivement j'avais mis la main en poche, prêt à sortir mon revolver qui, chaque fois que je séjournais à Marseille, ne me quittait jamais. Je dis à mon camarade que j'étais obligé de lui fausser compagnie. J'avais mon idée. D'abord, je me mis à marcher en allongeant le pas le plus possible. L'individu suivait à ma hauteur et voulait à toute force savoir où j'allais. Je ne le savais pas moi-même et je continuais à forcer l'allure, ayant toujours à mes trousses le particulier que cette course désordonnée commençait à abasourdir. Enfin, après avoir marché plus d'une heure et demie en passant plusieurs fois dans les mêmes rues, je profitai d'un moment où mon homme, hors d'haleine, s'épongeait le front, pour sauter d'un bond dans un tramway et le planter là. Il comprit enfin la farce et m'envoya des injures. Mais le tramway filait toujours et je me contentai de lui crier : Au revoir, mon lascar!

Le même soir, je me trouvais avec un autre camarade dans un café-concert, lorsqu'un garçon vint nous dire que deux dames désiraient nous parler. Très intrigués, nous sortîmes. En effet, deux dames, fort élégamment mises et ne ressemblant aucunement à des demi-mondaines, nous demandèrent des nouvelles

d'un officier de l'expédition de Chine que nous connaissions tous deux. Il était, disaient-elles, leur frère et elles nous prièrent avec insistance de les accompagner chez leur mère qui serait très heureuse de recevoir de nous quelques nouvelles de son fils. J'exprimai sous prétexte d'un rendez-vous mes regrets de ne pouvoir accéder à ce désir, mais mon camarade consentit à les suivre, et le lendemain voici ce qu'il me raconta. Ces dames l'avaient fait monter en voiture et l'avaient conduit hors de la ville, devant une maison à un étage. Là, il fut introduit dans une pièce où un comparse tapotait quelques notes sur un piano. On ne lui donna même pas le temps de se reconnaître. Les deux dames s'éclipsèrent; aussitôt, deux individus armés de poignards surgirent d'une pièce voisine et lui intimèrent l'ordre de leur remettre tout son argent, sinon... L'alternative était claire et le camarade était sans armes. Comme cependant il ne faisait pas mine d'obéir, les deux bandits se précipitèrent sur lui, le ligotèrent, et le dépouillèrent de son portefeuille contenant deux cents francs. Puis, on le hissa dans la voiture qui repartit au trot dans l'obscurité et arriva sur un terrain vague où les deux hommes le déposèrent. Mon camarade ayant réussi ensuite à se débarrasser de ses liens regagna les faubourgs de Marseille et raconta son aventure au premier agent de police qu'il rencontra. Celui-ci le consola par une plaisanterie :
— Si vous n'y étiez pas allé, dit-il, cela ne vous serait pas arrivé. — Le lendemain, cependant, on fit des recherches; mais le coup avait été bien monté en profitant de l'obscurité de la nuit; il fut impossible de retrouver aucun indice. D'ailleurs, à Marseille on s'attaque souvent aux militaires débarquant des colonies. Les entôlages n'y sont pas rares, mais ne sont pas dénoncés. Certains n'aiment pas à les ébruiter; d'autres ont peur d'être retenus par l'instruction, alors qu'ils ont hâte d'aller se reposer chez eux.

Je devais jouir de mon congé de convalescence à

Paris. J'en profitai pour aller voir mon ancien chef de Madagascar, le général Oudri, qui commandait alors la division d'Orléans. Il me reçut d'une façon qui me toucha profondément. Il m'invita à sa table, et comme je me confondais en remerciements, il me répondit : « Je serai toujours heureux de revoir des soldats comme vous. » J'allai visiter encore plusieurs autres chefs dont j'ai gardé le plus durable souvenir et que je voulais remercier d'avoir bien voulu penser à moi en m'envoyant des lettres d'encouragement pendant la campagne de Chine. Partout, je reçus un accueil chaleureux dont je me souviendrai toujours.

Au cours d'un de ces voyages, je me trouvai en chemin de fer avec un monsieur accompagné de toute une smala, qui se mit en quatre pour entamer une conversation avec moi. Voyant quelques médailles sur ma poitrine, il me dit : — Avez-vous fait la campagne de Chine? — Oui, répondis-je simplement. — Aussitôt, d'un ton solennel, mais qui ne m'en imposait en rien, ce monsieur me parla longuement de la Chine comme un homme qui a tout vu et qui sait tout. En réalité, ce hâbleur ne savait rien et n'avait rien vu, ce qui ne l'empêchait pas de se faire valoir et d'être écouté comme un oracle par toute sa smala. C'est ainsi, malheureusement, que s'accréditent les fausses légendes et qu'on dénature l'histoire.

A Paris, un heureux hasard me fit rencontrer mon ancien ami Crista, celui qui m'avait donné mes premières leçons de soldat à la Légion. Après quinze ans de services et vingt-deux campagnes, il s'était retiré à regret. Puis, il s'était marié avec une charmante Parisienne qui lui avait donné deux enfants.

Il me confia son histoire depuis sa sortie du régiment. Etant d'abord sans argent et sans situation, il s'était adressé à la Maison du Soldat pour obtenir un emploi qui ne vint pas; il avait connu alors la misère des grandes villes jusqu'au jour où l'un de ses anciens chefs réussit à le placer comme surveillant dans une usine. A cette occasion, je me demande si le soldat colonial français est moins digne d'intérêt que le soldat anglais et hollandais. Voyons en effet la différence de traitement. En Angleterre comme en Hollande, il a été créé, en grande partie par des dames de la plus haute aristocratie, des sociétés qui ont pour but d'habiller, de nourrir et de loger les soldats libérés de l'armée coloniale jusqu'à ce qu'elles lui aient procuré une place. Or, les soldats coloniaux de ces deux pays sont-ils plus méritants que les nôtres? Ayant marché et combattu côte à côte avec les camarades des autres nations, je réponds avec conviction : non! D'autre part, est-on moins généreux, moins humain en France que partout ailleurs? Assurément non. Mais, ce qui nous distingue malheureusement des pays que je viens de citer, c'est qu'en Angleterre et en Hollande, tout le monde sans exception, depuis le multi-millionnaire jusqu'au dernier ouvrier de fabrique, est parfaitement au courant de ce qui se passe dans les colonies. En France, au contraire, on sait plus ou moins que les colonies existent. Dans la masse du peuple, elles apparaissent comme des pays vagues, situés on ne sait trop où et incapables de rien produire — quelques arpents de neige — disait-on dédaigneusement en parlant du Canada. Aussi tout le monde se désintéresse-t-il de nos colonies. Qu'elles prospèrent, qu'elles périclitent, qu'on s'apprête même à nous les ravir, peu importe! Et, chose caractéristique, les hauts fonctionnaires du *département*, comme on dit, ne se *département* presque jamais de leur siège directorial pour aller visiter nos colonies. Leur grandeur les attache au rivage; ils sont fidèles à la formule : administrer de Paris, à coups de circulaires et de câblogrammes! Pour conclure, je suis persuadé qu'on ferait autant en France pour les soldats coloniaux que dans les puissances que je viens de citer, si l'on savait ce que les campagnes dans les pays lointains et encore à demi barbares représentent de fatigues, de souffrances et de privations.

Mon congé terminé, je fus affecté à Toulon. Comme pendant mon premier séjour dans cette ville, je m'absentais le plus souvent possible. A Toulon comme à Cherbourg, les habitants sont très hostiles aux soldats de l'armée coloniale, qui cependant font vivre plus de la moitié de la population. Si j'avais voix au chapitre, je mettrais purement et simplement les coloniaux ailleurs. A Brest et à Rochefort par exemple, on n'affecte pas de nous tenir à l'écart et notre entente a toujours été parfaite avec la population civile.

De Toulon, je fus désigné pour aller en Cochinchine. Un beau matin j'embarquai à Marseille et après trente jours d'un voyage plus ou moins agréable, je débarquai dans ce pays de dysenterie d'où, peu de temps après, je fus envoyé au Siam.

LE SIAM

Les Siamois présentent les caractères physiques généraux des races malaises, mais leur peau est d'un ton plus foncé. Comme les Annamites, ils se colorent les dents avec du bétel mélangé d'une poudre noire. Les riches aiment à avoir les ongles très longs et pour les empêcher de se casser ils les recouvrent d'étuis; les jeunes gens des deux sexes se les teignent en rouge. Tous poussent à l'excès la passion des bijoux d'or et d'argent; ils portent des anneaux aux chevilles et aux poignets, des médaillons, des colliers, etc. Aux jours de fêtes, les enfants sont parfois chargés de plusieurs livres de bijoux.

Les habitations sont généralement sur pilotis et pourvues d'un plancher construit à une certaine hauteur au-dessus du sol. Celles des gens riches sont recouvertes d'un toit en tuiles. Chez ces derniers, on rencontre souvent une foule d'objets rares et luxueux qui proviennent de la Chine. L'alimentation est surtout végétale; toutefois les riches consomment de la viande de buffle, de porc, de cerf, de la volaille, des oiseaux, des tortues, des grenouilles, du crocodile, des serpents et même des œufs de fourmi. On mange assis sur une natte et on se sert des doigts pour porter les aliments à la bouche. Le temps des repas est tellement sacré qu'à ce moment on ne dérange même pas un serviteur. L'usage de l'opium est presque général.

La polygamie n'existe que dans les classes riches, mais la première femme est seule considérée comme légitime. Dans la classe pauvre, la jeune fille est souvent vendue à celui qui la demande en mariage. Habituellement, le mariage n'est accompagné d'aucune cérémonie religieuse. Pendant deux mois, les nouveaux mariés vivent dans une case construite par l'époux sur le terrain de son beau-père; puis le mari emmène sa femme où il veut. Lorsque deux époux ne se conviennent plus, ils se séparent à l'amiable; s'ils ont des enfants, ils se les partagent.

Les Siamois ont une véritable passion pour la musique; ils apportent dans l'exécution un certain sentiment et une réelle virtuosité. Chaque village entretient un orchestre et les personnages en vue ont une troupe de musiciens qui possède son répertoire propre et se montre jalouse de le conserver pour elle seule.

Les morts sont brûlés en grande pompe. D'autres, d'après la volonté qu'ils ont exprimée, sont jetés en pâture aux oiseaux de proie élevés dans les pagodes.

Le service militaire est obligatoire au Siam, mais la loi n'est pas encore appliquée partout. Quand elle aura son plein effet, elle portera à cinquante mille hommes l'effectif de l'armée active et à deux cent cinquante mille hommes celui de la réserve. Le gouvernement se propose aussi d'améliorer la marine. Le Japon semble exercer une grande influence sur le développement militaire du Siam.

Les principales cultures sont celles du riz et de la canne à sucre. L'animal le plus utile et le plus remarquable est le buffle. On en voit partout des troupeaux très nombreux. La force du buffle est énorme. Il a l'allure de l'hippopotame; il traverse les rizières inondées sans risquer de s'enlizer; sur son dos on est aussi à l'aise que sur la croupe d'un éléphant; il se plaît dans l'eau et y séjourne quelquefois longtemps, les naseaux seuls émergeant à la surface.

L'hiver est très froid au Siam. Les indigènes grelottent et claquent des dents; dans leurs maisons, ils font du feu à même le plancher, ce qui cause de fréquents incendies. Les orages sont terribles; ils amènent des pluies torrentielles qui se prolongent parfois fort longtemps.

La monnaie du pays est le tical, pièce d'argent bosselée; sa valeur est de 1 fr. 40 à 1 fr. 50. Les principales pièces subdivisionnaires sont le quart et le huitième de tical. Tout le commerce est entre les mains des Chinois immigrés qui montrent une supériorité marquée sur le Siamois. Le Chinois est un travailleur infatigable et ne prend de repos que huit ou dix jours au nouvel an. Il peine toute la journée et souvent tard dans la nuit. Il est économe, thésaurise et envoie tout son pécule à sa famille en Chine. La lutte pour la prépondérance commerciale ne lui a pas été difficile, car le Siamois, très paresseux, sans persévérance, sans esprit de suite, joueur, aimant ses aises, manque des qualités les plus nécessaires aux professions commerciales.

Le gouvernement siamois perçoit tous les trois ans, de tous les sujets chinois âgés de dix à soixante ans, une taxe fixe et par tête, indépendante de tous les autres impôts. Cette taxe, dite de séjour, qui les atteint par le seul fait qu'ils sont Chinois, est d'ailleurs adoptée dans toute l'Asie. En Cochinchine, par exemple, ils payent une taxe minimum de 33 fr. 75 par an. Au Siam, la taxe n'est que de 3 francs par an. Le Siamois est essentiellement indolent et ne s'occupe que pour vivre au jour le jour. Dès qu'il s'est assuré son riz et son poisson pour la journée, il se refuse à tout travail, même pour un salaire double.

Le roi de Siam possède une quarantaine de femmes réparties en deux catégories distinctes : celles qui sont par la naissance princesses de sang royal portent le titre de reines; les autres sont chao, c'est-à-dire princesses, et chao-manda si elles deviennent mères. Quand un Européen appelé par le roi pénètre dans la partie privée du palais, il est accompagné de deux policiers féminins qui ne le quittent qu'à la sortie. Après la tombée de la nuit, le roi ne reçoit personne; il s'en faut cependant qu'il soit seul, car son immense palais compte environ trois mille personnes de service.

La région du Siam français commençait alors à Pac-Nam et se terminait à Chantaboun (cette possession a été échangée en 1905 contre la province de Battambang). A mon arrivée à Pac-Nam, j'ai trouvé juste quelques baraquements pour les troupes sur le rivage de la mer.

N'ayant pas fait campagne au Siam, je n'ai guère de choses intéressantes à en dire et j'en parle surtout pour faire un résumé complet de mes quinze ans de service militaire.

Notre vie à Pac-Nam consistait en travaux de réparation du camp et en exercices. Nous étions également chargés de la police. Un jour on nous avait signalé un vol important de pierres fines au préjudice de la famille royale. On soupçonnait un Indien qui venait parfois au Siam faire des achats de pierres précieuses (qu'on se procure, surtout à Chantaboun, à un prix assez modéré). L'Indien en question embarquait à Pac-Nam sur un vapeur allemand. En qualité d'agents de la force publique, nous montâmes sur le navire pour retourner de fond en comble tout ce qui s'y trouvait, à la barbe du commandant ahuri. Un soldat gardait l'Indien à vue. Après avoir fouillé consciencieusement partout, je rendis compte à mon capitaine que j'avais trouvé beaucoup de rats, mais pas de pierres fines. Comme nous n'avions pas d'autres ordres, nous laissâmes l'Indien prendre son vol, avec ou sans ses pierres. Avant de quitter le navire, j'expliquai au commandant le motif de notre turbulente visite; au lieu de se fâcher, ce qui d'ailleurs ne lui aurait servi de rien, il nous invita à boire quelques bouteilles de bière de Munich que nous vidâmes gaiement à la santé de la famille royale de Siam, de sa bijouterie et de l'Indien. On m'objectera que c'est une façon bizarre de terminer une opération de police. C'est possible, mais comme dit le proverbe : on fait ce qu'on peut.

Aux abords de notre camp, se trouvait une misérable case construite avec des débris de vieilles caisses et couverte de broussailles. C'était la demeure d'un Français qui tenait une buvette et qui débitait, principalement aux indigènes des villages environnants, une sorte de liquide ayant vaguement la couleur du cognac. Les bouteilles portaient des étiquettes à plusieurs étoiles, mais le contenu était un breuvage innommable, qui soulevait le cœur et provoquait des nausées. Cependant les indigènes appréciaient cette mixture, car la case ne désemplissait pas du matin au soir.

Plusieurs fois, je cherchai à lier conversation avec cet individu et à savoir par quel hasard il était venu s'échouer à Pac-Nam. Mais il évitait de répondre à cette question. Un jour cependant l'ayant trouvé un peu... allumé, je revins à la charge et il se laissa aller aux demi-confidences. — Il y a vingt ans disait-il, que je suis dans ce pays. — Vous n'êtes jamais rentré en France? demandai-je. — Moi, rentrer en France! répliqua-t-il presque avec colère. Ah! mon lascar, vous ne connaissez pas les pays soi-disant civilisés. Non, je ne rentrerai jamais en France, ni dans aucun autre pays de ce genre. — Et à mesure qu'il parlait, il s'animait de plus en plus. — Parlez-m'en de ces gens civilisés, continuait-il, particulièrement de ceux des grandes villes. Ils sont constamment en lutte entre eux; c'est à qui écrasera son semblable. Vous autres, sur le champ de bataille, vous luttez contre un adversaire visible, tandis que ces gens-là attaquent traîtreusement avec des armes qu'ils cachent. Peu leur importe que les hommes qui tombent entraînent dans leur chute les femmes et les enfants. Et ce sont ces gens-là qui vous parlent sans cesse de civilisation et d'humanité! Hypocrisie, vous dis-je, que tout cela! Voyez les noirs ou les jaunes d'ici et d'ailleurs que les civilisés appellent « les sauvages ». Vos Européens feraient bien de les imiter. Une famille devient-elle pauvre au point de ne plus pouvoir se nourrir? Son voisin l'appelle sans façon à partager ses repas. Un paysan trop vieux ne peut-il plus labourer sa terre? Le chef de village la lui fait labourer et ensemencer. Voyez les commerçants indigènes, le prix des marchandises est le même chez tous. Avez-vous jamais vu dans les colonies où vous avez vécu un homme poussé par la misère en arriver au suicide? — Non, en effet, répondis-je. — Eh bien, dans vos pays civilisés, le fait se produit journellement et ceux qui sont entrés dans la vie par une porte dorée rendent la vie dure aux autres.

A ce moment, il était dans tout le feu du monologue; sa légère ivresse semblait dissipée. Planté devant moi, il avait le verbe haut et la récrimination amère. — Oui, continua-t-il, les gens qui se disent civilisés devraient parfois méditer la maxime de La Fontaine : « Ne t'attends qu'à toi seul, tu n'as meilleur ami ni parent que toi-même. » Parlez-m'en, des amis et des parents; ce sont eux nos pires ennemis. — Je me risquai à l'interrompre. — Voyons, tous les hommes civilisés ne sont pas aussi profondément méchants que vous me les dépeignez. J'en connais qui sont véritablement bons et francs. — Ce sont des exceptions, me répliqua-t-il; ils ne comptent pas dans la masse. Ici, me dit-il en manière de conclusion, je vis sans tracas, sans soucis. Je ne suis pas entouré de jaloux, de méchants et de fourbes et je me sens très heureux au milieu de ce peuple que vous appelez « sauvage ». — Ce dithyrambe en l'honneur des indigènes et cette sortie contre la civilisation ne manquaient ni d'imprévu, ni d'originalité; mais ils prenaient une saveur particulière dans la bouche d'un mercanti dont le métier était précisément d'empoisonner ces mêmes indigènes, et de leur ingurgiter à des prix fabuleux les plus détestables drogues de la civilisation.

Le Siam était occupé également par des troupes indigènes de Cochinchine qui paraissaient souffrir plus que nous du climat de la région. Toutefois, un grand nombre d'Européens qui avaient déjà fait séjour en Cochinchine étaient atteints au Siam de dysenterie et de diarrhée verte. Cette dernière maladie est parfois plus dangereuse que la première, car elle comporte des suites redoutables, telles que maladie de foie et anémie profonde. Souvent aussi la diarrhée verte devient chronique. En fait, la mortalité provenant de ces deux maladies est assez forte parmi les troupes de l'Indo-Chine. Il faut dire que la faute en est souvent aux hommes eux-mêmes; car, dans aucune colonie, je n'ai vu les chefs prendre autant de précautions sanitaires qu'en Indo-Chine. Malheureusement le soldat est un grand enfant qui n'écoute pas toujours les conseils des hommes compétents, instruits par une longue expérience. Il s'en repent une fois malade, mais à peine guéri il recommence. Ainsi va la vie !

De Pac-Nam je suis allé à Chantaboun. Une route a été construite entre la mer et Chantaboun, mais les pluies la rendent impraticable pendant sept mois de l'année. Fort heureusement, le trajet par le fleuve la remplace avantageusement pendant cette période. Je fais cependant une restriction, car j'ai éprouvé plusieurs fois que cette navigation sur des jonques légères n'est pas exempte de danger.

Je ne crois pas exagérer en disant que Chantaboun est une ruine; car de quel autre nom qualifier une ville où l'on voit les murs se disloquer et s'écrouler sans qu'on y touche? On aperçoit bien quelques petites maisonnettes de construction récente, mais si rarement que je me vois obligé de maintenir l'épithète que j'ai donnée à cette ville dont on m'avait cependant parlé en termes élogieux. Les habitants y sont d'une saleté repoussante. Des enfants de cinq à huit ans, complètement nus et semblant toujours sortir d'un bain de boue, courent dans la rue principale. Quelques Chinois et quelques donzelles japonaises ne parviennent pas à égayer un pareil séjour. Tout ce beau monde était sous la coupe d'un haut et surtout énorme fonctionnaire siamois un peu moins sale que ses administrés, mais répugnant tout de même. Cette futaille servie par des organes répondait au titre de : M. le Gouverneur. Il fallait voir ce gouverneur en grande tenue. Qu'on se figure un adipeux personnage coiffé d'une sorte de chapeau à plumes qui n'était ni rond ni à cornes, vêtu d'une redingote chamarrée d'or et d'argent, mais d'une forme défiant toute description, engoncé dans une culotte blanche très serrée sur laquelle s'ajustait une paire de guêtres de la même couleur. Une épée mal attachée se balançait le long de sa cuisse gauche; enfin, sans doute pour rehausser son costume, il marchait pieds nus. Ce gros personnage était entouré d'une milice habillée comme les soldats anglais, mais sans chaussures.

La police était assurée par un sous-officier européen faisant fonctions de commissaire et communiquant directement avec le commandant des troupes au Siam. Il était secondé par des soldats attachés spécialement à ce service et qui s'acquittaient fort bien de leurs fonctions; pas de rixes, pas de désordres, tout marchait à souhait. Au Siam, on a pu constater une fois de plus que les indigènes des colonies sont infiniment plus maniables et plus dociles sous la coupe de l'autorité militaire, ferme il est vrai, mais toujours juste et bienveillante, que sous celle de l'autorité civile. Cette dernière en effet est souvent fantaisiste; elle se livre trop à des expériences qui ne sont pas du goût des indigènes parce qu'elles choquent leurs coutumes et leurs traditions; enfin, malgré tous ses efforts, elle n'arrive jamais à en imposer aux populations. Au Siam, où il n'y avait pas un seul fonctionnaire civil, tout allait pour le mieux. Officiers et soldats traitaient l'indigène en protecteurs bienveillants et l'indigène reconnaissant leur supériorité se montrait plein de gratitude envers eux.

Notre camp était situé en dehors de la ville. Il se composait de quelques maisonnettes et de plusieurs misérables baraques en bois qui menaçaient de s'effondrer. L'ambulance était installée dans la plus vieille et la plus incommode de ces cases. Quand il pleuvait, les malades recevaient de l'eau comme en plein air. Je dois signaler en passant l'admirable dévouement du médecin-major de cette ambulance. A toute heure de la journée et plusieurs fois la nuit, il était auprès de ses malades, leur tenant conversation, leur donnant lui-même les potions et essayant par tous les moyens de les réconforter. Il étudiait avec soin les phases de chaque maladie. Un malade dormait-il, il marchait sur la pointe des pieds pour ne pas le réveiller. Il soignait avec le même empressement et gratuitement les indigènes du pays. Aussi était-il très aimé de ses soldats comme de la population siamoise. Ce cas d'ailleurs est loin d'être isolé et bien des fois ce dévouement des médecins des troupes coloniales a été pour moi un sujet de gratitude et d'admiration.

Au mois de juillet 1904, je quittai le Siam sans regret pour rentrer en Cochinchine, pays qui ne me souriait pas davantage. On m'avait en effet prévenu avant mon départ de France qu'un soldat de mon genre, n'ayant pas l'habitude de rester inactif, se trouverait plutôt malheureux dans cette colonie déjà vieille, où tout marche en vertu de la vitesse acquise. Dans cet ordre d'idées la réalité dépassa mes prévisions.

COCHINCHINE

Le peuple cochinchinois ayant à peu près les mêmes mœurs que celui du Tonkin dont j'ai déjà parlé, j'ajouterai simplement ici quelques particularités qui me semblent mériter l'attention du lecteur.

La Cochinchine occupe parmi nos possessions d'Extrême-Orient une situation privilégiée, mais pas au point de vue de la salubrité, car son climat est des plus meurtriers. Elle se trouve à proximité du détroit de Malacca, non loin des Philippines, à 215 lieues marines de Singapour et à 310 de Hong-Kong.

Le fleuve Mékong, après un cours de 4 000 kilomètres, l'arrose par lui-même et par ses affluents, fertilisant ses plaines et lui apportant la fécondité et la richesse. La Cochinchine est une de nos plus productives colonies; depuis longtemps elle ne coûte rien à la France.

Sa superficie est d'environ 60 000 kilomètres carrés, avec une population qui dépasse 2 262 000 âmes. Les Européens y figurent pour 4 113, les Chinois pour 88 000 et les Annamites pour 1 968 000. Le reste est composé de Malais, Cambodgiens, Indiens et Moïs.

Il n'y a que deux saisons en Cochinchine : la saison sèche, de novembre à mai, pendant laquelle il ne tombe pas une goutte d'eau et la saison des pluies, de juin à novembre, pendant laquelle il pleut régulièrement chaque jour. C'est la saison meurtrière pour les Européens.

La paresse des indigènes de Cochinchine est légendaire; un cinquième du territoire seulement est cultivé; le reste est recouvert de marais, de brousses et de forêts.

Le principal objet de la culture est le riz, qui forme la base de l'alimentation indigène. On trouve à peu près partout le bambou et le palmier d'eau avec lequel les indigènes construisent leurs habitations. Des concessions de terres sont accordées aux Européens avec assez de facilité, mais la rareté de la main-d'œuvre rend souvent ces faveurs inutiles, car pour surmonter les difficultés de l'exploitation, l'Européen doit avoir recours à un intermédiaire indigène qu'il intéresse à l'entreprise.

La principale industrie est la décortication du riz. Plusieurs usines à vapeur fonctionnent à Saïgon. Une ligne de 72 kilomètres à voie étroite partant de Mytho dessert plusieurs villes importantes. Les autres communications interurbaines sont assurées par les messageries fluviales.

La Cochinchine est administrée par un lieutenant-gouverneur assisté d'un conseil privé. Un conseil colonial composé de seize membres, dont six indigènes, vote le budget et discute les questions d'intérêt général. Peu de villes de France possèdent un hôtel de préfecture comparable au palais du gouvernement, et un aussi beau jardin public. A quelques kilomètres de Saïgon, se trouve Cholon, dont la population presque entièrement asiatique est de cent vingt mille habitants (Chinois et Annamites).

Je n'avais pas, de prime abord, l'intention de parler ici de mon séjour en Cochinchine dont j'ai gardé un désagréable souvenir; mais j'ai réfléchi que, quand même, je ne devais pas passer sous silence cette colonie qui a marqué le terme de ma carrière militaire.

Ailleurs, j'ai mené une vie bien plus pénible et subi bien des souffrances, et malgré cela c'est toujours avec plaisir et émotion que je me rappelle ces vicissitudes du passé. En Cochinchine au contraire, j'ai vécu comme un petit rentier dans un milieu et dans une oisiveté qui ne me convenaient guère. Tout m'y semblait nouveau et bizarre et certains faits m'ont tellement abasourdi que je me demandais si je n'étais pas le jouet d'une hallucination. Des camarades de France avaient cependant cherché, dès avant mon départ, à me persuader que cette colonie n'était nullement faite pour un soldat de mon genre. Un de mes anciens chefs me disait : « Si vous voulez garder un bon souvenir de votre carrière militaire, évitez d'aller en Cochinchine. » J'ai compris depuis le sens de cet avertissement et si c'était à refaire, je mettrais tout en œuvre pour être envoyé ailleurs.

Je trouvai là très peu d'anciens soldats ayant participé aux véritables campagnes ou aux grandes colonnes; aussi, tout soldat porteur de plusieurs médailles y était, sans être connu autrement, taxé de... fumiste. Le mot d'ordre était que seuls, ceux qui avaient fait un ou plusieurs séjours en Cochinchine étaient des hommes véritablement méritants et dignes de considération; les autres ne comptaient pas.

Un jour, sur la route de Cholon, je fus abordé par un sous-officier qui m'adressa cette question : — Dites-moi, mon ami, où donc avez-vous récolté tant de médailles? — Dans des colonies autres que la Cochinchine, répondis-je. — Ah, continua-t-il, vous êtes de ceux qui ont toutes les veines. Tel que vous me voyez, je fais actuellement mon troisième séjour dans ce pays, et je n'ai encore aucune décoration. — Cependant, répliquai-je, ici vous avez dû faire souvent le coup de feu... à la chasse. En outre, on vous oblige à manger journellement des poulets rôtis, des œufs, des gâteaux comme dessert et à faire la sieste cinq ou six heures au milieu du jour. Le soir, vous êtes encore presque contraint d'aller au café et au théâtre, puis de rentrer chez vous en pousse-pousse. Evidemment, on est injuste envers vous et pour tout ce surmenage, vous mériteriez bien une ou plusieurs médailles ... en chocolat.

Pour le coup, il se fâcha et me quitta en haussant les épaules.

A chaque instant, je m'étonnais de ce que je voyais et de ce que j'entendais. Vraiment, était-ce bien la même infanterie coloniale que j'avais connue au Dahomey, à Madagascar, au Tonkin, à Quang-Tchéou-Wan et en Chine? Tout me semblait subitement bouleversé et je me demandais, sans trouver de réponse, comment une pareille métamorphose avait pu se produire. Je me suis ouvert à ce sujet à plusieurs de mes anciens chefs qui se trouvaient alors dans d'autres colonies, et qui voulaient bien me faire l'honneur de correspondre avec moi. Ils me répondirent qu'en effet cette mentalité était spéciale à la Cochinchine, et qu'ailleurs l'esprit militaire et de camaraderie était aussi bon qu'avant. Ces réponses me soulagèrent car je souffrais de voir cet état de choses. Faute d'aliments à l'activité de la troupe, on s'hypnotisait sur des vétilles; les menus détails du service intérieur prenaient une importance que j'avais été loin de leur soupçonner jusqu'alors. Tout cela alimentait les conversations et, ce qui était plus fâcheux, les folios de punitions des hommes. Bref, cette vie de garnison était tout à l'opposé de celle que j'avais connue en campagne, où l'initiative prime tout et où le contact permanent entre les chefs et la troupe suffit à maintenir la discipline et à éviter les punitions.

Un camarade qui était dans sa quinzième année de service et qui avait fait plusieurs campagnes, m'affirma aussi que c'était seulement en Cochinchine et au Sénégal que ces allures de ronds-de-cuir s'étaient introduites parmi les soldats des troupes coloniales, mais que dans toutes les autres colonies où il avait passé, les marsouins avaient gardé leur vigueur et leur entrain.

Je fus aussi péniblement impressionné de l'attitude hostile de la population européenne saïgonnaise envers la troupe. Il faut avoir vécu comme soldat dans une garnison où ces animosités existent, pour savoir combien elles rendent la vie dure aux militaires; aux colonies, cette situation est d'autant plus pénible que le soldat se trouve éloigné de sa patrie, et que les indigènes, le sachant peu soutenu, ne cherchent qu'à lui jouer des tours de leur façon. Je sais bien que de temps à autre on apprend que tel ou tel militaire a commis une frasque. Mais que l'on me cite une administration quelconque pouvant répondre de la parfaite conduite individuelle de tous ceux qui en font partie? Aussi est-il souverainement injuste de mettre à l'index toute une garnison parce que certains soldats commettent de temps à autre quelques fautes de jeunesse.

Un camarade avec lequel j'étais très lié et qui, après s'être fait libérer à Saïgon y était employé dans une administration locale, me tint à ce propos un langage qui me stupéfia. Il s'était marié et un jour que je le rencontrai avec sa femme, il me prit à part d'un air mystérieux : — Je te prierai de ne pas nous accompagner, me dit-il, car tu ne peux t'imaginer quels ennuis cela peut m'occasionner! Ici être accompagné d'un soldat, c'est se compromettre; aussitôt, vous êtes coté et adieu les gratifications et l'avancement! — Un jour, Saïgon fêtait l'arrivée d'un personnage étranger dont je parlerai plus loin. La fête avait lieu dans le jardin du gouverneur et la musique militaire prêtait son concours. Les soldats payaient l'entrée comme les civils; on jouait et on dansait. Un soldat, d'une famille très honorablement connue à Lyon, priait une jeune fille de lui accorder une valse. — Ma fille ne danse pas, répondit la mère. — Pardon, madame, répliqua le soldat, mademoiselle ayant dansé tout à l'heure avec... — N'insistez pas, interrompit sèchement la dame, ma fille ne dansera pas; d'ailleurs elle est... *reteinte*. — Sur cette réponse réjouissante, le jeune Lyonnais pouffa de rire et tourna les talons.

Au théâtre, la seule place permise aux troupiers était la dernière galerie; au café, les civils s'écartaient d'eux d'un air de mépris; dans la rue, ils évitaient soigneusement de marcher à la même hauteur. Aussi les soldats préféraient-ils les Chinois aux Européens;

enfin, cette morgue d'un tas de parvenus ne nous empêchait pas d'être fixés sur le compte de la plupart d'entre eux.

Fonctionnaires pour la plupart, ils mènent en Cochinchine une vie bizarre et font exactement le contraire de ce que les médecins recommandent dans un pays tropical et malsain. Ainsi, écrit le docteur J. Navarre, « l'Européen qui veut opposer à l'agression du soleil tropical tous ses moyens de résistance organique, doit se faire une loi de l'abstinence absolue de l'alcool. » On pourrait en citer bien d'autres. « L'usage de l'alcool sous les tropiques est un empêchement formel à l'acclimatation, » dit Büchner. Le docteur Treille indique que « l'alcool, même à petites doses, a une influence considérable sur l'affaissement physique et moral des colons, notamment sur les troubles intellectuels si fréquents dans les pays chauds. » Kermorgant dit que « les seules boissons sûres sont les infusions de thé et d'eucalyptus qui, prises chaudes, désaltèrent très bien. Elles sont bien supérieures à l'eau glacée dont on fait un si grand abus dans les colonies, au détriment de l'intestin qui réagit sous forme de diarrhée. »

De ces sages recommandations, la majorité de la population européenne cochinchinoise se moque comme de sa première chemise. Il faut voir dès cinq heures du soir ces messieurs installés dans les nombreux cafés de Saïgon, et sirotant des liqueurs multicolores dans des verres énormes remplis de glace jusqu'au bord. Il faut les entendre crier : « Boy ! de la glace, encore de la glace ! » Ils sont d'autant plus inexcusables que ce sont des hommes instruits et parfaitement renseignés sur l'hygiène nécessaire dans un pays tropical. Aussi à chaque paquebot partant pour l'Europe voyait-on s'embarquer des malades qui n'étaient que l'ombre d'eux-mêmes ; d'ailleurs, à l'hôpital de Saïgon, le bâtiment réservé aux civils était toujours au grand complet. Mais tout cela ne servait pas de leçon, car journellement j'étais témoin des mêmes abus et des mêmes imprudences.

La principale profession de la population indigène saïgonnaise est celle de domestique. L'Annamite est d'une nature extrêmement paresseuse; il n'apprend pas de métier manuel; et, comme tout Européen, même le plus petit employé, ne croit pas pouvoir se passer d'un boy, lequel s'entoure lui-même de plusieurs sous-boys, il en résulte qu'à Saïgon la domesticité indigène pullule. Ces boys font semblant de servir leur maître avec dévouement et fidélité; mais qu'on commette l'imprudence de laisser une somme d'argent à la portée du boy, celui-ci ne manque presque jamais de l'empocher et de filer, non pas à l'anglaise, mais à l'annamite, c'est-à-dire qu'on a beau mettre la police en mouvement, les recherches n'aboutissent jamais. Rares sont les Européens qui n'ont pas été victimes de ces vols. Malgré cela, ils ne prennent aucune précaution. J'en connaissais plusieurs qui vantaient la fidélité et le dévouement de leurs boys, et qui se sont fait cambrioler à fond par ces serviteurs exemplaires. En cas de flagrant délit, il faut bien se garder de se permettre une vivacité quelconque à l'égard du voleur. Celui-ci vous réplique aussitôt : « Moi aller *troubinal.* » Il le fait comme il le dit et le juge français ne manque jamais de vous saler impitoyablement. L'humanitarisme triomphe et l'indigène se moque de nous.

D'autre part, je suis absolument convaincu que l'Annamite hait l'Européen. Connaissant la langue du pays, je me suis plusieurs fois, dans l'intérieur de la Cochinchine, livré à des expériences qui ne m'ont laissé aucun doute. A Baria, où nous construisions un poste, j'allais assez souvent en forêt pour couper des arbres qu'on débitait pour les travaux. J'avais avec moi des tirailleurs annamites qui m'ont donné plus d'une preuve de leur haine envers nous. Un jour que je me sentais fatigué, je m'allongeai sur l'herbe et je fermai les yeux. Les tirailleurs, me croyant endormi, tenaient à voix basse des conversations dont nous faisions les frais. Je me rappelle surtout cette phrase qui est restée gravée dans ma mémoire. Le caporal indigène conseillait à ses hommes de ne pas se presser et leur disait en manière de conclusion : *Ta viec nhieu lam qua cho tay nay.* (Nous trimons pour ces chiens d'Occident.)

Sur un cheval que mon capitaine m'avait confié, j'allais aux marchés des villages voisins pour acheter de la chaux et des provisions destinées à l'ordinaire. Grâce à mes fréquentes visites, j'étais assez connu par les notables de plusieurs localités. Un jour, je fus invité par un chef de village à assister à un combat de coqs. Ceux-ci étaient merveilleusement dressés et j'adressai des compliments à leurs propriétaires. L'un d'eux, vieillard ayant bien près de soixante-quinze ans, me fit alors cette observation : — Les hommes d'Occident font souffrir leurs semblables par des moyens que nous n'avons jamais employés. Je me rappelle les misères qu'ils nous ont fait subir pendant la guerre (en 1859-1860). — Vous les avez attaqués, disais-je, ils se sont défendus. — Ce qui est fait est fait, continua le vieillard, mais nous préférons dresser les bêtes à se battre que les hommes. — Mais convenez cependant, répliquai-je, que depuis que vous êtes sous la domination française, on s'efforce de vous faire du bien. — Le vieil Annamite ne répondit pas et je ne fus pas dupe de son silence.

Combien de fois ai-je surpris des indigènes qui, ignorant que je parlais leur langue, tenaient des propos désobligeants à notre égard ! Au cap Saint-Jacques, je déjeunais un jour dans un restaurant annamite. Le propriétaire de l'établissement était en même temps interprète salarié du gouvernement. La cuisine était bonne et propre, ce qui est très rare là-bas. Le mari se promenait dans la salle à manger armé d'une serviette et surveillait le service. La femme servait les clients, se montrait avenante avec eux et même... ne dédaignait pas de les aguicher. Un employé européen qui prenait là ses repas semblait être au mieux avec elle. Je me laissai aller à une plaisanterie innocente qui me valut un coup d'œil terrible dudit employé, jaloux sans doute, mais bien à tort, car je devais repartir pour mon poste aussitôt après le déjeuner. En sortant du restaurant, je rencontrai l'interprète sur le seuil de sa porte. Il conversait avec un de ses compatriotes dans sa langue maternelle, et je distinguai très nettement ces paroles : — Ces cochons d'Occident ne sont bons que pour salir nos femmes et nous... — Je préfère ne pas rapporter le reste.

J'estime donc qu'on aurait grandement tort de croire à l'amitié du peuple annamite. J'ai souvent entendu les fonctionnaires de Cochinchine faire pompeusement des déclarations de ce genre : — Nous avons définitivement conquis l'âme annamite — ou encore : — L'assimilation marche à pas de géant. — Je ne suis pas du tout de cet avis et je ne vois dans tout cela qu'une phraséologie creuse qui égare l'opinion et peut lui préparer les plus fâcheuses surprises. D'ailleurs les autres nations européennes qui ont des possessions outre-mer ne sont pas plus avancées que nous à ce point de vue.

Je dois pourtant signaler ici un travers qui atteint plus particulièrement l'administration française : c'est l'utopie de l'assimilation, autrement dit le système absolument faux, absolument déplorable dans ses résultats, qui consiste à vouloir appliquer intégralement aux exotiques les institutions de la métropole. Je ne veux pas faire parade ici de connaissances administratives ou ethnographiques, mais partout où je suis passé je me suis toujours appliqué à entrer en relations avec les indigènes, à étudier leur langue et à chercher à me rendre compte de leurs besoins et de leur état d'esprit. Or, une des choses qui les froisse le plus profondément c'est qu'on prétende, au nom de la civilisation, leur enlever des coutumes souvent respectables qu'ils tiennent de leurs ancêtres pour leur en imposer d'autres qui vont à l'encontre de leurs habitudes journalières, de leurs traditions, et auxquelles leur esprit n'est aucunement préparé. Ce bouleversement de la mentalité indigène se poursuit en vertu d'instructions données de Paris par des administrations qui ignorent tout des colonies et qui résument leurs conceptions par cette formule : — Il nous faut l'assimilation. — Or, on ne saura jamais en France combien cette chimère de l'assimilation quand même a retardé l'essor de nos colonies et combien de haines et de révoltes elle a provoquées.

Un fait que je tiens à noter, c'est la réception du général russe Stoessel, le défenseur de Port-Arthur, par la population européenne saïgonnaise. Cette réception coïncida avec l'arrivée à Saïgon du commandant Bernard de l'artillerie coloniale, qui était chargé par le gouvernement français de la délimitation de notre nouvelle possession de Battambang. On sait que cette province a été échangée contre la région française du Siam, mais ce qu'on ne sait pas, c'est que le commandant Bernard a mené cette mission délicate avec un savoir-faire et une énergie remarquables. Eh bien, la présence à Saïgon du commandant, envoyé officiel du gouvernement qui allait donner un nouveau territoire à la France, passait complètement inaperçue, tandis que celle d'un étranger était fêtée... et comment! Certes, je suis de ceux qui désirent voir s'établir entre tous les peuples civilisés une amitié sincère et solide, et je n'ai jamais fait profession de foi que les hommes ont été mis sur la terre pour s'entre-tuer. La guerre et toutes les horreurs qu'elle entraîne, je la connais pour l'avoir vue de près, pour avoir été assez longtemps acteur dans ces terribles drames. Aussi, n'aurais-je rien trouvé à redire contre la réception du malheureux général Stoessel si, en même temps, la population avait daigné s'apercevoir si peu que ce fût de l'arrivée d'un compatriote qui allait subir d'énormes fatigues et s'exposer à la mort pour le bien de la

France. Puis, quel sens voulait-on donnner à la réception du général russe? Personne n'en savait rien. Était-ce une démonstration amicale pour la Russie? Elle manquait d'à-propos car on se doutait déjà qu'une fois rentré en Russie, le général serait plutôt blâmé que loué par ses compatriotes; il commençait en effet à courir sur son compte certains bruits qui n'étaient pas précisément faits pour le faire considérer comme un foudre de guerre ou un héros. Voulait-on au contraire témoigner aux Japonais de Saïgon qu'on blâmait les procédés de leur nation envers la Russie? Cette hypothèse me semblait plutôt comique. Enfin, je le répète, cette fête est restée pour moi une énigme.

La réception eut lieu au palais du gouverneur et la fête, une fête splendide pour laquelle on dépensa plusieurs milliers de francs, fut organisée dans le vaste jardin du palais. A la tombée de la nuit, tous les Européens s'y étaient donné rendez-vous, chacun déboursant sa pièce de trente ou quarante sous comme prix d'entrée. Les dames profitèrent de la circonstance pour revêtir et faire admirer leurs plus belles toilettes. Une artiste du théâtre municipal costumée en ange récita une poésie de circonstance, d'une belle inspiration, écrite spécialement par l'amiral de Cuverville en l'honneur du général Stoessel. La fête se continua par des jeux, des chants et des danses. Tout à coup, j'entendis une formidable acclamation. C'était le général russe qui paraissait sous la vérandah du palais, accompagné de sa femme. Il cria : « Vive la France », puis il quitta le jardin. Je fis de même, mais en grognant dans mes moustaches, trouvant que je n'en avais pas eu pour mes trente sous.

Certains officiers et matelots russes fêtèrent également leur ancien chef de Port-Arthur, mais à leur façon. Par groupes de huit ou dix hommes sur un rang, ils parcouraient la ville en faisant un vacarme du diable et en barrant complètement les rues sans que personne protestât. Si nos soldats, même à l'occasion d'une victoire, en avaient fait autant, on aurait poussé de beaux cris! Pendant ce temps, quelques officiers russes attablés dans un des grands hôtels de Saïgon vidaient des douzaines de bouteilles de champagne. Quand ils en eurent plus que leur compte, ils se mirent, sans crier gare, à casser la vaisselle, les meubles et tout ce qui leur tombait sous la main. Singulière reconnaissance envers les Saïgonnais pour la réception de leur général!

Il existe un bâtiment à Saïgon, dont les murs, s'ils pouvaient parler, raconteraient des histoires à faire frémir. Je veux parler de l'hôpital militaire. On ne peut se faire une idée de ce que son amphithéâtre a vu défiler de soldats morts dans l'établissement! Il faut pour cela visiter le cimetière. On y est frappé d'horreur à l'aspect de ces innombrables tombes, étroitement serrées les unes contre les autres. Quand on pense que la Cochinchine ne nous appartient que depuis 1859, que la garnison de Saïgon ne compte que deux mille militaires au maximum, et que ce cimetière est plus vaste et plus peuplé que celui d'une grande ville européenne, on se fera peut-être une idée approximative de la mortalité des militaires dans notre colonie cochinchinoise.

Un infirmier indigène depuis quinze ans employé à l'hôpital me disait que dans la bonne saison (d'octobre à mars ou avril) on comptait une moyenne de deux à cinq morts par jour, et dans la mauvaise saison (de mai à septembre) de quatre à douze. Il est donc facile de dresser une statistique depuis 1859, avec une moyenne de six par jour, et de calculer l'effroyable tribut de vies de soldats payé au climat de la Cochinchine. Il serait injuste d'imputer cette énorme mortalité à l'autorité civile ou militaire. J'ai déjà dit que dans aucune autre colonie je n'ai vu prendre autant de précautions, au point de vue de l'hygiène, qu'à Saïgon. Les soldats y sont traités comme des objets délicats, aux organismes fragiles. On ne les met en mouvement qu'en cas d'extrême besoin. Leur nourriture est bonne, saine et variée. Leur boisson consiste en thé légèrement aromatisé. De dix à deux heures dans la journée, personne ne doit quitter la chambre; c'est le moment de la sieste. Une foule d'autres dispositions sont prises pour éviter des fatigues aux hommes. Mais la maladie du pays, la dysenterie, qui décime nos soldats d'une façon aussi épouvantable, réside dans l'air; les médecins les plus savants et les plus dévoués que j'ai connus à l'hôpital de Saïgon, tels le médecin en chef Fortoul, qui avait fait presque toutes nos campagnes coloniales, et plusieurs autres également très expérimentés, n'arrivaient pas à vaincre cette damnée maladie. Ils lui ont disputé un grand nombre d'hommes, mais une foule d'autres ont succombé et succomberont encore. A ces morts s'ajoutent ceux qui sont dispersés tout le long de la route d'Indo-Chine en France. On en trouve dans les cimetières de tous les ports de mer français et étrangers, aussi bien sur la route d'Asie que sur celle d'Afrique.

Enfin, en ne parlant plus seulement de la Cochinchine, mais de l'ensemble de nos possessions, on peut dire qu'en France, les sépultures des soldats de l'armée coloniale morts par suite des maladies contractées aux colonies sont semées sur tout le territoire.

S'il vous arrive, lecteurs, de passer devant une de ces tombes, cueillez une fleur, déposez-la sur l'humble mausolée et dites-vous que vous rendez hommage à un soldat mort pour son pays.

Et maintenant, mon ouvrage terminé, je tiens une dernière fois à m'excuser d'avoir si souvent parlé de moi. Je l'ai dit, c'est en racontant ce que j'ai moi-même vu et entendu, que je pouvais le mieux donner à mon récit le caractère vécu qu'il doit avoir. Il se peut que sans le vouloir j'aie exagéré mes services. En cela, je suis comme cet ouvrier maçon qui se vantait d'avoir participé aux victoires d'Austerlitz et d'Iéna parce qu'il avait travaillé à la construction de l'Arc de Triomphe.

Comme lui, je me suis imaginé avoir du mérite. J'avoue maintenant humblement que je n'en ai aucun, n'ayant fait qu'exécuter les ordres de mes chefs. C'est à eux, lecteurs, que vous devez rendre hommage; car je puis vous l'affirmer pour l'avoir vu, ils l'ont grandement mérité.

Paris, le 20 février 1910.

FIN

TABLE DES MATIÈRES

	Pages.
Dédicace au général Gallieni...................	I
Lettre du général Gallieni a l'auteur...........	V
Algérie..	1
Dahomey	41
Madagascar....................................	78
Tonkin..	129
Quang-Tchéou-Wan (Chine méridionale).....	145
Chine...	176
Le Siam	282
Cochinchine	291

PARIS

TYPOGRAPHIE PLON-NOURRIT ET Cie

8, RUE GARANCIÈRE

A LA MÊME LIBRAIRIE

Au Maroc avec le général d'Amade, par Reginald Rankin.
Un volume in-16. 3 fr.

Les Marins en Chine. **Souvenirs de la colonne Seymour**,
par Jean DE RUFFI DE PONTEVÈS, enseigne de vaisseau, chevalier de la Légion d'honneur. 7ᵉ édition. Un volume in-8
illustré de dessins de Henri ROUSSEAU, de photographies et de
croquis.
(Couronné par l'Académie française, prix Montyon.)

Expédition de Madagascar. **Carnet de campagne du lieutenant-colonel Lentonnet**, publié par H. Galli. 2ᵉ édition.
Un vol. in-18 avec des gravures d'après des photographies.
Prix
(Couronné par l'Académie française, prix Montyon.)

Honneur militaire. — *Italie (1859), Cochinchine (1861),
(1870)*, avec préface de M. le vicomte E. M. de Vogüé, de
l'Académie française. 2ᵉ édition. Un vol. in-8 écu.

Lettres sur le Japon (1907-1908), par le général Bonnal.
tion. Un vol. in-16.

En Tonkin, par Michel Aynan. Un volume in-18.

Expansion française au Tonkin. **En territoire militaire**...

La Guerre comment on la prépare...
par le général baron Favarot de Kerbrech.
Un vol.

...
L'armée nouvelle...
breveté d'état-major. 3ᵉ édition, préface du
général Langlois. Un vol. in-16.

Types militaires d'hier. **Généraux et soldats**
par Étienne Lamy. Un vol. in-18.

1870. La Perte de l'Alsace, par Ernest Picard
dron d'artillerie breveté. 4ᵉ édition. Un vol. in-16.

PARIS. TYP. PLON-NOURRIT ET Cᵉ, 8, RUE GARANCIÈRE.

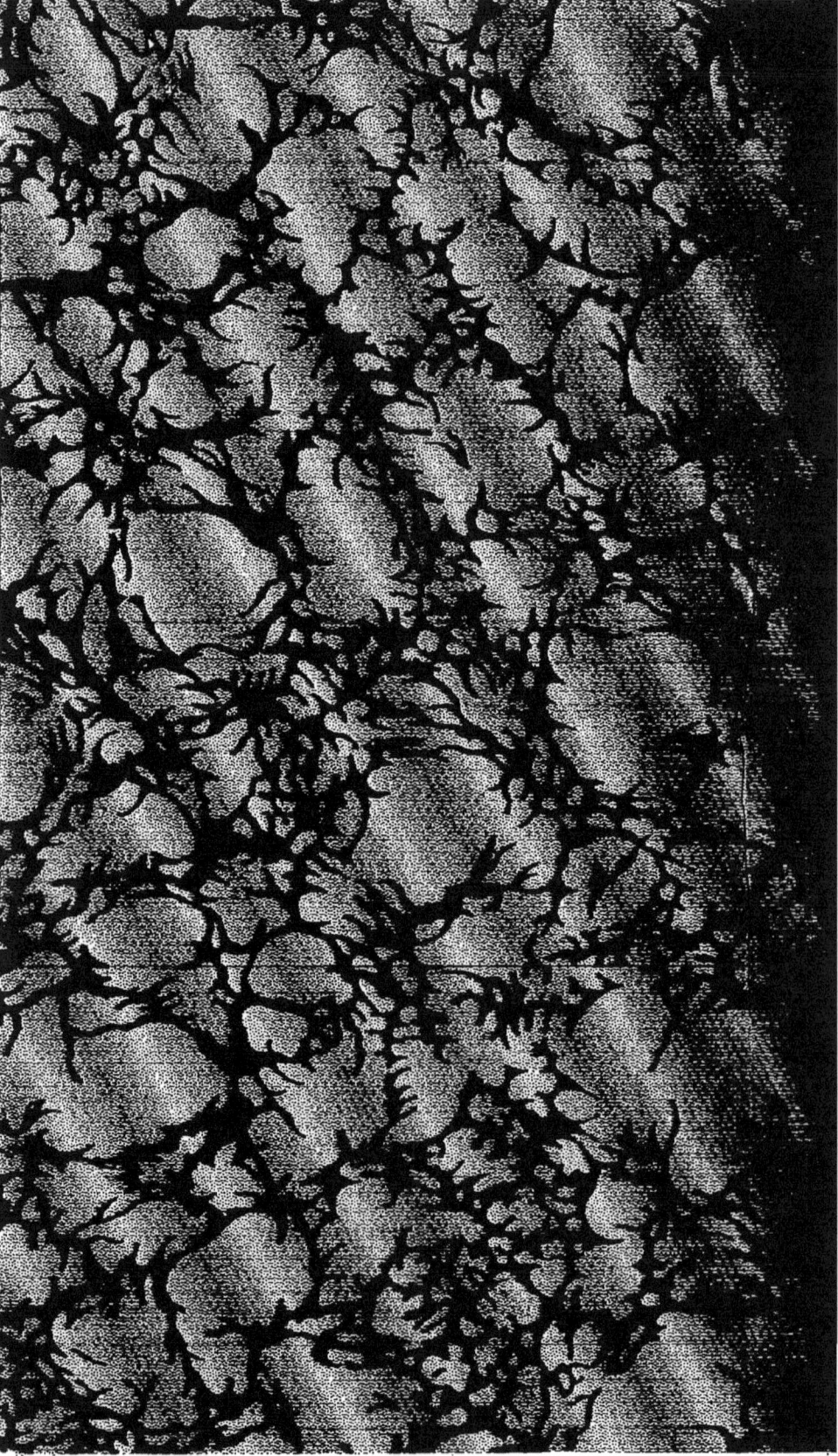

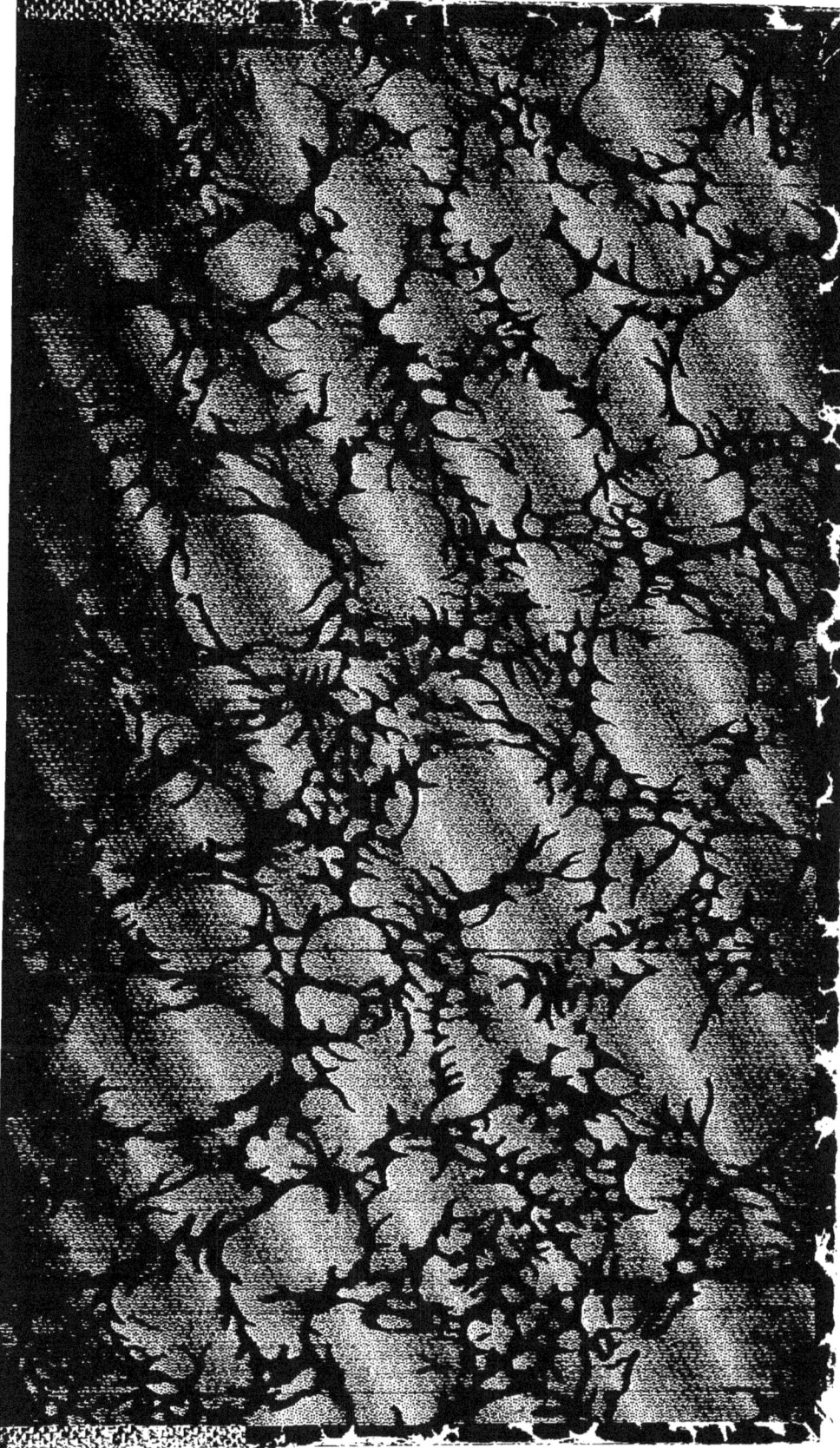

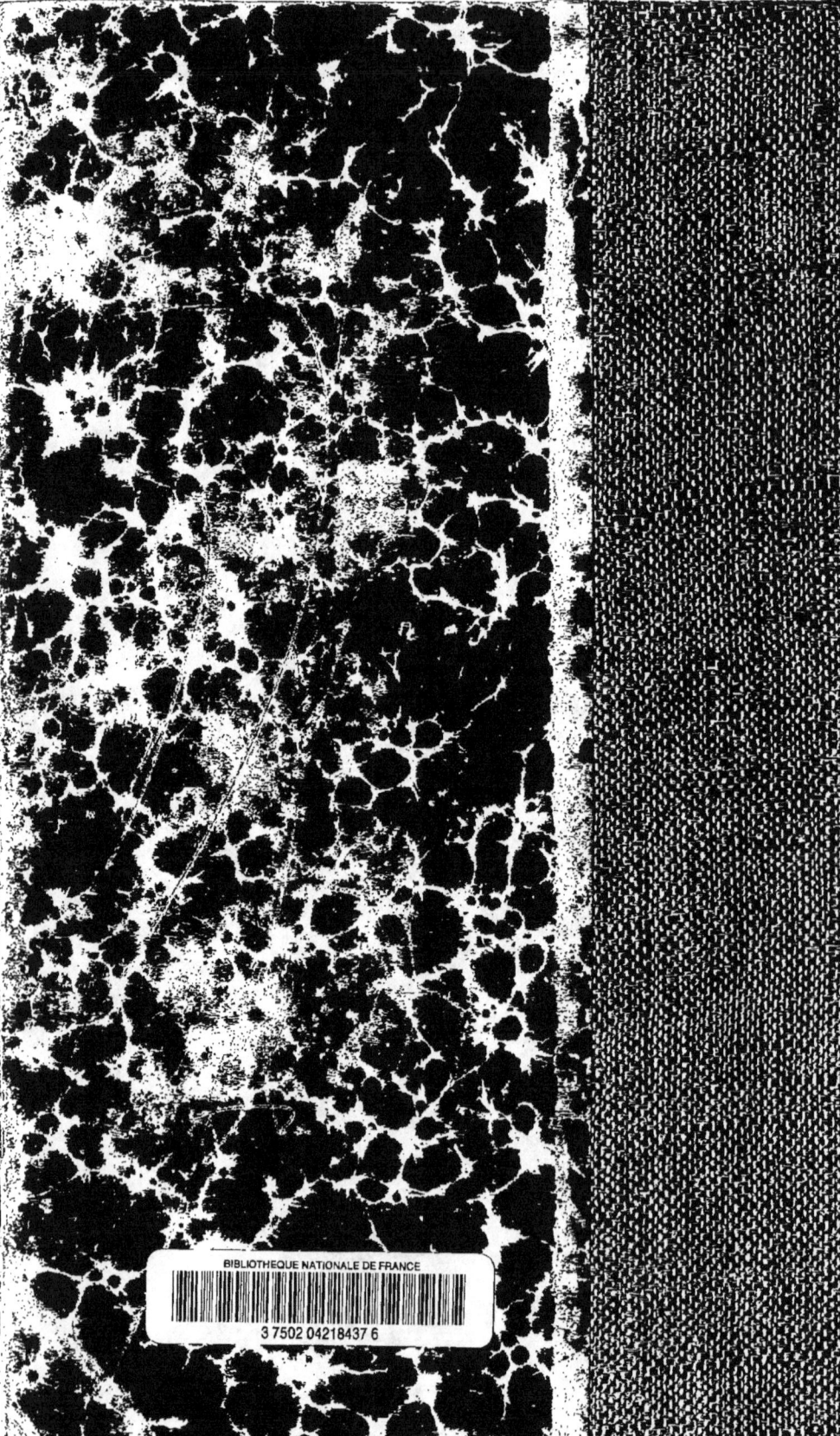

www.ingramcontent.com/pod-product-compliance
Lightning Source LLC
Chambersburg PA
CBHW072017150426
43194CB00008B/1151